O samba do Irajá e de outros subúrbios
Um estudo da obra de Nei Lopes

Cosme Elias

O samba do Irajá e de outros subúrbios
Um estudo da obra de Nei Lopes

PALLAS

Copyright © 2005 Cosme Elias

Todos os direitos reservados à Pallas Editora e Distribuidora Ltda. Não é permitida a reprodução por qualquer meio mecânico, eletrônico, xerográfico etc. de parte ou da totalidade do conteúdo e das imagens contidas neste impresso sem a prévia autorização por escrito da editora.

As letras das músicas de Nei Lopes foram gentilmente cedidas pelas editoras Warner / Chappell Music (*Gostoso Veneno, Pega no Pilão, Senhora Liberdade* e *Morrendo de Saudade*) e EMI Music (todas as letras restantes), e pelos parceiros de Nei Lopes.

Editora
Cristina Warth
Mariana Warth

Coordenação editorial
Cindy Leopoldo

Produção editorial
Fernanda Barreto
Silvia Rebello

Revisão
Marcos Roque
Shirley Braz

Capa e projeto gráfico
Tiago Rodrigues de Castro | Letra & Imagem

Imagem de capa (Roda de partido-alto em casa de Nei Lopes)
Tatiana Altberg

Iconografia
Acervo pessoal de Nei Lopes

CIP-BRASIL. CATALOGAÇÃO-NA-FONTE. SINDICATO NACIONAL DOS EDITORES DE LIVROS, RJ

E41s
    Elias, Cosme
        Samba do Irajá e de outros subúrbios: um estudo da obra de Nei Lopes / Cosme Elias. – Rio de Janeiro: Pallas, 2005.

    Apêndice
    Inclui bibliografia
    ISBN 85.347.0385-X

    1. Lopes, Nei, 1942-. 2. Compositores - Rio de Janeiro (RJ). 3. Negros - Rio de Janeiro (RJ) - Identidade racial. 4. Samba - Rio de Janeiro (RJ) - História e crítica. 5. Música popular - Brasil - História e crítica. 6. Subúrbios - Rio de Janeiro (RJ). 7. Cultura popular - Rio de Janeiro (RJ). I. Título.

05-3628.   CDD 927.845
                                                              CDU 929:78.067.26

Pallas Editora e Distribuidora Ltda.
Rua Frederico de Albuquerque, 56 – Higienópolis
21050-840 – Rio de Janeiro – RJ
Tel.: (21) 2270-0186
pallas@pallaseditora.com.br
www.pallaseditora.com.br

Samba do Irajá

Tenho impressa no meu rosto
E no peito, lado oposto ao direito, uma saudade.
Sensação de, na verdade, não ter sido nem metade
Daquilo que você sonhou.
São caminhos, são esquemas,
descaminhos e problemas: É o rochedo contra o mar.
É isso aí! É, Irajá!
Meu samba é a única coisa que eu posso te dar.
Saudade veio à sombra da mangueira
Sentou na espreguiçadeira e pegou no violão
Cantou a Moda do Caranguejo
Me estendeu a mão prum beijo e me deu opinião ("Pinião, pinião")
Depois, tomou um gole de abrideira
Foi sumindo na poeira para nunca mais voltar.
É isso aí! É, Irajá!
Meu samba é a única coisa que eu posso te dar.

Em memória de meu pai, minha mãe
e minha esposa Margareth.

Ao coração materno de Wilson Moreira
e ao mestre Nestor de Hollanda Cavalcante.

Apresentação

Nei Lopes, voz e consciência: um afro-americano do Irajá

A cidade do Rio de Janeiro, ainda reconhecida como capital cultural do país, apresenta-se no imaginário nacional como um espaço de confluência e sobreposição de duas faces distintas: de um lado, um Rio cosmopolita e elegante, em que vigoram principalmente os padrões culturais estabelecidos a partir da Zona Sul; de outro, o Rio dos morros e subúrbios, pobre e desglamourizado. Foi o Rio dito moderno e refinado, por exemplo, que gerou a literatura dos dândis de confeitaria, que "branqueou" o carnaval do séc. XIX pela imposição do modelo europeu das Grandes Sociedades (e pelo banimento de inúmeras manifestações populares, inclusive cordões e grupos de cucumbis) e que redesenhou o mosaico urbano para gestar o conceito de Cidade Maravilhosa, posteriormente apoiado no trinômio sol-sal-sul, de cuja celebração viriam a sair expressões culturais como a bossa nova, entre outras. Embora um tanto esquematicamente – reconheçamos –, seria possível ver este Rio-cosmopolita como um espaço predominantemente *branco* e ligado aos setores economicamente privilegiados da sociedade. Já o Rio pobre e suburbano seria o espaço da concentração majoritária de negros e mulatos, afastados do centro para a periferia a partir do *bota-abaixo* "civilizatório" do prefeito Pereira Passos, com o qual se estabeleceu o meridiano de Tordesilhas sociocultural que ainda hoje perpassa a vida carioca.

É como artista e intelectual representativo deste Rio dos subúrbios que vemos emergir a figura de Nei Lopes, tal como retratado no presente livro de Cosme Elias. Originalmente uma dissertação de mestrado, *O samba do Irajá e de outros subúrbios: identidades negra e carioca na obra de Nei Lopes*, chega agora ao grande público na forma de uma consistente análise sobre o perfil deste criador carioca que, embora misto de compositor, etnólogo, lexicógrafo, historiador, advogado, partideiro e filho-de-santo, apresenta um "conjunto de obra" de notável unidade – reflexo, sobretudo, da plena coerência entre sua vida e sua produção intelectual. Em Nei Lopes, homem e obra complementam-se, justificam-se. E é exatamente essa integração que faz com que sua obra (ainda em curso) já possa ser apontada como uma das mais notáveis contribuições para a discussão da *cultura carioca*, tema recorrente na investigação do autor.

Embora não queiramos antecipar quaisquer aspectos do trabalho de Cosme Elias, ressaltamos o equilíbrio com que ele aborda as diversas faces intelectuais de Nei Lopes, inclusive sem se deixar seduzir pelo lado mais conhecido deste: o de cantor/compositor de sucesso. Enfocar Nei Lopes apenas como uma figura ligada à música popular certamente seria, para o autor deste livro, o caminho mais fácil e mais palatável às demandas do público leitor, principalmente quando se considera que vivemos numa sociedade *midiática*, na qual preponderam os valores e os produtos culturais postos em circulação pela indústria cultural de massa, aí incluídos os discos e as canções. No mundo contemporâneo (principalmente em tempos ditos globalizados), está amplamente disseminada a idéia de que as manifestações culturais originadas e/ou subsistentes fora das corporações industriais do entretenimento e da mídia inserem-se obrigatoriamente na categoria do *primitivo* ou, pior ainda, do meramente *folclórico* – que nada mais são do que eufemismos para encobrir um olhar inferiorizante sobre aquelas manifestações. Não por acaso, as abomináveis expressões *world music* e *música étnica* foram adotadas pela indústria cultural para determinar o isolamento de tudo aquilo que seria a música do *outro* – ou seja, todas as manifestações sonoras alheias à cartilha da produção discográfica em série, a música de alta rotatividade destinada ao consumo das massas globalizadas. Nesse sentido, apesar de sua cientificidade, o próprio termo *etnomusicologia* não deixaria de conter um certo preconceito, por restringir-se, de modo um tanto envergonhado, apenas às músicas tradicionais dos povos ditos primitivos e periféricos, enquanto o termo-chave *musicologia* (este sem quaisquer limitações qualificativas) ficaria reservado ao estudo da grande música dos países hegemônicos do Ocidente. A adoção inquestionável de tais termos embutiria, assim, um prévio juízo de valor, alicerçado, além do mais, numa visão etnocêntrica. Essas considerações necessariamente surgem em razão de entendermos que um dos pontos mais relevantes da obra de Nei Lopes, reiteradamente expresso em seus escritos e canções, está exatamente na denúncia de um verdadeiro *apartheid* imposto à cultura e, especialmente, à música do Rio de Janeiro.

Considerada a contradição inicialmente apontada, não haveria como deixar de reconhecer que a música identificada ao Rio supostamente civilizado e moderno, além de predominantemente "branca" e relacionada aos setores econômicos dominantes, seria também a música patrocinada pelos grandes conglomerados da indústria fonográfica e da mídia concentradora e monopolista, quase sempre a serviço daquela. Em contraposição, a música do Rio dito primitivo e antiquado estaria circunscrita aos espaços periféricos, sendo criada por negros, mestiços e brancos socialmente carentes, ignorados pela indústria musical e rejeitados pela mídia; para chegar a ter alguma inclusão social e/ou ser economicamente viável, esta música ou teria de submeter-se à manipulação da indústria cultural, ou teria de sofrer um processo de aviltamento, abdicando de seus requisitos expressivos naturais e condenando-se à condição de mero produto primitivo e/ou folclórico, caudatário do turismo, da indústria do audiovisual e do exotismo fabricado. Ou seja: tornando-se uma caricatura dela própria, esta música somente se afirmaria por meio de sua autonegação. O atual *pagode*, versão cosmética do velho e bom samba fundo-de-quintal, plenamente domesticado pela indústria fonográfica, assim como a submissão das escolas de samba às deformações "holywoodianas" dos desfiles carnavalescos, hoje transformados em eventos televisivos com fins basicamente mercadológicos, são fenômenos decorrentes da crise provocada pelo *apartheid* cultural vigente na cidade do Rio de Janeiro. Tanto num como noutro caso, a voz de Nei Lopes sempre se fez ouvir, apontando a rendição da cultura carioca ao deslumbramento predatório dos marqueteiros da música e dos arautos do novidadeirismo inconseqüente, que troca valores culturais permanentes e profundos por maneirismos deformadores de curto prazo.

Para embasar sua ação crítica, Nei Lopes tem sido um pensador radical, no conceito que a filosofia marxista empresta ao termo: aquele que busca a raiz das coisas. Nesse sentido, sua música se nutre, conscienciosamente, de seu labor como historiador e lexicógrafo. Tendo pesquisado a fundo a cultura e a identidade negras, notadamente a história dos povos bantos desde a remota Mãe-África, Nei Lopes enveredou também pelo estudo das matrizes lingüísticas que congos, quimbundos, umbundos, ovimbundos e outros grupos legaram à língua portuguesa, o que lhe valeu a autoria do precioso *Dicionário Banto do Brasil*. Tudo isso lhe permite ter uma visão mais profunda do fenômeno da afro-brasilidade, muitas vezes tratado, por outros, de forma empírica, superficial e pouco criteriosa. No aprofundamento de suas investigações, porém, Nei Lopes não se prende apenas à discussão da identidade negra no Rio de Janeiro ou mesmo no Brasil. Hoje, tendo a *diáspora negra* como principal tema de reflexão, Nei transcende o carioquismo e a brasilidade, assumindo acertadamente – e em boa hora – uma consciência *afro-americana*, com a qual conecta seu discurso a vozes como as de Fernando Ortiz, Jean Price Mars, Toña la Negra, Nicomedes Santa Cruz, Suzana Baca, Vicente Rossi, Bola de Nieve e muitos outros expoentes da negritude da América Latina e do Caribe. Também nesse sentido a obra de Nei Lopes diferencia-se, ao mesmo tempo em que recoloca a discussão da identidade negra num patamar de maior densidade e abrangência, adotando uma postura reflexiva rara entre nós.

Todas estas questões são tratadas, em maior ou menor grau, neste livro de Cosme Elias – livro de leitura obrigatória, por centrar seu foco numa figura exponencial da atual cultura de nosso país. Conhecendo melhor e mais profundamente a obra e o pensamento de Nei Lopes, o Brasil muito terá a ganhar. Por isso, a AMAR/SOMBRÁS orgulha-se de apresentar este livro, fazendo-o quase como um dever cívico. Afinal de contas, Nei Lopes não é apenas um membro que honra a Diretoria de nossa entidade, mas também – e principalmente – uma voz e uma consciência a serviço daquilo que o Brasil tem de melhor: o talento e a capacidade crítica em prol da transformação, da permanente superação. Não por outra razão, ele expressa o Rio dos subúrbios, o Rio pobre e desglamourizado que, apesar do *apartheid* a que sempre esteve submetido, foi capaz de gerar as duas maiores expressões de nossa música popular – o samba e o choro –, sendo berço de uma legião de fabulosos criadores, que tem Pixinguinha à frente. É nessa corrente que se insere Nei Lopes, sambista e intelectual, um afro-americano do Irajá.

Conhecendo Nei Lopes e sua obra, entenderemos que o Brasil está irremediavelmente fadado a afirmar a força de sua cultura, por possuir uma riqueza inesgotável: o poder criativo de seu povo.

Marcus Vinícius de Andrade
Presidente da AMAR/SOMBRÁS
(Associação de Músicos, Arranjadores e
Regentes / Sociedade Musical Brasileira)

Agradecimentos

Sou o samba popular, estou falando sério.
(Wilson Moreira)

Procurei ser fiel à idéia original da pesquisa, apesar de acrescentar novos fatos pertinentes, inclusive em sua parte biográfica. Infelizmente, por questões relativas a direitos autorais, no decorrer do livro, algumas canções exemplificadas e analisadas não serão citadas. Mas, mesmo ressaltando a importância de o leitor ter acesso às mesmas, acredito que tal fato não comprometa o entendimento do trabalho.

A realização desta obra, sem qualquer recurso oficial ou amparo de instituições que, da mesma forma que eu, seriam interessadas em sua concretização, tornou-se possível graças à colaboração de várias pessoas que, juntamente comigo, se esforçaram no sentido de contribuir com mais uma pesquisa, trazendo, à luz das discussões, um pouco do infindável mundo da cultura popular.

Agradeço, em princípio, à professora doutora Luitgarde Oliveira Cavalcanti Barros, pela orientação, e ao professor doutor Orlando de Barros, pela co-orientação da pesquisa que resultou no presente livro.

À Edinha Diniz, pela contribuição e pelo respeito com que se dedicou ao trabalho. Dedicação ímpar.

Agradeço ainda à professora Wanda Oliveira, que muito colaborou na revisão dos originais.

A diretoria e funcionários da AMAR-SOMBRÁS (Associação dos Músicos, Arranjadores e Regentes – Sociedade Musical Brasileira), por acreditarem nesta proposta.

À minha grande amiga Ana Paula Ribeiro, pessoa de grandeza em suas ações, que caminhou junto comigo em todos os momentos que levaram à realização desta obra; tudo isso em nome não apenas de uma amizade, mas da defesa de nossa cultura popular.

A Nei Lopes pela humildade, colaboração e respeito com que recebeu esta proposta, sem os quais nada disso teria sido possível. À sua esposa, Sônia, pela atenção, receptividade e simpatia que tornaram as entrevistas uma atividade extremamente agradável.

Agradeço o apoio da professora doutora Cecília Mariz e as perspicazes críticas e sugestões da professora doutora Icléia Costa Thiesen (UNIRIO) e do professor doutor Carlos Eduardo Rebello de Mendonça (UERJ). Agradeço ainda aos demais amigos e entrevistados, pela grata colaboração, como Ângela Nenzy, Wilson Moreira, Cláudio Jorge, Bernardo Buarque de Holanda, César Elias, Zé Luiz, Jorge Coutinho, Glauceni (AMAR-SOMBRÁS), Luiz Fernando Mazzei Sucena, Rogério Lamblet (AMAR-SOMBRÁS), Sérgio Lima, Eliane Martins, Verônica Eloi de Almeida, Rozane Oliveira, Ubirany (Fundo de Quintal), Fernando Brame, Joseane Brandão, Livio Sansone, Guinga, Rubem Confete e Rachel Gama.

A todas essas pessoas que participaram diretamente deste trabalho e àquelas que comigo caminham nesta luta diária que é viver, sempre na defesa de uma causa justa, meus mais sinceros agradecimentos.

Sumário

Introdução — 19

1. A formação do artista Nei Lopes — 31

2. Samba como expressão de identidade — 73

3. Crônica social e identidade em Nei Lopes — 95

4. Canção popular no tempo de Nei Lopes: cultura de massa e samba de raiz — 145

5. Canção popular e representação na obra de Nei Lopes — 159

Conclusão — 227

Iconografia — 235

Bibliografia — 261

Principais obras de Nei Lopes — 267

Repertório gravado e/ou editado — 273

Introdução

O samba[1] e o universo popular caminham juntos, sinônimos de brasilidade, negritude e individualização de uma etnia ou determinado grupo dentro de um universo nacional, como no caso do carioca. Este gênero, de características nitidamente nacionais, assumiu a feição de uma série de simbologias das quais este universo popular fará uso como meio de (re)interpretar seu próprio modo de vida.

Em conversas informais com um sambista da "velha guarda", percebi claramente seu descontentamento com as escolas de samba, com os novos tempos da canção popular e com o próprio samba, ditado pelas regras mercadológicas. Falava deste e de outros gêneros, como o jongo, e a introdução de novos elementos em sua estrutura rítmica como fator de mutilação. Na verdade, relembrando os "tempos idos" e analisando os "novos rumos", a voz daquele sambista não era resultado de uma mera frustração individual, não era o discurso de um derrotado ou alguém que fracassara diante de seus próprios sonhos e anseios; era antes, um lamento, não de um ser individual, mas de uma voz que buscava de alguma forma fazer coro com outras tantas perdidas neste universo da cultura popular brasileira. Era uma voz singular, que, ao fazer aquele lamento, representava, na verdade, uma coletividade.

O samba é muito mais do que um gênero brasileiro com referências negras e africanas; é um instrumento que as camadas populares utilizaram durante um período da história brasileira como meio legítimo de negociação em busca de seu reconhecimento junto ao Estado. Por isso, ao se falar em samba, estamos discutindo um universo com o qual o mundo popular se faz presente e se faz reconhecer. Quando um sambista da "velha guarda", saudosista, lamenta os caminhos do samba, está, na verdade, discutindo a cultura popular, a política e a própria história brasileira. Nesse sentido, este trabalho procura situar o samba como instrumento de afirmação de uma identidade, mostrando como este gênero funciona como veículo de exteriorização destas camadas. Ademais, busca identificar, na forma como esta identidade foi construída, o papel do sambista como sujeito de voz ativa e participante e, por fim, verificar como as classes populares se utilizam deste recurso.

A identidade do brasileiro, em razão de múltiplos fatores históricos, econômicos e sociais, se transformou em uma fonte inesgotável de discussão. O modelo colonizador implementado pelos portugueses, a miscigenação e a transição Império/República foram de extrema importância neste processo.

A construção da identidade, seja carioca ou negra, é um tema que não pretendo esgotar neste livro. Apenas delineio, a partir da obra de Nei Lopes, os aspectos identitários em sua produção musical e literária, observando como constrói o negro, o carioca e suas simbologias. Dentro dessa idéia de construção identitária relacionada a um processo histórico nacional, no qual o samba se apresenta como veículo de exteriorização das camadas subalternas, minha intenção inicial é demonstrar como o samba se porta enquanto elemento de afirmação de identidade. Assim, discorro sobre este processo histórico, fato que poderá incorrer numa idéia de um certo determinismo econômico, colocando o samba como resultante deste processo histórico-social — processo pelo qual passaram a sociedade brasileira e, particularmente, a carioca.

O samba resulta de manifestações culturais que se forjaram por meio de inúmeras influências desde o continente africano, nas senzalas, nos mocambos, nos morros e favelas até o mercado fonográfico. Suas origens, um tanto quanto discutíveis, remetem às cidades do interior do país, principalmente ao estado da Bahia, aos núcleos urbanos como o Rio de Janeiro do início do século XX e às práticas ritualísticas realizadas nos cultos religiosos. Conforme relata Nelson da Nóbrega Fernandes, citando Sérgio Cabral, a palavra *samba* é conhecida desde 1838, referida numa revista pernambucana intitulada *Carapuceiro* e, antes desse registro de Cabral, o folclorista Edson Carneiro também identificou a presença da palavra na mesma revista em 1842.[2]

Portanto, ao mesmo tempo em que não observamos o samba como resultante de um determinismo econômico, não podemos negar o fato de estas transformações ocorridas entre a segunda metade do século XIX e a primeira do XX terem desempenhado um papel relevante de influência sobre sua constituição. Todavia, em hipótese alguma, isto é importante frisar, este último fator foi determinante na formação do samba enquanto gênero. Nesse contexto, não se pode esquecer o papel das massas, especificamente do elemento negro. Ao se afirmar que o samba é fruto do incremento demográfico, da abolição e da modernização da sociedade brasileira, como no Rio de Janeiro, pode-se incorrer no equívoco de o samba ser tratado como resultante deste processo, e não de uma criação espontânea e popular, que tem o negro como sujeito participativo e atuante.

Para entender como Nei Lopes constrói, com sua obra, as identidades negra e carioca, procuro, a princípio, delimitar os campos que abrangem a construção da identidade brasileira e a constituição do samba enquanto gênero, a partir da visão de autores como Renato Ortiz, Dante Moreira Leite, Muniz Sodré e Mônica Pimenta Velloso. Para estes e outros autores, a identidade carioca e a identidade nacional começaram a ser construídas anteriormente à República, mas o momento de sua maior efervescência se deu no período compreendido pela transição Império/República e os anos subseqüentes, quando podemos observar a presença do elemento negro nesta construção. Neste aspecto, é necessário traçar uma diferenciação, pois, no processo de formação identitária, estes fatores podem ser considerados como determinantes, mas o mesmo não se pode afirmar em relação ao samba.

Com o advento da República, a classe subalterna surgida no núcleo urbano da cidade do Rio de Janeiro, que começara a habitar as áreas centrais da cidade, como o morro do Castelo, Favela, Saúde, Gamboa e a "Pequena África", na Praça Onze, a partir das reformas urbanas implementadas por Pereira Passos, passou a residir em outros lugares mais distantes. Formavam-se, assim, agora com mais intensidade, os subúrbios, núcleos populacionais que iriam crescer ao longo das linhas do trem e do bonde. Nestes núcleos urbanos, surgiriam nos anos 1920, as escolas de samba – mais precisamente nos anos 1930 iria ocorrer a "legalização" destas instituições por parte do Estado, com a oficialização do carnaval.

Com a oficialização das escolas de samba e dos desfiles na década de 1930, passa a haver uma ligação entre aquelas e o Estado, gerando mudanças nas estruturas das escolas e dos desfiles. Muitos críticos, na época, apontaram para o fato de que a população menos abastada, representante das escolas, seria usada nesse processo como objeto de manobra política, submetendo-se quase totalmente às imposições das camadas sociais dominantes. O relato de Candeia citado por Nei Lopes ilustra esta discussão. O Grêmio Recreativo Arte Negra Escola de Samba Quilombo saiu do subúrbio para desfilar na "avenida", local onde se pode ver o retrato mais fiel da espoliação do samba por parte da cultura de massa e das elites. À pergunta "Por que desfilar na Marquês de Sapucaí ou na Rio Branco?", Candeia respondeu à jornalista Diana Aragão em 1978: "Porque, além de precisarmos mostrar nosso trabalho, é necessário também usar a máquina, mas não se deixar usar por ela, e, onde quer que se desfile, o monopólio da Riotur está presente."[3] Para se ter uma dimensão melhor do fato, é importante observar a atitude de Paulinho da Viola quando voltou a desfilar na Portela em 1995, depois de se afastar da escola por 17 anos. Isto foi possível em razão do pedido feito a ele pela Velha Guarda, e naquele momento declarou: "Estou vivendo uma contradição: continuo discordando de toda a estrutura da escola e do desfile, mas vou desfilar. Acabei colocando a Portela e a Velha Guarda acima dessas considerações."[4] Não se pode negar que, no momento em que há uma aliança entre o mundo do samba e o Estado, há por parte deste primeiro grupo uma certa perda, mas, por outro lado, isso significa um avanço destas classes, bem como seu reconhecimento por parte das instituições governamentais. Isto porque, com o incremento demográfico, o reconhecimento das massas se torna possível e também necessário pela classe dominante, devido ao seu poder de negociação eleitoral. O samba, de certa forma, pode ter sofrido uma relativa perda neste primeiro momento da década de 1930, e não nos últimos anos, mas, por outro lado, as elites tiveram de ceder também, pois, ao se oficializar uma festividade popular, o Estado admitia que no país, neste caso, no Rio de Janeiro, existia um "povo" com uma face negra e mestiça que demandava reconhecimento.

Para melhor entender esta discussão, podemos observar a análise de Nelson da Nóbrega Fernandes, ao descrever a trajetória das escolas de samba desde o seu surgimento até a sua "oficialização" pelo Estado. Fernandes observa que os sambistas agiram de forma consciente e até mesmo com uma certa autonomia, no intuito de fazer com que seus rituais, praticados nas festas carnavalescas, aderissem ao imaginário da identidade nacional brasileira enquanto um meio de legitimar política e culturalmente suas práticas festivas. Na verdade, estas instituições, das quais se valeram os sambistas, foram instrumentos importantes na criação de suas identidades, na reinterpretação de suas vidas e em seu próprio lugar no mundo. Portanto, ao fazer estas assertivas, Fernandes nos mostra que a escolha do samba como representação da identidade nacional não confere apenas às elites seu papel, pois os menos abastados, neste caso representados pelos sambistas, agiram nessa construção com uma relativa autonomia e, em alguns casos, contra os interesses oficiais. Isto se demonstra pela própria oficialização dos desfiles das escolas de samba, o que, segundo Fernandes, não significa uma sujeição imediata dos sambistas ao Estado – pelo menos por um determinado período até aproximadamente 1947, os sambistas continuaram se organizando com relativa autonomia, como no caso da fundação em 1934 da UES (União das Escolas de Samba), aliando-se, inclusive, ao Partido Comunista. Obviamente, não se pode negligenciar, ao se concordar com todas as argumentações, que existiram sambistas que se submeteram ao Estado e inclusive praticaram políticas populistas, mas, como o próprio Fernandes argumenta, este fato de modo algum retira o mérito desses grupos populares.[5]

O cantor, compositor e pesquisador Nei Lopes revela importância fundamental em todas essas discussões. Não somente como elemento oriundo de todo este processo de criação popular e afirmação de identidade negra e carioca, como também em sua teorização, pois atua na pesquisa da canção popular brasileira. Nei Lopes é sujeito e ao mesmo tempo objeto de análise, o que lhe confere um caráter particular dentro do universo do samba. Nascido e criado na cidade do Rio de Janeiro, desde o início de sua carreira artística, nos anos 1970, vem-se tornando um dos representantes mais importantes da identidade carioca.

A cidade onde nasceu Nei Lopes constitui um universo dos mais diversos matizes. Trata-se de uma cidade polarizada, de disparidades extremas, onde a "urbe" de favorecidos e desfavorecidos se entrelaça em um jogo de exclusão e diferenças sociais gerido pelas elites, no qual os ricos irão criar espaços que os distanciem dos mais pobres, enquanto estes seguirão as trilhas de deserdados que as reformas urbanas e a especulação imobiliária traçam. Estes e outros fatores formam uma multiplicidade identitária da qual Nei Lopes procura dar conta no que lhe confere e identifica como carioca, ou seja, o suburbano, o cidadão comum, o camelô, o pingente do trem da Central do Brasil etc., recorrendo, também, a uma construção mítica de uma identidade carioca. Para se alcançar este propósito, é preciso estabelecer fatores que demarquem a diferença em relação aos demais, ao mesmo tempo em que afirmem uma igualdade entre esses indivíduos. É sob tal aspecto que sua obra será preponderante: o fator singularizador dentro da construção da identidade negra e carioca, no qual Nei Lopes irá procurar estabelecer as diferenças dos indivíduos em relação ao "ser" externo e os fatores que os identifiquem entre si.

As bibliografias em relação ao samba, normalmente, retratam a biografia de algum artista como Nelson Cavaquinho, Paulo da Portela, Candeia ou Silas de Oliveira. A análise da obra nem sempre é observada dentro de algum viés teórico. A idéia contida neste livro remete mais a uma análise da obra do que propriamente à pessoa do artista. Não quero dizer que as biografias não tenham sua importância: são úteis principalmente as utilizadas na elaboração deste livro. Mas a discussão que proponho direciona a pesquisa no sentido de priorizar mais a obra. As assertivas que faço referentes à biografia de Nei Lopes, sua vivência e suas parcerias justificam-se pela busca de suas principais influências e formação, a fim de melhor compreender seus critérios identitários.

O título do livro é uma analogia à canção mais representativa para Nei Lopes dentro de sua obra. No começo dos anos 1970, passando por dificuldades financeiras e trabalhando como redator em um ambiente que lhe era extremamente incômodo, durante sua hora de almoço, quando estava sozinho no escritório, lembrou-se de seu pai e começou a compor a canção, fazendo letra e melodia simultaneamente, em uma máquina de escrever. Nei tinha em seu pai a referência de uma pessoa que não se intimidava frente às ameaças de um patrão e esta foi a fonte na qual buscou alento para os problemas que atravessava naquele momento. Seu pai nasceu alguns meses antes da abolição da escravatura e morreu no dia 8 de maio de 1960 (véspera do aniversário de 18 anos de Nei Lopes). Nascia, então, o *Samba do Irajá*, que concede título também a este trabalho.

Nos capítulos que se seguem, pretendo, inicialmente, discorrer sobre a história de vida e formação do artista Nei Lopes, o lugar onde nasceu, a escola, suas vivências, influências, a relação com a Escola de Samba Quilombo e o despontar para o mundo artístico. Nei Lopes desenvolve uma série de atividades, possui várias obras publicadas e músicas gravadas pelos principais intérpretes da música popular brasileira. As canções geralmente são feitas em parceria com outros sambistas de origem e vivência similares às suas. Normalmente, Nei Lopes se encarrega de escrever as letras a partir de alguma idéia ou música feita por ele ou em parceria. Além das parcerias, a Escola de Samba Quilombo desempenha um papel relevante em sua obra e no mundo do samba em geral, tendo sido nas décadas de 1970 e 1980 o símbolo máximo da resistência à indústria cultural e de oposição ao carnaval espetáculo e suntuoso. Trata-se de uma escola que procura resgatar os matizes da cultura negra, construir um espaço de singularização das classes menos favorecidas, com um carnaval que se insira na realidade brasileira.

O conjunto da obra de Nei Lopes é analisado neste livro por meio de um viés teórico, no qual discuto o papel do samba como expressão de identidades negra e carioca. Para este propósito, é necessário mostrar como o samba enquanto manifestação cultural das classes subalternas contribui para a singularização destes grupos e para a afirmação de sua identidade até mesmo em nível nacional; de que forma a miscigenação e a modernização da cidade do Rio de Janeiro influenciaram este processo; delimitar em que momento o samba assume esta feição de porta-voz de um povo negro e mestiço, que, com a abolição e a República, começava, agora com mais intensidade, a habitar o núcleo urbano da cidade.

A construção da identidade brasileira em seu período mais importante se deu em um momento de amplas mudanças estruturais na sociedade brasileira. Daí a razão de se terem formado novos grupos de desfavorecidos e novas elites, que se entrelaçaram em um jogo de interesses no qual o Estado representaria papel fundamental, pois é numa relação entre indivíduos e Estado que se delineia a identidade, ponto em que o intelectual se insere como mediador simbólico desta construção. A identidade é o resultado de uma criação simbólica, em que os grupos, diante de uma pluralidade de identidades, buscam conferir-lhe autenticidade.

Para se fazer uma análise da obra de Nei Lopes, devido à sua multiplicidade de trabalhos, tanto literários quanto na música, é preciso em primeiro lugar buscar as possíveis fontes das quais é herdeiro. Neste caso, ao se pensar a construção de sua obra, veremos que a crônica, na condição de meio de exteriorização, se constitui num veículo e num artifício por ele usado tanto nas músicas como em seus livros. Portanto, é sabido que a crônica carioca foi um importante meio condutor das vozes dos formadores de identidade, das críticas do sistema econômico e das mudanças acarretadas na sociedade, feitas por um grupo de intelectuais que se fez presente na transição entre os séculos XIX e XX, como João do Rio, Lima Barreto e, posteriormente, Marques Rebelo. Nei Lopes pode ser visto como herdeiro dessa e de outras linhagens de cronistas que utilizavam recursos literários como a sátira e o humor para levantar questionamentos e críticas. Estes irão colher no cotidiano do cidadão comum suas dores, medos, frustrações, manifestações culturais e seus anseios para dar-lhe voz. Neste sentido, a obra de Nei Lopes se mostra como baluarte da cultura popular, não só dos negros, mas também dos mestiços e da população menos abastada de forma geral. Esta voz, que lhe é negada muitas vezes nos meios de comunicação de massa, por meio de crônicas, canções, artigos e livros, assumirá a extensão desejada pelos grupos subalternos.

Procuro também, no caso específico deste livro, fazer uma distinção entre identidade negra e carioca dentro da obra de Nei Lopes. Embora estas duas características perpassem esses dois vieses de sua produção, apesar de suas canções e literatura conterem os dois elementos identitários discutidos, um afastamento entre identidade negra e carioca permite um entendimento mais amplo de sua obra e o sentido que ela compreende. A identidade carioca, trabalhada por Nei Lopes, encontra-se mais marcante em sua música, enquanto a identidade negra se mostra mais presente na defesa que faz desta cultura em sua obra literária. Mas é importante ressaltar que a própria forma como concebe seus sambas e os elementos característicos deste estilo musical remete a uma referência negra.

É importante observar a produção artística dentro de um viés mercadológico, lembrar como neste caso o sambista se insere neste contexto, sua relação com este mercado e a forma como concebe sua produção no sentido de afirmar sua identidade. Nei Lopes despontou no meio artístico nos anos 1970, período em que a cultura de massa passou a ser pensada no Brasil com mais veemência. Paralelo a isso, a canção popular brasileira, especificamente o samba, passava por uma grande revolução dentro de sua própria estrutura, a qual culminaria com o surgimento do grupo Fundo de Quintal e a introdução de novos elementos no padrão rítmico do samba. Este "modelo" de samba, erroneamente, seria chamado de pagode e, posteriormente, seria cooptado pela indústria cultural, fazendo com que, nos anos 1990, surgisse na mídia uma explosão de grupos musicais elaborando um tipo de música baseado na estrutura do Fundo de Quintal, mas que em nada remonta ao samba composto por este grupo. O "samba de raiz" é o elemento principal que se opõe a esta ordem de fatores criados pela indústria cultural. Nei Lopes é um dos maiores expoentes desta expressão musical. Por meio de sua música, seus livros e artigos, ele irá travar uma discussão com esta indústria, na qual a resistência se colocará como meio de afirmação de uma identidade. O que pretendo mostrar é que o "samba de raiz" não se resume apenas a uma forma de se fazer samba dentro das estruturas tradicionais, mas constitui, antes de tudo, um elemento diferenciador. Na verdade, o uso desta expressão traduz mais uma afirmação frente ao mercado do que propriamente ao gênero samba. A concepção de Nei Lopes a respeito do "samba de raiz" e a própria visão do autor convergem no sentido de encarar esta "fórmula" como oposição à cultura de massa e à resistência relativa ao enquadramento do samba dentro de uma maneira única de se fazê-lo.

Ao se analisar uma canção ou um conjunto de uma obra como a de Nei Lopes, é importante observar com quem este autor dialoga, identificar seu interlocutor. Também se deve atentar, especificamente no caso das canções, de onde provém seu discurso inicial. Nos sambas, a parceria é uma instituição e também é comum determinado autor fazer a primeira parte ou iniciar a canção e outro terminar, por isso, aqueles que considero os principais parceiros de Nei Lopes são mencionados neste livro, destacando-se, também, as novas parcerias – não no sentido de sua recentidade, mas pelo fato de constituírem em sua produção uma linguagem que se diferencia de sua obra como um todo. O objetivo de identificar essas parcerias reforça uma das idéias que desenvolvo neste livro: retirar um pouco desta carga de "exclusivismo" do samba e, com isso, não olhar para outros gêneros de canção popular como "não-autênticos" e observar o samba como apenas uma das expressões de uma identidade carioca e negra, mas não a única.

A obra de Nei Lopes compreende uma diversidade de discursos que perpassam sua produção musical e literária; além disso, em sua música, também é possível observar uma disparidade dentro da criação de Nei Lopes e do gênero samba. Nesse ponto, discuto, de forma genérica, cada estilo, fazendo um alento para o partido-alto, por força de seu caráter particular de expressão identitária. O samba se expressa em vários estilos, como partido-alto, samba sincopado, samba de breque, samba-canção e outros. O partido-alto, em particular, expõe o lado mais espontâneo de seus proponentes; e isso é possível devido à sua própria estrutura, em que, a partir de um refrão, improvisam-se os versos seguintes. O partido-alto merece destaque especial neste sentido, pois a canção aqui é tratada como uma forma de linguagem. Trata-se de um discurso e, desse modo, ela sempre expressa um conteúdo ideológico. Independentemente de sua temática, a música é política e manifesta os sentimentos e as relações sociais de uma classe. Portanto, o partido-alto enquanto veículo de exteriorização e afirmação se coloca neste prisma como a manifestação mais importante do samba, local em que a criação mais espontânea da canção e do próprio samba se revela.

A parte final do livro é reservada a uma análise mais aprofundada não somente do partido-alto, como de outras formas de samba concebidas por Nei Lopes. Dentre toda a expressão de seu universo musical, procuro discutir a representatividade de algumas de suas canções mais importantes do ponto de vista de seu simbolismo, identificando, tanto em sua poética, como na estrutura musical, os critérios identitários utilizados na construção que faz da identidade negra e carioca.

Notas

[1] São várias as assertivas sobre a denominação da palavra *samba*. Não é do interesse deste livro entrar no mérito da discussão de seus vários significados; portanto, entendo samba aqui a partir da própria definição de Nei Lopes, que o caracteriza como "nome genérico de várias danças populares brasileiras. A música que acompanha cada uma dessas danças – do quioco *samba*, cabriolar, brincar, divertir-se como cabrito; ou do quicongo *sàmba*, espécie de dança em que um dançarino bate contra o peito do outro". LOPES, Nei. *Dicionário Banto do Brasil*. Rio de Janeiro: Prefeitura da Cidade do Rio de Janeiro, 1996, p. 229; veja também SANDRONI, Carlos. *Feitiço decente: transformações do samba no Rio de Janeiro (1917-1933)*. Rio de Janeiro: Jorge Zahar/UFRJ, 2001, pp. 84-99. Este último autor faz uma discussão abrangente acerca da definição do termo.

[2] FERNANDES, Nelson da Nóbrega. *Escolas de samba: sujeitos celebrantes e objetos celebrados*. Rio de Janeiro: Arquivo Geral da Cidade do Rio de Janeiro, 2001, p. 42.

[3] LOPES, Nei. *Guimbaustrilho e outros mistérios suburbanos*. Rio de Janeiro: Dantes, 2001, p. 139.

[4] COUTINHO, Eduardo Granja. "Velhas histórias, memórias futuras: o sentido da tradição na obra de Paulinho da Viola". Rio de Janeiro. Tese de Doutorado (UFRJ/ECO), 1999, p. 226.

[5] FERNANDES, Nelson da Nóbrega, ob. cit., 2001. Ver também GOMES, Tiago de Melo. "Estudos acadêmicos sobre a música popular brasileira: levantamento bibliográfico e comentário introdutório". *História: questões e debates*, Curitiba, nº 31, Editora da UFPR, 1999.

1. A formação do artista Nei Lopes

> *Ciente de que nenhum negro ia ser rei*
> *Enquanto houvesse uma senzala*
> *Ao invés de receber a liberdade*
> *Zumbi preferiu conquistá-la.*
> (Nei Lopes)

Deixando de ser "mulatinho"

O objetivo deste livro, como mencionado no comentário introdutório, é analisar a obra de Nei Lopes, na tentativa de descobrir como ela expressa uma identidade negra e carioca. A referência que Nei Lopes faz ao negro encontra, em sua própria condição – como indivíduo pertencente a este grupo –, o elemento de maior propulsão na definição de seus critérios identitários. Ademais, refere-se ao carioca dentro de uma cidade de universos totalmente distintos, segregadora e bipartida, com as mais diversas influências seja em nível nacional ou internacional, uma cidade que se constrói pelo distanciamento das elites em relação às camadas menos favorecidas, que se transforma conseqüentemente em universo díspare de identidades. Diante disso, é importante discorrer sobre a sua formação artística, influências, parcerias e o ambiente em que viveu, a fim de se entender como suas experiências viriam a contribuir para a construção que faz da identidade negra e carioca.

Nei Braz Lopes nasceu em 9 de maio de 1942, no bairro do Irajá, subúrbio da cidade do Rio de Janeiro ao qual sua família chegou em 1918, para se fixar na atual rua Honório de Almeida, antiga Travessa do Pau-Ferro, em 1923. Filho mais novo de uma família de 13 irmãos (sua irmã mais velha é filha da primeira união de seu pai), do pedreiro Luiz Braz Lopes e Eurydice de Mendonça Lopes. Na época de seu nascimento, eram comuns no Brasil, principalmente nas áreas rurais, os partos ocorrerem em casa e não em hospitais, e assim foi com o nascimento de Nei Lopes. A parteira, uma portuguesa chamada Dona Lucinda, que cuidara de sua família inteira, foi chamada para mais uma tarefa; tratava-se de um grande acontecimento, pois surgia ali, naquelas cercanias rurais, mais um artista. Em sua própria casa, Neizinho nascia e sua mãe, então às vésperas de completar 42 anos, não poderia imaginar que, naquelas condições, um menino franzino, de saúde frágil, levando até mesmo à suspeita na família de que não iria "vingar", seria um dos maiores nomes da cultura popular brasileira. Nascia no Irajá o mulatinho, para, mais tarde, primeiramente inconsciente e, depois, conscientemente, tornar-se negro.

De seu pai, pouco se tem referência quanto às origens. Sabe-se que, devido às circunstâncias em que foi criado, ao que parece, sua infância e boa parte da vida se deram no bairro de São Cristóvão. Ele, na verdade, não foi criado ou educado pelos pais, ou seja, foi o que, na época, se chamava de "infante exposto". Foi tutelado por um senhor chamado Camaragibe, cujo tratamento dispensado ao pai de Nei Lopes foi muito ruim. Ao que tudo indica, devido à época em que seu pai viveu, seu nascimento e sua adolescência coincidiram com os primeiros anos da Abolição da Escravatura. Assim, é bem provável que tenha, na verdade, ainda pego resquícios da escravidão no tratamento em que recebia, mas não se sabe, da parte de seu pai, se ele foi mesmo criado pelos pais ou se foi adotado. Não há referência nem mesmo à condição de seus avós ou bisavós – se teriam sido ou não escravos.

Os pais de Nei Lopes se casaram em 1916, sua mãe então com cerca de quinze anos e seu pai com 27. De classes sociais distintas, sua mãe morava no bairro do Catumbi (Zona Norte), que, pela época e localização, próximo ao centro da cidade, remete à impressão de uma certa condição social privilegiada, pelo menos superior à de seu pai. Mesmo porque seu avô materno era funcionário público.

Após o casamento, o casal Lopes morou por pouco tempo na Piedade, também Zona Norte, e posteriormente se mudou para o bairro de Irajá, em 1918, primeiro morando de aluguel e depois se fixando na rua Honório de Almeida, 143, onde a família reside até os dias atuais. O Irajá da época de seus pais, e mesmo o vivido por Nei Lopes, era uma área, na verdade, rural.

> "Tinha no Irajá, na época, muito sítio, carros de boi passavam, as ruas não eram pavimentadas. A hoje avenida Brás de Pina, que é uma das principais, liga o Irajá a Vista Alegre e à Vila da Penha, era uma estrada com uma areia branquinha, com um filete de capim no meio. Era um ambiente muito rural."[1]

Foi um tempo em que a ligação com o centro da cidade ainda se fazia pelo mar. Embora em menores proporções, existia o "bonde de burro", meio de transporte por tração animal que mais tarde seria substituído pelos bondes elétricos, mas já nesta época havia conexão também com o centro da cidade por meio de trem a vapor, que o próprio Nei chegou a conhecer. Estes foram paulatinamente substituídos a partir de 1937. O bairro do Irajá foi um dos lugares onde sobreviveram não somente os últimos "bondes de burro", como também o trem a vapor.

Nei Lopes viveu neste bairro até 1968, época de seu primeiro casamento, aos 26 anos de idade, com Helena Theodoro, radialista e professora universitária. O Irajá de sua infância era um bairro que apresentava aspectos de uma cidade interiorana com poucas ruas asfaltadas, extensa vegetação e festividades tradicionais que recriavam a atmosfera de um ambiente rural. Foi neste local que Nei Lopes viveu boa parte de sua vida.

> "Uma família com raízes absolutamente fincadas no século XIX. Meu pai nasceu em 1888, meses antes da Abolição da Escravatura. Minha mãe nasceu em 1900 e isso se reflete extremamente em todo o meu trabalho, principalmente na minha música [...] eu vivi o século XIX na minha casa em plena metade do século XX."[2]

Esta idealização do passado, a referência aos ancestrais e a figura dos mais velhos serão, de fato, muito constantes em sua obra; encontraremos em sua literatura e canções esses elementos, os quais ele utilizará como recurso para construir seu próprio critério identitário e definir o carioca, como será constatado nos próximos capítulos.

O contato com a música sempre esteve presente em sua vida, desde a sua infância, quando via e ouvia sua mãe passando roupa e cantando músicas de Sinhô.

> "A música era atividade importante em minha casa. Tive dois tios e dois irmãos reconhecidos como grandes músicos. Um dos irmãos, o Gimbo, falecido em 1989, foi trombonista respeitado no ambiente das gafieiras cariocas. Depois, outro irmão, o Zeca, tornou-se cantor, de gafieira também. E morreu, em 1986, ainda nesta atividade. Da mesma forma que o cavaquinista Dairzinho, meu sobrinho, também falecido nos anos 1980. A família era e ainda é extremamente musical. Só que o único que, realmente, se profissionalizou fui eu."[3]

Nei Lopes se alfabetizou na casa de sua tia Rosa, a esposa de seu tio Jorge Mendonça, irmão de sua mãe. Rosa possuía, em sua casa, uma escola bem "primária", como se encontra com freqüência nas cidades de interior ou mesmo em lugares mais distantes dos grandes centros urbanos. Depois, ingressou no primário nas escolas Maria do Carmo Vidigal (20-10)[4] e Mato Grosso (19-20). Em 1953, então com cerca de 11 anos de idade, ingressou no ginásio, na Escola Técnica Visconde de Mauá, em Marechal Hermes, onde publicou seus primeiros versos no jornal dos estudantes. Cursou o científico no Colégio Estadual Barão do Rio Branco, em Santa Cruz, e, por fim, o curso de bacharelado em Direito pela Faculdade Nacional de Direito da Universidade do Brasil (atual Universidade Federal do Rio de Janeiro – UFRJ).

Em 1958, foi fundado, por seu pai e seus vizinhos, o Grêmio Pau-Ferro, que existe até hoje, em frente à casa de sua família. O nome foi dado em referência à rua na qual se situava, que, em tempos remotos, se chamava Travessa do Pau-Ferro e, posteriormente, Honório de Almeida. Este período foi importante para a sua vida. A socialização, além de ter lugar em torno das festas da Igreja – eram duas: na época, a de Nossa Senhora da Apresentação, localizada na Estrada da Água Grande, e a capelinha de São Sebastião, no Beco da Coruja, atual rua Severiano Monteiro (nesta última, havia uma grande festa que se realizava no dia do padroeiro) –, dava-se também nos campos de futebol do Irajá. Mas o que se pode registrar de mais importante neste aspecto socializante foi a vivência no Grêmio Pau-Ferro. Seu irmão Zeca (José Braz Lopes) foi o grande animador cultural deste clube (pesquisava, escrevia peças e organizava as festividades). A respeito, Nei Lopes diz:

"foi o meu campo de socialização: lá fui diretor-secretário, aquele cara que redige as atas e cuida da burocracia, ator no teatrinho, cantor, bailarino no show dos domingos, escrevi e ensaiei pecinhas teatrais, desenhei, tive as primeiras namoradas. Foi meu campo de provas".[5]

Esta vivência, no ambiente do Grêmio Pau-Ferro, foi fundamental para a vida de Nei Lopes. Pode-se considerar este momento como um dos marcos que determinaram os caminhos que sua carreira iria trilhar. O papel que seu irmão Zeca exerce no clube e a própria influência sobre o irmão caçula contribuíram em muito para o que hoje é o artista Nei Lopes.

Quando Nei Lopes foi estudar na Escola Técnica Visconde de Mauá, conheceu Maurício Theodoro, e esta amizade o levou a descobrir outras atmosferas que em muito influenciariam sua vida. Esta ocasião é importante porque representou sua iniciação no mundo do samba, o momento de uma nova tomada de consciência em relação à sua negritude e à sua condição social, bem como o prenúncio de sua religiosidade, pois foi por intermédio de um outro freqüentador da casa de Maurício que Nei integrou ao universo do candomblé, por volta de 1977.

Na casa de Maurício, no bairro do Sampaio, na Zona Norte da cidade, aconteciam muitas reuniões, promovidas pela mãe dele. Eram festas comuns, como aniversários, mas em especial no primeiro domingo de outubro havia a festa de São Crispim e São Crispiniano, onde se reuniam a família e os amigos. A propósito, a vivência em um ambiente diferente do seu, pois, na casa de Nei Lopes, havia uma atmosfera musical, mas não um "mundo" de samba, com pessoas ligadas realmente às escolas de samba, como ocorria na casa de Maurício Theodoro. O impacto e as mudanças de pensamento com a tomada de consciência em relação a uma série de coisas que mais tarde permeariam sua obra viriam dali, daquela casinha de subúrbio. Em Irajá, onde Nei Lopes vivia na época, de certa forma, em se tratando de nível social, havia uma equivalência com os pares com quem convivia. O divisor de águas nesta questão foi de fato essa convivência, pois, em uma homenagem que Nei presta à mãe de Maurício em seu livro *171–Lapa-Irajá* (analisado mais adiante, no Capítulo 3), demonstra bem esta tomada de consciência. O próprio título da crônica, inclusive, é sugestivo: ele, o "mulatinho", descobre sua negritude e passa a sentir negro.

Foi Maurício Theodoro que, no início da década de 1960, levou Nei Lopes para a escola de samba Acadêmicos do Salgueiro, onde, no carnaval de 1963, desfilou, integrando um grupo de "coreografia marcada" ensaiada por Mercedes Baptista; depois, saiu em outras alas, até se tornar mais tarde membro da ala de compositores e, ainda, da velha guarda.

> "Maurício Theodoro é um amigo de infância. Foi meu colega da Escola Mauá (1953 - 1956). No meu livro *171* lhe dedico uma das histórias: 'Tia Dina, em casa de quem deixei de ser mulatinho para ser negro'. Era mãe dele. Na casa da família, conheci também o Gilberto Popó, atabaquista do balé de Mercedes Baptista e alabê conceituado, que me introduziu no candomblé. Foi uma casa decisiva. Meu segundo filho, falecido em 1981, chamava-se Maurício Theodoro Lopes, numa homenagem inconsciente, porque Theodoro é o sobrenome da minha primeira mulher. Meu filho Neizinho, pai do meu neto Nei Theodoro Lopes Filho e de minha neta Larissa, mantém estreitos laços de amizade com a família do Maurício, sendo muito amigo dos filhos dele, perpetuando uma bonita amizade. O Maurício, hoje, com cerca de 62 anos de idade, mora em Recife, mas vem todos os anos ao Rio, no carnaval, integrar a Velha Guarda do Salgueiro, da qual também já fiz parte. Pelas mãos do Maurício foi que, no início dos anos 1960, eu comecei a desfilar nos Acadêmicos do Salgueiro."[6]

De fato, a relação de seu amigo Maurício Theodoro com o Salgueiro é muito forte e isso, de certa forma, influenciou na ligação de Nei Lopes com esta escola. Apesar de a família de Maurício não morar no morro do Salgueiro, foi lá na casa de sua avó Virgínia, parteira, que ele nasceu, em 10 de abril de 1938.

No morro do Salgueiro, existiam muitos parentes de Maurício ligados ao samba e às antigas escolas da comunidade, que mais tarde iriam se fundir, originando a Acadêmicos do Salgueiro. Eram primos, tios e tias que trabalhavam na escola. Desses, surgiram, inclusive, nomes de peso no ambiente do samba, como "Mestre Louro", que comandou a bateria da escola, e Almir Guineto, cantor, compositor e ex-integrante do grupo Fundo de Quintal, um dos grandes responsáveis pela revolução por que passou a música popular brasileira no final da década de 1970. A mãe de Maurício desfilava de baiana e seu pai era mestre-sala na extinta Azul e Branco do Salgueiro, uma das escolas que originaram a Acadêmicos do Salgueiro. Maurício Theodoro também exerceu, por muito tempo, a função de presidente da ala da Acadêmicos do Salgueiro chamada "Embaixadores de Ébano", da qual se desligou quando, por razões profissionais, se mudou para Recife.

A escola de samba Acadêmicos do Salgueiro, que Nei passou a integrar foi, em especial para ele, um espaço de tomada de consciência. A admiração pelas escolas já vinha desde os tempos de criança, quando, em 1952, viu, pela primeira vez, a escola de samba Portela de perto, que desfilava com o samba *Brasil de ontem*, de Manacéa, lendário compositor portelense, que depois veio a ser seu amigo. A escola Salgueiro da época em que Nei nela ingressou, na década de 1960, começava a apresentar, em seus desfiles, temáticas raciais envolvendo a questão da negritude. Era uma escola que Nei considerava completamente diferente das outras em razão dessa abordagem – o primeiro desfile do qual Nei Lopes participou foi com o enredo "Chica da Silva", no qual a escola sagrou-se campeã.

Nei Lopes também integrou a ala da Velha Guarda do Salgueiro até o ano de 1989, quando se desligou da escola. Após a sua saída do Salgueiro, dedicou-se à escola de samba Vila Isabel, onde criou temas para dois desfiles. Em 1991, desenvolveu o enredo "Luiz Peixoto – E Tome Polca!" e, no ano de 1992, "A vila vê o ovo e põe as claras", ficando a escola respectivamente em décimo primeiro e décimo segundo lugares. Nei, em referência a este segundo tema, diz: "[...] este, uma proposta ousada de mostrar a anterioridade da presença africana nas Américas antes de Colombo, baseada no livro de Ivan Sertima. Mas a escola andava muito mal de grana e de moral. Foi tudo muito ruim".[7] Depois, ajudou no desenvolvimento do enredo "Muito prazer, Isabel de Bragança e Drummond! Mas pode me chamar de Vila", cujo título é de sua autoria.

Quatro anos depois de formado, a carreira de advogado já não trazia satisfação a Nei Lopes. Apesar de gostar de Direito, esta carreira era para ele algo que não desenvolvia sua criatividade, mesmo porque, segundo diz, a advocacia é um trabalho que depende muito de terceiros, como juízes e cartórios; por isso, diante de tanto descontentamento com o trabalho, Nei resolveu abandonar tudo e seguir outros rumos.

Quando abandonou a advocacia, entrou para o ramo publicitário por intermédio do radialista Luiz Carlos Saroldi. Produziu para rádio e televisão, como redator e criador de textos e *jingles* publicitários. Neste último, atua até os dias atuais. Nessa mesma época, compôs seus primeiros sambas em parceria com Almir Santana, que conheceu na casa de Maurício Theodoro, mas nenhum deles foi gravado.

A entrada no meio artístico se deve ao contato com Reginaldo Bessa na época em que trabalhava mais como "jinglista" e com quem fez sua primeira composição gravada. Esta canção, registrada pela cantora Alcione, em 1972, chama-se *Figa de Guiné*.

Nos anos 1970, o samba deu uma "ressurgida" no cenário musical brasileiro. Artistas que se tornaram renomados apareceram entre o final dos anos 1960 e início de 1970. Além de obviamente o grande marco na canção popular brasileira com o grupo Fundo de Quintal, já no final da década, nomes como Martinho da Vila, Alcione, Beth Carvalho, Roberto Ribeiro, Clara Nunes e outros se tornaram expressivos no cenário musical brasileiro. As músicas de Nei Lopes foram gravadas por todos estes intérpretes. Os primeiros sucessos, apesar de ter sua primeira música gravada em 1972, aconteceram somente em 1977 com *Coisa da antiga*, gravada por Clara Nunes, e, em 1979, com as canções *Senhora liberdade* e *Gostoso veneno*, todas em parceria com Wilson Moreira, sendo as duas últimas respectivamente gravadas por

Zezé Mota e Alcione. Em seguida, outros sucessos vieram: com Beth Carvalho, gravando em 1983 a música *Firme e forte*, parceria com Efson, *Não fui convidado*, com Zé Luiz, gravada pelo grupo Fundo de Quintal e *Tempo de Don-Don*, com *Zeca* Pagodinho. Estes podem ser considerados os grandes sucessos, ou melhor dizendo, os que mais penetraram na mídia. Foram vários artistas que eternizaram suas canções que, nos dias atuais, são imprescindíveis em qualquer roda de samba.

A primeira gravação de Nei Lopes como intérprete aconteceu em um disco ao lado de vários artistas. Isto ocorreu em 1972, pela gravadora Continental. O título era *Tem gente bamba na roda de samba* e consistia no que, na época, se chamava popularmente no meio musical de "pau-de-sebo", estratégia de que se utilizavam os que participavam de uma gravação, lançando mão do álbum para que servisse como uma espécie de "trampolim" para uma futura carreira artística. Mas o primeiro disco realmente importante a ser gravado chegou somente no ano de 1980, pela Odeon, em parceria com Wilson Moreira, intitulado *A arte negra de Wilson Moreira e Nei Lopes*, o que rendeu a Nei o troféu Villa Lobos da Associação Brasileira de Produtores Fonográficos, por seu trabalho como letrista. Nei voltaria a gravar em 1984 o disco *Negro mesmo*, pela Lira/Continental, enfatizando a temática negra. A parceria com Wilson Moreira em disco se repetiria no ano de 1985, com o álbum *O partido muito alto de Wilson Moreira e Nei Lopes*, pela Emi-Odeon. Aproveitando o ensejo das comemorações dos trezentos anos da morte de Zumbi, no ano de 1996, com um disco de temáticas nitidamente voltadas à questão da negritude, em que, inclusive, inova em sua própria criação, ao introduzir ritmos afro-latinos originários do Caribe em sua obra, lança *Canto banto*, pela Saci. Seguindo uma tendência de sua obra, na qual se pode notar uma modalidade de samba muito criada por ele, o samba sincopado e o de breque, Nei lança, pelo selo CPC-Umes, em 1999, o álbum *Sincopando o breque*, totalmente dedicado a este estilo; e, como uma revisão de sua obra como um todo, grava em 2000 o disco *De letra e música*, revisitando vários de seus clássicos e cantando em dupla com renomados nomes da canção popular brasileira. Em 2005, seu CD *Partido ao cubo*, lançado no final do ano anterior, era escolhido como melhor disco de samba pelo júri do Prêmio Tim de música popular. Além destes, Nei

Lopes também gravou com vários artistas nacionais em participações especiais e coletâneas.

As atividades de Nei Lopes são as mais variadas, principalmente em se tratando do lado artístico. Além de advogado e publicitário, atuou como ator de cinema e teatro, escritor, cantor, compositor, desenhista (foi responsável pelas ilustrações da biografia de Candeia, escrita por João Batista M. Vargens, e pela capa de um disco do mesmo Candeia, na década de 1970) e escritor de textos teatrais. Desde a sua adolescência, Nei teve vivência de teatro e, na década de 1970, atuou nas peças de teatro "Os irmãos das almas" e "A lotação dos bondes", de autoria respectivamente de Martins Pena e França Júnior, dirigidas por Luiz Carlos Saroldi. Nei, inclusive, considera a atuação no teatro como uma das formas artísticas em que se sente mais à vontade. No cinema, atuou no filme sobre a vida do escritor Lima Barreto como protagonista, sob direção de José Maria Bezerril, mas não chegou a concluí-lo. Como autor teatral, suas peças encenadas foram *Oh, que delícia de negras!* (revista, Teatro Rival, temporada de 1989); *Clementina* (musical, Centro Cultural José Bonifácio, 1999); *O rancho das sereias (Dona Gamboa, Saúde)* (musical, Centro Cultural José Bonifácio, 2000); *À meia-noite todos são pardos* (monólogo, com Antônio Pompeo, Teatro Municipal de Cabo Frio, 2001); além dessas, Nei possui várias peças inéditas. Em 1995, participou do tributo a Zumbi dos Palmares, promovido pela Escola de Música da Universidade Federal do Rio de Janeiro, escrevendo e narrando o auto coral-sinfônico "Zumbi Jaga de Matamba".

Na década de 1980, Nei Lopes também trabalhou em televisão escrevendo e apresentando musicais relacionados ao samba, como "Pagode", na Rede Globo, em 1987, programa retirado do ar após a primeira apresentação, sem explicação (provavelmente por ferir esteticamente os padrões daquela emissora). Além dessa experiência desgradável, Nei Lopes apresentou "Dia Nacional do Samba", na extinta Rede Manchete, em 1988; "Presença Negra", em 1995; e "Saravá, Tio Samba", em 1996, ambos na emissora estatal hoje denominada Rede Brasil.

A atividade artística, voltada às questões discutidas neste livro, como a construção de uma identidade negra e carioca, levou Nei a percorrer outros caminhos para reforçar toda esta conjuntura de criação e afirmação à qual sua obra se propõe. Nei Lopes constrói uma extensa atividade literária, com várias publicações e outras em desenvolvimento. O início desta atividade se deu ainda na década de 1960, por meio de publicações no jornal do Centro Acadêmico da Faculdade de Direito, onde estudava. Em 1963, participou de uma antologia, publicando seu primeiro poema, mas a atividade literária começou mesmo na década de 1980, com a publicação do livro *O samba na realidade: a utopia da ascensão social do sambista*. A morte de seu filho mais novo, em 1981, de certa forma, influenciaria essa etapa de sua carreira, sendo significativa no próprio rumo que sua vida tomaria depois. O impacto da morte desse filho, de apenas quatro anos, foi enorme e muito bem traduzido na canção que fez em parceria com Cláudio Jorge, chamada *Estrela cadente*.

>Uma estrela desceu de lá do céu
>E num facho de luz me iluminou
>Pousou dentro de mim
>Pra fazer tudo se acender
>Estrela cadente que subitamente me fez renascer
>Mas um dia essa estrela resolveu
>Regressar pro lugar onde nasceu
>Foi pra beira do mar
>Se deitou, se deixou levar
>Num floco de espuma
>Num gesto de pluma flutuou no ar.
>
>Mas lá no céu onde está
>Vez por outra ela vem
>Calma, serena, me visitar
>Vem num sonho bom, vem num despertar
>Num lampejo de inspiração
>Num raio de sol, num calmo luar
>Numa doce recordação.

Este episódio trágico em sua vida fez com que ele buscasse uma "fuga" para aquele momento. Esta saída foi por meio da leitura, uma forma de ocupar seu tempo, e então passou a ler vários livros, inclusive dicionários:

> "Alguém me falou que ler dicionário é coisa de maluco e eu comecei a ler dicionário, só que o negócio de ler dicionário e comprar dicionário acabou redundando na vontade de fazer um dicionário, e essa coisa de ficar o tempo inteiro ocupando a cabeça com livro começou a render um trabalho".[8]

Foi esta a mola propulsora que o fez escrever, em parceria com João Batista M. Vargens, o livro *Islamismo e negritude*, que resultaria em uma outra publicação chamada *Bantos, malês e identidade negra* – estava também fincado o alicerce do dicionário banto, que foi lançado em 1996. Toda esta produção literária ganhou mais impulso nos últimos anos. Nei Lopes atualmente se dedica intensamente ao desenvolvimento de livros. Talvez a dimensão da criação literária possa ultrapassar a própria obra relacionada às suas canções, fato ao qual somente o tempo poderá dar uma resposta mais concreta. O certo é que Nei demonstra uma séria preocupação com as discussões sobre a negritude e sua contribuição para a nossa cultura. Estas idéias serão mais bem desenvolvidas no Capítulo 3, em que a análise de sua obra e seu próprio depoimento indicarão a direção conjuntural de sua obra literária. Há uma grande ênfase em seu trabalho literário nestes últimos anos. Além de lançar em fevereiro de 2003 o livro *Sambeabá: o samba que não se aprende na escola* e, posteriormente, em maio do mesmo ano, o *Novo dicionário banto do Brasil*. No final de 2004, lança a *Enciclopédia brasileira da diáspora africana*; e, à época do presente livro, tinha já no prelo *Kitábu, o livro do saber e do espírito negro-africanos*, uma espécie de "bíblia afro", com textos sobre história e filosofia dos principais povos africanos escravizados nas Américas e as práticas aqui nascidas e delas decorrentes.

O sentido das parcerias no universo do samba

As parcerias no mundo da canção popular brasileira e do samba, em particular, funcionam como uma espécie de instituição. São inúmeras, e muitas canções têm nestas parcerias uma fonte de referência envolvendo questões autorais, enredos e as mais diversas discussões sobre verdadeiras autorias, roubo e compra de canções. Exemplos clássicos não faltam para ilustrar esta argumentação. O caso mais famoso é, sem dúvida, a canção *Pelo telefone*, cuja autoria é extremamente controversa. Edigar de Alencar nos conta que este samba foi ouvido pela primeira vez na noite de 6 de agosto de 1916, cuja alusão se fazia à perseguição ao jogo durante a gestão do então chefe de polícia, Aurelino Leal. Ao que consta, o estribilho foi composto por João da Mata no morro de Santo Antônio, situado no centro da cidade; posteriormente, teriam sido acrescentados outros versos, inclusive cantigas folclóricas, como *Olha a rolinha*. Somente na casa da Tia Ciata é que ele tomaria sua forma definitiva, com a inclusão das cantigas e dos versos de Mauro de Almeida. Donga, que também era freqüentador da casa, tratou logo de registrar a música em seu nome, fato que causou enormes discussões a respeito de sua verdadeira autoria e até mesmo da questão dos direitos autorais. Aliás, em se tratando de *Pelo telefone*, as controvérsias não param por aí, pois se trata de uma canção que, na verdade, possui duas letras, uma oficial e outra não-oficial. Esta última, inclusive, é a mais cantada até os dias atuais nas rodas de samba. A este respeito faço, uma análise no último capítulo. O mesmo autor relata também os problemas vividos por Sinhô a respeito de acusações de plágios e roubos de músicas, inclusive envolvendo Heitor dos Prazeres, que alegava ser co-autor de dois de seus maiores sucessos, como *Gosto que me enrosco* (1928-1929) e *Ora vejam só* (1927).[9]

A questão das parcerias não deixou de fora também outro renomado autor da canção popular brasileira: Noel Rosa, que também enfrentou as agruras que esse ambiente apresenta. Como exemplo, temos o samba *Século do progresso*, nascido de uma "vingança" que Noel faria a um, como se dizia na época, "valente". Kid Pepe, ex-pugilista, se passava por compositor e parceiro de várias músicas, inclusive de Noel, mas, na verdade, seu nome era imposto nas parcerias. Noel só conseguiu se livrar dele porque contou com a ajuda de um outro valente, o Zé Pretinho. Mesmo assim, isso não impediu que Kid Pepe desse uma bofetada em Noel.[10] Com a brilhante frase "[...] no século do progresso, o revólver teve ingresso para acabar com a valentia", Noel se defendia, ao mesmo tempo em que preconizava o fim da briga de navalhas entre os malandros.

Casos e enredos à parte, a grande questão é que as parcerias no ambiente da canção popular brasileira, dentre várias outras nuanças, que lhes são específicas, funcionam como matiz, estabelecendo laços de convivência e solidariedade, ligação entre seus proponentes, nesse caso específico, os sambistas, e mais, a parceria enquanto junção de valores e modos de vida, no estreitar dessas relações, acaba se tornando um reflexo da sociabilidade das camadas subalternas.

O ambiente em que o sambista concretiza seus projetos e constrói suas canções provém do encontro, seja nos bondes, seja nos cafés, no passado, seja nas escolas de samba, nos bares, nas reuniões em terreiros de subúrbios e morros, nos dias atuais. Portanto, falar de parceria é mencionar vivências, trocas culturais, junção de experiências.

Os parceiros são atores que interpõem no teatro popular suas representações e as transformam em símbolos dos quais as canções serão porta-vozes. A parceria não pode ser encarada como uma mera concepção em conjunto ou uma união de dois ou mais pares, transformadores de idéias distendidas em uma criação compacta e uníssona; trata-se, como já dito, de uma instituição, um elemento aglutinador, e não somente isso. Falar de parceria é falar de construção e afirmação, pois ela se apresenta, antes de tudo, como uma forma de se construir em sociabilidade uma identidade. Portanto, a parceria no mundo do samba em particular é uma forma de afirmar o desejo de uma classe que se quer ver reconhecida.

O objetivo de relacionar aqueles que considero os parceiros principais de Nei Lopes neste livro provém desta discussão em relação às parcerias no universo da canção popular brasileira. O importante é identificar origens, vivências e ambientes onde os compositores que compartilham do mundo musical de Nei Lopes se formaram. No último capítulo deste trabalho, faço uma análise de suas canções, as mais representativas, onde também discorro sobre o viés por meio do qual faço esta análise. A parceria se apresenta importante neste sentido, porque, no momento em que a canção é construída, é necessário que se identifique sua origem, a voz inicial, a idéia, a quem pertence este primeiro momento de criação e como esta união de autores resulta em um produto final que reflete não somente uma concepção conjunta de canção, como também de mundo popular; e, mais do que isso, uma união de classe no sentido de delimitar os símbolos na construção de sua identidade.

Os parceiros de Nei Lopes citados neste trabalho normalmente possuem origem e classe social que se assemelham à sua própria, compartilham, de certa forma, ideais similares, principalmente quanto aos critérios identitários. Veja-se, por exemplo, a parceria com o músico afro-pernambucano Moacir Santos, renomado maestro, de fama internacional, mas nascido em lar extremamente humilde no interior de seu estado. E, embora haja alguma distinção entre este e seus principais parceiros, o ambiente de criação e as intenções se equivalem. Nei Lopes tem vários parceiros relacionados ao mundo do samba, como Efson, Dudu Nobre, Martinho da Vila, Dauro do Salgueiro e outros. Menciono neste trabalho aqueles que possuem um maior número de canções em parceria com Nei Lopes e, além disso, são, a meu ver, os mais presentes, destacando-se não somente pelas canções, como por sua forma de concepção na construção de seus critérios identitários.

O PARCEIRO DA ANTIGA: WILSON MOREIRA

Wilson Moreira Serra nasceu na cidade do Rio de Janeiro, no bairro de Realengo, situado na Zona Norte, em 13 de dezembro de 1936. Filho do funcionário público Francisco Moreira Serra e de Hilda Balbina da Conceição, passou a infância neste mesmo bairro, onde ouvia muitos programas de rádio, tendo contato com a música por meio dos programas de calouros de Ary Barroso, na Rádio Mayrink Veiga, e do Trem da Alegria, na Rádio Mauá.

Compôs o seu primeiro samba aos 14 anos de idade e, incentivado por Paulo Brasão, começou a mostrar seus sambas na ala de compositores da Escola de Samba Mocidade Independente de Padre Miguel:

"Eu recebi uma força de um cara que foi morar em Realengo. Ele era parente de uma vizinha nossa e eu não sabia que ele tinha uma importância tão grande no samba. Aquele cara era compositor de escola de samba antigo, o Paulo Brasão. Aí o cunhado dele falou: 'Mostra o samba a ele'. Naquela época, a gente podia cantar nos lugares, nas escolas de samba, então me associei na ala de compositores da Mocidade Independente e cantei lá e foi um sucesso total lá no terreiro."[11]

Uma de suas primeiras composições foi o samba *Bahia*. Depois disso, fez também um samba de terreiro gravado por Leny Andrade, chamado *Antes assim*.

Wilson Moreira teve infância pobre e, com a morte de seu pai, quando tinha nove anos de idade, viu-se obrigado a trabalhar para ajudar no sustento da família. Foi entregador de marmita e, aos 13 anos de idade, foi guia de cegos na "Aliança de Cegos". Segundo ele, esse período foi de grande importância, pois foi o momento em que começou a conhecer a cidade. Depois disso, conseguiu um emprego em uma metalúrgica, onde ficou até completar 18 anos, quando saiu para servir o exército. Nesse emprego, conheceu muita gente do mundo do samba e das escolas, como da Unidos do Cabuçu, Unidos do Salgueiro e da extinta Floresta do Andaraí, onde foi possível ampliar seus contatos com os sambistas.

Após servir o exército, Wilson Moreira foi trabalhar em uma fábrica de eletrodomésticos no bairro do Rio Comprido, situado na Zona Norte da cidade do Rio de Janeiro. Depois, fez concurso público e se tornou carcereiro no sistema penitenciário DESIPE em Bangu, onde ficou durante 35 anos, até a sua aposentadoria.

Nos anos 1970, participou de vários discos e também de um programa de rádio dirigido por Adelson Alves, onde cantava alguns de seus sucessos, como *Meu apelo* e *Mel e mamão com açúcar*.

O contato com Nei Lopes se deu por intermédio do compositor Delcio Carvalho. Wilson Moreira costumava freqüentar a porta da gravadora CBS, onde se encontrava com vários outros sambistas para apresentar seus sambas, na tentativa de conseguir alguma gravação. Nessa época, Nei Lopes trabalhava em um estúdio de produção de *jingles*, na rua Santa Luzia. Os dois se conheceram no "ponto dos compositores", tradicional local de encontro dos "poetas do samba", nas proximidades do legendário Café Nice, entre o Largo da Carioca e a Cinelândia, no centro da cidade. Foi então que compuseram a primeira música em parceria, chamada *Leonel, Leonor*, gravada por Roberto Ribeiro.

> Oh, Leonor, cadê Leonel, Leonor?
> Viveu pro mar, morreu de amor.
> Mal surgiu a lua nova
> Leonel se aluou
> Não sei bem se foi a lua
> Não sei bem se foi amor
> Foi remando na canoa e
> Mar adentro se embrenhou...

A partir deste momento, Nei Lopes e Wilson Moreira compuseram uma série de sucessos nas vozes dos mais diversos artistas brasileiros, tornando-se uma dupla de grande presença no panorama da canção popular brasileira e influenciando uma geração inteira de sambistas que surgiriam nos anos 1980, com a explosão de samba ocorrida nesta década, como Zeca Pagodinho e Fundo de Quintal. As canções que resultaram desta parceria não se limitaram a temáticas específicas tampouco a um estilo particular dentro do samba. O universo que retrataram possui uma face múltipla onde se situam canções satíricas, românticas, de cunho identitário negro e samba-enredo.

O MALANDRO MANEIRO ZÉ LUIZ

José Luiz Costa Ferreira nasceu no Rio de Janeiro em 10 de julho de 1944, no Largo das Neves, situado no Bairro de Santa Teresa, na zona central do Rio de Janeiro. Filho de Valdemar Lemos Ferreira, funcionário da antiga Rede Ferroviária Federal, e Hercília Costa Ferreira, Zé Luiz é o filho mais novo de uma família de sete irmãos. O período vivido em Santa Teresa corresponde apenas a uma parte de sua infância, residindo neste lugar até, aproximadamente, seus oitos anos de idade. Após se mudar de Santa Teresa, passou a residir no subúrbio carioca, nos bairros de Pilares, Osvaldo Cruz e Madureira. Na infância, seu contato com a música foi por meio dos programas da Rádio

Nacional e do seu pai, que era músico amador. Zé Luiz também teve um forte contato com o ambiente carnavalesco do centro da cidade em sua época, fato que marcou sua infância. Quando se mudou para o subúrbio, também passou a ter contato com as escolas de samba. Ele e sua família sempre freqüentaram a Escola de Samba Império Serrano.

Sua participação mais ativa no ambiente musical e as primeiras músicas e letras aconteceram durante seu tempo de permanência no colégio interno. Este foi o ambiente no qual fez suas primeiras descobertas como artista, mas não foi necessariamente um período em que já se via como tal, pois, até então, não tinha qualquer preocupação no sentido de se profissionalizar.

A profissionalização na música foi um processo tardio em sua vida. Embora já trabalhasse com escola de samba e vivesse este ambiente em sua fase adulta, foi a partir dos anos 1970 que começou a se comprometer mais com os trabalhos de compositor. Zé Luiz se formou em técnico de comunicações e trabalhou na ex-estatal EMBRATEL – Empresa Brasileira de Telecomunicações – desde a sua fundação, em 1968, até 1997, quando então se aposentou. Este foi o período considerado por ele como mais fértil em sua produção. Zé Luiz não se dedicou totalmente à música e em nenhum momento deixou sua atividade profissional. Seu trabalho, como ele define, foi mais nos bastidores, como autor.

> "Meu trabalho sempre ficou conhecido como autor, justamente por causa dessa minha dependência profissional, já que eu era um cara muito restrito à contracapa de discos. Uma vez ou outra, eu aparecia numa roda de samba, participando também do Império e da Quilombo, da qual sou um dos fundadores, e também fundador da primeira ala de compositores da Quilombo, juntamente com o Nei".[12]

Zé Luiz trabalhou em várias escolas de samba, mas o Império Serrano foi o local em que exerceu suas atividades por maior período e com o qual mantém, ainda hoje, fortes vínculos, inclusive ajudando a organizar a "Velha Guarda do Império Serrano". Trabalhou nas escolas de samba Estácio de Sá, Unidos da Tijuca e, como mencionado, na Quilombo.

"Com o surgimento da Quilombo, não só eu, como o Nei e o Wilson, saíamos, mas ninguém deixou de sair na sua escola, só que já não tinha mais aquela vibração de ser salgueirense, ser imperiano, ser portelense. Porque a gente já estava envolvido no projeto do Quilombo lá do Candeia, que era muito mais profundo e a gente tinha muito mais identificação com aquilo".[13]

Seu contato inicial com Nei Lopes ocorreu durante um evento no final da década de 1960, no Rio de Janeiro, chamado "Encontro Nacional dos Compositores de Samba", do qual foi um dos organizadores. Foi neste período que passou a ter maiores contatos com outros compositores deste universo. Mas, efetivamente, a amizade e parceria entre ambos se devem a Sérgio Cabral, em uma reunião do Clube do Samba, na sede do Clube de Futebol do Flamengo, situado na Gávea, Zona Sul da cidade. A primeira música que fizeram juntos foi *Minha arte de amar*, uma homenagem à Sônia, com quem Nei Lopes viria a se casar nos anos 1980, gravada pelo grupo Fundo de Quintal.

> Quem ama não tem que procurar saber
> A razão por que ama
> A chama
> Só tem que arder e nada mais

A primeira das canções de Zé Luiz a ser gravada chamava-se *Tempo É*, feita em parceria com Nelson Rufino e registrada em disco pelo cantor Roberto Ribeiro, aliás um dos artistas que mais gravou suas músicas e também as de Nei Lopes. Tanto para Zé Luiz como para Nei Lopes, este foi o cantor que melhor representou e interpretou suas canções.

Esta parceria ficou mais caracterizada pela produção de canções no sentido de sátira, relatando fatos do cotidiano. Muitas de suas canções resultam de vivências e experiências com personagens comuns do povo e do dia-a-dia. É deles a música que considero mais representativa na obra de Nei Lopes quanto à definição dos critérios identitários da personalidade carioca. Trata-se de *Malandros maneiros*, que será abordada na última parte deste livro, na representação da obra de Nei Lopes.

O SAMBA DOS ACORDES DISSONANTES DE CLÁUDIO JORGE

Cláudio Jorge de Barros nasceu no dia 3 de outubro de 1949, no Méier, em uma localidade ainda conhecida como Boca do Mato. Foi criado em Quintino até os dois anos, mudando-se depois para o Cachambi, onde ficou até completar 28 anos de idade. Todas estas localidades situam-se na Zona Norte do Rio de Janeiro. Filho do jornalista Everaldo de Barros, baiano de Salvador, e de Maria do Carmo, fluminense da cidade de Itaperuna, interior do Rio de Janeiro, é o filho mais velho de uma família de dois irmãos.

O fato de seu pai ser violonista amador e também jornalista – durante muito tempo, trabalhou escrevendo sobre música – propiciou a Cláudio Jorge o contato desde a sua infância com a música popular brasileira e seus bastidores, ouvindo, nos rádios ou nos lugares que freqüentava, todos os gêneros da canção popular, inclusive samba e choro. Cláudio Jorge relata que, em seu batizado, estiveram presentes vários artistas famosos na época, como Ismael Silva e Dircinha Batista. Seu pai também foi amigo do compositor Lupicínio Rodrigues. Sua casa foi muito freqüentada por vários artistas da música popular brasileira dos anos 1940 e 1950.

No período compreendido pelo início de sua adolescência, por volta dos anos de 1959 e 1960, quando começou a tocar violão, conheceu o violonista Jorge Santos, que tocava no regional do cavaquinista Waldir Azevedo e era tio de um conhecido violonista brasileiro chamado Bola Sete.

> "O Jorge Santos é um cara que eu vi tocando muito lá em casa e talvez este meu primeiro interesse pelas harmonias tenha vindo dele. Ele era um violonista moderno naquele tempo, ele tinha muito da história musical do Vadico. O Jorge Santos foi o primeiro músico que eu vi utilizando harmonias dissonantes no samba e no choro"[14]

A maior influência de Cláudio Jorge do ponto de vista estético-musical veio deste violonista, fato que lhe conferiu um estilo particular de tocar que até os dias atuais prevalece. É importante salientar que este parceiro possui um diferencial em relação aos demais, não somente nas canções com Nei Lopes, como também nas gravações em shows. Este fato será mais discutido na análise do álbum *Sincopando o breque*, onde se nota uma certa variante na canção de Nei Lopes com a introdução de "outros" elementos rítmicos e harmônicos nas gravações, que se mantêm sintonizados com a afirmação de identidade carioca e negra do samba.

A atividade musical de Cláudio Jorge começou a se tornar mais intensa por volta dos seus 13 anos de idade, quando foi estudar no Colégio Pedro II, e, por volta de 1968, começou a tocar em bailes. No final do científico, começou a estudar teoria musical. Seus primeiros trabalhos profissionais se devem ao contrabaixista Ivan Machado, que o levou para tocar em bailes com Gaúcho do Acordeom, no conjunto chamado Peter Thomas, tocando guitarra e os mais variados estilos de música. A partir dessa época, conheceu melhor o ambiente musical profissional, onde surgiram as primeiras gravações, e passou efetivamente a atuar como músico.

Após esse período, começou a trabalhar com o cantor João Nogueira, por intermédio do violonista Guinga, que na época fazia parte de seu grupo. Cláudio Jorge começou a se apresentar com João Nogueira tocando contrabaixo. Com a posterior saída de Guinga, começou a tocar violão. Nessa época, tomou maior contato com o ambiente do samba e também conheceu Nei Lopes.

> "A minha relação com o mundo do samba começou com João Nogueira, foi o cara que abriu as portas do samba para mim. Foi através dele que eu fui conhecer as favelas, as quadras das escolas de samba, os compositores. Eu tinha uma informação sobre samba através de disco em casa, mas o convívio com o mundo do samba, eu não tinha, porque eu não sou nascido e criado no meio do samba. A minha formação é de classe média baixa, no subúrbio, meu pai, intelectual, era um jornalista com uma formação cultural grande, então eu ouvia todo tipo de música, não exclusivamente o samba. Ele conhecia as pessoas do samba, mas não era um freqüentador do ambiente do samba ao ponto de me levar a esses lugares na minha infância. Conviver, ir à feijoada de batizado do fulano lá na favela, foi com o João Nogueira que eu comecei a ir".[15]

Além de não ser criado dentro desse "ambiente" do samba, sua ligação com as escolas também era distanciada – apesar de freqüentá-las, não se filiou a nenhuma. O fato mais marcante em sua vida, no tocante a escolas de samba, foi no ano de 1988, quando tocou no desfile da Unidos de Vila Isabel, a convite de Martinho da Vila.

Suas primeiras canções datam dos primeiros anos em que começou a tocar violão. Inicialmente, compunha música e letra; depois, com a descoberta de outras parcerias, passou a somente fazer as melodias, e, nos últimos cinco anos, voltou a escrever. Sua primeira música gravada foi *Desafio da navalha*, um baião em parceria com Ivan Wrigg, interpretado por Élson do Forrogode.

O contato inicial com Nei Lopes aconteceu na década de 1970, por intermédio de João Nogueira, e a primeira canção composta pela dupla chama-se *Tia Eulália na Xiba*.

Esta parceria foi caracterizada pela composição da melodia por Cláudio Jorge e da letra por Nei Lopes. Em algumas canções, Nei Lopes compôs letra e música, cabendo a Cláudio Jorge a finalização. Um caso especial pode ser observado em *Senhora da canção*, em homenagem a Dona Ivone Lara, gravada no álbum mais recente de Nei Lopes, intitulado *De letra e música*, com música e letra feitas por ambos.

> "Eu e o Nei temos uma história de parceria que é muito semelhante à amizade que a gente tem. A gente pensa muito parecido em relação à negritude, ao racismo e ao samba. A gente acredita no mesmo método para tentar vencer esta barreira."[16]

A formação musical de Cláudio Jorge, suas influências e sua própria história de vida fazem com que esta parceria seja um tanto singular dentro da obra de Nei Lopes. Embora existam tendências diferentes entre os demais parceiros, e também nas recentes parcerias com o violonista Guinga, que discutirei mais à frente, de certa forma os temas, situações e a estética das canções com estes três autores convergem para a proposta de Nei Lopes de construção da identidade carioca e negra.

A resistência: o quilombo que virou escola

O carnaval como manifestação artística é, decisivamente, de grande importância no cenário cultural nacional e, particularmente, no carioca. As práticas que remetem aos dias atuais desta manifestação já se faziam presentes na cidade desde o século XIX. Segundo Sérgio Cabral, o marco inicial das atividades relacionadas ao carnaval está no entrudo, uma prática que não se restringia a uma camada social específica. Executada muitas vezes de forma violenta, consistia num grupo de foliões que se juntavam e jogavam líquidos, dos mais variados, uns nos outros. Esta, apesar de combatida, atravessou séculos, começando no XVII e aportando no XX. O fato interessante do entrudo é que, se observarmos a forma como era reprimido, já se tem uma idéia das desigualdades sociais e do trato dispensado às camadas mais pobres da população. Era, de fato, diz Cabral, uma atividade reprimida, mas a punição recaía de forma mais violenta sobre os escravos.

Já no século XIX, era muito comum o zé-pereira e os foliões saíam à rua, solitariamente ou em grupo, tocando enormes tambores. Paralelamente, pode-se dizer que existiam mais quatro formas de entretenimento relacionadas ao carnaval, isso antes do final da década de 1920. As camadas médias e altas formavam as grandes sociedades (ou préstitos), que acabariam na década de 1940, com a ascensão das escolas de samba. Existiam também os "cordões", nome genérico de agrupamentos carnavalescos que se formavam tanto por camadas médias como pelas menos abastadas. Já no final do século XIX, começavam a surgir os ranchos, uma forma de se brincar o carnaval em grupo, que posteriormente influenciaria decisivamente a criação das escolas de samba.[17] Foi dos ranchos que as escolas herdaram mestre-sala, porta-bandeira e passistas.[18] No início do século XX, surgiram os corsos, pessoas que atravessavam as avenidas em automóveis abertos e jogavam serpentinas e confetes de um lado para outro.[19] O fato é que, dentre estas manifestações, pelo menos as mais elementares, os corsos, ranchos e grandes sociedades eram agremiações totalmente elitistas – não cabia ao elemento de camadas inferiores nenhuma forma de participação destas associações; então, o que se viu foi o elemento menos abastado criar sua própria forma de divertimento. Surgiram então os blocos, que eram agremiações fundadas pelos estratos sociais mais baixos, e foram-se constituindo até a transmudação final em escolas de samba.

As escolas de samba surgiram a partir do final da década de 1920, pelo que se tem registro, embora não chegasse a constituir uma agremiação propriamente dita. A Deixa Falar, do bairro do Estácio, é o que se pode considerar como a primeira escola de samba, conforme podemos observar em Cabral e Silva e Santos. Cabral chega a afirmar que o referido nome se deve, segundo depoimento de Ismael Silva, a uma alusão ao fato de seus criadores se auto-intitularem professores de samba. Inclusive no primeiro desfile oficial das escolas de samba, em 1932, a Deixa Falar não se apresentou como escola, mas sim como rancho. Mas, polêmicas à parte, podemos considerar a Deixa Falar como o marco inicial das escolas de samba, que desempenhariam um papel importantíssimo na cultura nacional. O próprio Cabral afirma que a contribuição da Deixa Falar foi primordial porque, em primeiro lugar, criou o título que começava a ser usado pelos novos blocos que surgiam. Foi de lá que se originaram o surdo e a cuíca. Além disso, foi no Estácio que se desenvolveu uma nova modalidade de se fazer samba, liderada pelo então sambista Ismael Silva.[20]

Os desfiles, desde o seu início, na década de 1930, foram crescendo e ganhando vultos cada vez maiores. Com isso, outros interesses passaram a se voltar para o ambiente das escolas: o que, até então, era atividade marginalizada, de "pretos", pobres, achacadores, malandros e capoeiras, passou, com o tempo, a mudar seu epicentro e a despertar olhares mais cobiçosos e gananciosos. As escolas começaram a conquistar outros setores da sociedade, que as viam como centros de entretenimento.

No final da década de 1950, segundo Sérgio Cabral, as escolas já haviam consolidado sua posição de grande atração no carnaval carioca. Jovens da classe média da Zona Sul carioca começavam a freqüentá-las, embora fosse um comportamento não condizente a uma boa conduta. Em 1959, a Portela, além de possuir em seus quadros um especialista na confecção de alegorias e fantasias, apresentou como destaque uma fantasia avaliada em Cr$ 80.000,00 (oitenta mil cruzeiros), valor correspondente ao orçamento de muitas agremiações carnavalescas do grupo de elite da época. Nesse mesmo ano, a escola de samba Acadêmicos do Salgueiro daria aquilo que se pode chamar de grande guinada no carnaval carioca. Com um enredo em homenagem a Debret, o Salgueiro tinha em seus quadros o auxílio de dois artistas plásticos contratados especialmente para desenvolver os figurinos da escola. O impacto que a escola causou na avenida atingiu o público e também um dos integrantes da comissão julgadora, o professor da Escola Nacional de Belas-Artes e cenógrafo, Fernando Pamplona.[21] Portanto, estes e outros fatores correlacionados, que já vinham acontecendo no ambiente das escolas de samba, contribuíram para o que se vê nos dias atuais, mas, de fato, não se pode negar que esta e as demais apresentações do Salgueiro seriam o divisor de águas nos rumos que as escolas tomariam.

Na década de 1960, o Salgueiro iria novamente trazer mudanças substantivas, apresentando, além das mudanças no figurino, agora com a presença de "intelectuais", um grupo de coreografia ensaiado pela bailarina Mercedes Batista, fato que, segundo Cabral, mais chamou atenção no desfile, inclusive da imprensa, que perguntava, na época, se aquilo era realmente escola de samba.[22] Assim, estava feita a associação da fórmula da magnitude das escolas: por um lado, os artistas e intelectuais se engendravam no meio, e, por outro, as arquibancadas apresentavam uma variação de público com a presença cada vez maior da classe média em busca de espetáculos que alegrassem seus olhos.

Na década de 1970, as escolas de samba começaram a sofrer transformações ainda maiores, seja no desfile, seja no samba-enredo. Estas agremiações já começavam a apresentar prenúncios de que mais tarde seriam alvo das maiores críticas por parte daqueles que defendem a manutenção das tradições e dos elementos simbólicos de seus grandes idealizadores: os negros. Como nos conta Silva e Oliveira Filho, as escolas, nessa época, estavam entrando definitivamente para o mercado de consumo, com a grande guinada no rumo das escolas iniciada na década anterior, em 1963, quando a Acadêmicos do Salgueiro apresentou uma série de mudanças estruturais nos desfiles, inclusive com a presença mais marcante do luxo. O que se via era uma manifestação cultural com um público já assegurado. Havia cobrança de ingressos para os ensaios; o interesse das gravadoras cresceu e os sambas-enredo assumiram um espaço cada vez maior no carnaval. O amor à escola foi sendo substituído, paulatinamente, pelo amor ao sucesso, ao estrelato e, com isso, acentuaram-se as divisões, criaram-se facções e as "rixas" cresceram entre os membros, principalmente entre os compositores. "Mas em 1970, ainda não assistimos, da missa, nem à metade".[23] Segundo Cabral, os ensaios das escolas mostravam uma presença maior de visitantes do que de sambistas; o samba de terreiro (que já era chamado de samba de quadra) estava dando seus suspiros finais. Aqueles elementos ligados à tradição do samba, como a harmonia, a dança, a bateria e o próprio samba, abriam espaço para atrações mais comprometidas com o aspecto visual das escolas; assim, o espetáculo sobrepujava em valor o samba, e o número de negros desfilando diminuía significativamente.[24] Candeia também atentava para este aspecto, pois,

> "todo o dinheiro que as escolas arrecadam é consumido pelos artistas plásticos, cenógrafos e figurinistas, dinheiro este que se ganha através da atuação dos sambistas, como no caso dos ritmistas, compositores, mestre-sala e porta-bandeira, que comandam os ensaios".

Portanto, os grandes responsáveis pelos sucessos das escolas não recebem nada, somente o "direito" de desfilar, direito que aos poucos vai sendo negado.[25] Outra "vítima" desta usurpação foi o samba-enredo. O carnaval de 1971, diz Cabral, com novas características, que em quase nada lembravam a "forma" dos antigos sambas-enredo, teve como elemento primordial o criticado samba de Zuzuca, da escola de samba Acadêmicos do Salgueiro, chamado *Festa para um rei negro*. Este samba, ao ser descoberto pelos veículos de comunicação, se transformou no mais tocado daquele ano, sendo apresentado, inclusive, na "Discoteca do Chacrinha", considerado o programa mais popular da televisão na época.[26] Além das modalidades de sambas como os de terreiro ou de quadra, o samba "lençol" – como era considerado, por exemplo, os do compositor Silas de Oliveira, do Império Serrano – dava seu suspiro final. Esta última modalidade a que me refiro são aqueles sambas-enredo aos quais muitos dos antigos sambistas dizem "cobrir" o enredo por inteiro. Era o resultado de uma criação espontânea, e não mais algo para se encaixar em uma forma preestabelecida. Cabral afirma que o samba-enredo na década de 1970 viraria um grande negócio, pois era gravado, e os discos, além de serem tocados nas rádios com bastante intensidade, atingiam uma vultosa vendagem. As escolas de samba, tirando proveito disso, exigiam dos autores a parceria do samba; assim, elas também passavam a receber direitos autorais sobre a execução dos discos. Com isso, houve a profissionalização do sambista autor de samba-enredo. Este, agora, se agrupava naquilo que Cabral chama de "verdadeiras sociedades", nas quais eventuais parceiros entravam apenas com o dinheiro e o prestígio para levar o samba a ser escolhido na escola. Em 1974, o fato mais agravante, em relação às parcerias, foi a Portela ter escolhido para fazer seu samba a dupla Evaldo Gouveia e Jair Amorim, ambos sem qualquer relação com a escola e com o próprio ambiente do samba; este fato quebrou uma tradição antiga nas escolas de samba.[27]

Muitos dos sambistas e também pesquisadores consideram a década de 1970 como a morte do samba-enredo e chegam a afirmar que o estilo se foi junto com Silas de Oliveira, compositor da Escola de Samba Império Serrano, considerado um dos maiores de todos os tempos. Juízo com o qual não concordamos totalmente. É notório que houve uma certa decadência no samba-enredo nestas décadas, embora tenham surgido canções memoráveis, mas, em parte, as transformações nas escolas influenciaram muito a questão: o número de componentes cresceu muito. Com isso, o tempo de desfile teve de ser acelerado. Além disso, os "elementos estranhos" nas escolas têm dificuldade de aprender o samba; por isso, o samba-enredo tem de ser curto, leve e com dois refrões que "peguem" na avenida. Nesse passo, os sambistas da "antiga" ficaram excluídos do processo.

Devido a esses fatores, um grupo de artistas, em meados dessa mesma década, entendeu que seria preciso buscar uma forma de combater o avanço destas mudanças. Assim, procurou fundar uma agremiação que se contrapusesse a todas essas transformações: uma escola que promovesse o samba dentro da tradição.

O marco principal da discussão foi a fundação da Escola de Samba Quilombo. O grande idealizador do projeto foi Candeia, um grande nome da música popular brasileira, que, até então, era ligado à

Escola de Samba, do bairro de Oswaldo Cruz, Portela. João Batista M. Vargens nos conta que Candeia foi um dos idealizadores do departamento cultural dessa escola, mas, mesmo assim, não encontrava mais espaço dentro do departamento. Por isso, em 11 de março de 1975, elaborou um documento, juntamente com mais alguns colaboradores, enviado ao então presidente da Portela, Carlos Teixeira Martins, no qual fazia críticas e sugeria mudanças. Como suas idéias sequer foram discutidas na Portela, Candeia começou a pensar na criação de uma escola que atendesse aos interesses dos sambistas. No final de 1975, Edgar, cunhado de Candeia, o procurou para que o ajudasse na compra da bateria para um bloco que seria fundado em Rocha Miranda (situado na Zona Norte), cujo nome seria Quilombo dos Palmares. Candeia não somente acatou a idéia, como propôs vôos maiores: a criação de uma escola de samba.[28]

Em 8 de dezembro de 1975, foi fundado o Grêmio Recreativo Arte Negra Escola de Samba Quilombo, por Candeia, Jorge Coutinho, Wilson Moreira, Paulinho da Viola e outros. A Quilombo era, "antes de tudo, um núcleo de resistência dos verdadeiros sambistas contra a inflação das escolas e do povo em geral contra a colonização cultural",[29] lembra Nei Lopes, que, embora não tenha sido fundador, participou ativamente da escola.

A primeira sede da escola foi na rua Pinhará, em Colégio, na Zona Norte da cidade. Como havia necessidade de um espaço maior, a escola foi transferida para a rua Ouzeley, 810, em Acari, instalando-se no galpão de um clube abandonado, onde até os dias atuais funciona sua sede. A intenção inicial era criar uma escola que mantivesse as raízes do samba, pois, nessa época, as escolas, segundo declarou Wilson Moreira, estavam tomando um rumo diferente, com as suntuosidades das fantasias e a desvalorização dos sambistas.[30] O Grêmio Recreativo Arte Negra Escola de Samba Quilombo procurou seguir a linha originária do samba, mantendo seus princípios fundamentais. Candeia relaciona em seu livro[31] os princípios da Quilombo, mas, ao analisar a descrição de Nei Lopes e comparar com a de Candeia, observei que ambas estão de pleno acordo quanto às suas bases. Em razão disso, descrevo aqui os princípios relacionados por Nei Lopes, pelo fato de serem mais sucintos e mais bem explicitados.

Princípios básicos da Quilombo:[32]

a) Não desenvolver alegorias, que, na realidade, são cópias (aliás, de péssima qualidade) do carnaval europeu, anterior ao próprio descobrimento do Brasil, não tendo, portanto, nenhuma ligação com o nosso samba.
b) Não promover falsos destaques. Cada participante poderá se tornar destaque dentro de um desfile da escola, em função de sua própria capacidade de sambar ou tocar bem um instrumento de ritmo.
c) Não permitir fantasias de alto luxo nos desfiles, evitando-se, assim, o "destaque do supérfluo", que chega a humilhar as verdadeiras passistas, que, sem condições financeiras para acompanhar a "rica evolução do luxo", acabam por não desfilar.
d) Não desenvolver coreografias ensaiadas em grupo, pois isto nunca houve no samba. As coreografias que vemos nas atuais escolas de samba são cópias das inúmeras coreografias do cancã francês, surgido no início do século XX. Samba mesmo é no passo curto, é no drible de corpo, é "no faz que vai, mas não vai", é no passo largo cheio de ginga, é no balançar dos braços, é no girar constante da cabeça, mostrando um sorriso contagiante, uma combinação de movimentos que ninguém no mundo consegue fazer igual ao brasileiro (obs.: Carros alegóricos e fantasias ricas, vários países do mundo fazem bem melhor do que nós do Brasil, sem comparação. Ginga? Só os brasileiros).

Quanto a este último item, citado por Nei Lopes, vale lembrar que, segundo entendemos, Candeia não se opunha totalmente à coreografia, mas sim ao fato de esta ser realizada por pessoas que não tinham nenhum comprometimento ou vivência no mundo do samba. Para Candeia, as escolas deveriam valorizar a criação do sambista dentro de sua origem, aqueles que atuam no sentido de aperfeiçoar "seus movimentos sem apelos para outros valores estranhos tais como: cambalhotas, caretas, saltos espetaculares, coreografia marcada introduzida pelo *ballet*. Neste item, consideramos as manifestações ligadas ao sambista".[33] Candeia não era a favor da estagnação das escolas; era partidário de mudanças, mas estas deveriam ser feitas por aqueles que vivenciam o mundo do samba em sua plenitude, por aqueles que realmente estão comprometidos com esta manifestação popular e com a causa negra; portanto, deveria ser uma mudança de dentro para fora, e não o contrário.[34]

O primeiro samba-enredo da Quilombo foi *Apoteose das mãos*, de Mariozinho de Acari, Zeca Melodia e Gael. Em 1978, Raquel Trindade, filha de Solano Trindade, apresentou a Candeia um enredo chamado *Ao povo em forma de arte*. Nessa época, Wilson Moreira era diretor de harmonia e passou, então, para a ala dos compositores. Ele apresentou o tema a Nei Lopes, que fez a letra para o enredo, que foi musicado por Wilson Moreira. Em 1979, Candeia escolheu o tema da Quilombo, chamado *Noventa anos de abolição*. Este samba foi também feito por Wilson Moreira e Nei Lopes. Em 1980, Nei e Wilson fizeram o samba-enredo *Dias de graça*, que não foi escolhido pela escola. Ganhou o samba dos compositores Sobral e Feliciano. Posteriormente, Nei voltaria a compor samba-enredo para a escola, mas seus sambas não foram escolhidos.

Nos anos subseqüentes, dos quais temos registro, os sambas-enredo foram os seguintes: *Dias de graça* (1980), *Solano Trindade, O poeta do povo* (1981), *Zumbi dos palmares* (1982), *A Revolta da Chibata* (1983), *Xaxá de Ajudá e a Rainha Mina do Maranhão* (1984), *Luís Gama, Doutor Carapinha, Poeta da Liberdade* (1985), *Cinco séculos de resistência afro-brasileira* (1986).

A escola passou por grandes momentos após a sua fundação, mas, pelo que se observa nas pesquisas e nos depoimentos, a morte de seu grande líder e idealizador, Candeia, influenciaria os rumos que a escola tomaria nos anos seguintes, passando por um período de várias divergências internas.

"A Quilombo desfilava na Rio Branco na terça-feira de carnaval, era uma tradição nossa. Mas houve uma confusão que me desgostou muito com alguns componentes da escola, inclusive artistas, e desde aquele dia me afastei um pouco da Quilombo. As pessoas são radicais demais. A filosofia da Quilombo, como a do Candeia, não tem branco, nem negro nem nada; tem é a liberdade, a igualdade, um mundo melhor. No momento em que você começa a discriminar o parceiro porque ele é branco, esta filosofia perde o sentido; e houve isso. Eu botei no carro que vinha a Clementina (o enredo era 'Solano Trindade') o poema 'Tem gente com fome' e um dos componentes da ala dos compositores foi lá e rasgou o papel. Achei um desrespeito com o Solano, com a escola e com a própria Clementina, que vinha no carro. Então, essas coisas foram me afastando um pouco."[35]

Candeia foi o grande idealizador desse trabalho, elaborando todos os seus princípios. A propósito, levando em conta o papel do sambista, devemos observar a seguinte questão: Silva e Santos, ao falarem de Paulo da Portela, lamentam a dificuldade em se recuperar toda a sua produção e o fato de seu reconhecimento ter acontecido com mais intensidade após a sua morte (suas músicas são, a cada ano, mais gravadas). Eles observam que Paulo possuía uma imensurável dimensão de líder sociopolítico e também a consciência de raça e classe social.

Citando Roger Bastide, eles relatam a importância dos sapatos para os negros alforriados no continente americano. Eram o sinal de sua libertação, uma forma de se igualarem aos brancos. Quando os sapatos não estavam nos pés, eles os carregavam pendurados no pescoço e, em casa, eram guardados em lugar de honra.[36] De fato, Candeia, tal qual Paulo da Portela, tinha esta visão e também consciência social, política e de classe, bem como a consciência do papel do samba enquanto instrumento de legitimação das manifestações culturais de seu grupo e de reivindicação de igualdade perante os "brancos". A criação da escola era uma forma de marcar resistência aos novos caminhos que o samba e as escolas vinham seguindo. O pensamento de Candeia era mostrar os sapatos, integrar aquela comunidade em torno de um projeto identitário, que revelasse novos valores e, antes de tudo, a aglutinasse dentro de uma realidade brasileira em que se desejava fazer o carnaval. Candeia não queria que as conquistas dos negros, sob tantos esforços e barreiras transpostas, fossem "seqüestradas" por uma elite dominante, preocupada somente com os interesses comerciais que dali adviriam.

"Às vezes, quando a gente tinha, saía uma comissão de frente muito pobre, com uma faixa. Um dia o Candeia brigou, brigou e ganhou a briga. Ele botou a Quilombo para desfilar na Sapucaí, depois da Beija-Flor, que era uma coisa que a gente queria para marcar nossa presença dentro da Sapucaí. Até para desconsiderar um pouco esse mito desse Joãozinho Trinta, aquelas coisas suntuosas... A gente foi pra lá com latas, e desfilou com uma faixa que dizia: 'o samba dentro da realidade brasileira'. Passou aquela coisa fantástica que era a Beija-Flor e, de repente, veio a Quilombo, com gente famosa, artista e tal, mas dentro de sua realidade. A realidade brasileira é essa, não é aquilo que é mostrado, aquilo passou a ser uma sociedade, não é um desfile de samba, samba mesmo. A coisa da raiz mesmo, não tem. Todos os sambas-enredo hoje têm que ter um andamento muito rápido porque senão não cabe no disco. Outro dia estava conversando com um diretor de escola que as pessoas falam muito no refrão de um samba, não vêem o samba como um todo, não tem o princípio, o meio e o fim."[37]

O momento a que se refere Jorge Coutinho foi o carnaval de 1977. Como nos conta João Batista M. Vargens, foi com um contingente de aproximadamente quatrocentas pessoas que a Quilombo fechou o desfile, com personalidades do mundo do samba como Paulinho da Viola, Candeia, Martinho da Vila, Xangô e Clementina de Jesus. A Quilombo, além da faixa que mostrava o samba dentro da realidade brasileira, ostentava uma outra de igual significância, como "samba sem pretensão".[38]

O período de maior efervescência da Quilombo foi o de sua fundação até o final dos anos 1970, quando Candeia ainda estava vivo. Após a sua morte, a escola passou por várias divergências internas e direções. Mas não parou com suas atividades, embora os desfiles tenham sido interrompidos algumas vezes. Atualmente, a Quilombo desfila durante o carnaval na avenida Rio Branco e existe um projeto elaborado por um dos seus fundadores, o ator Jorge Coutinho, similar ao desenvolvido pela escola de samba Mangueira, de fazer da escola um centro assistencialista voltado para a comunidade, seguindo os princípios criados por Candeia, e de construir uma vila olímpica, uma creche e implementar cursos profissionalizantes.

Apesar das avassaladoras transformações no universo das escolas de samba, podemos notar que, atualmente, mesmo com a descaracterização do carnaval, alguns elementos identitários persistem nas escolas. Ao lado do luxo, da suntuosidade, do "carnaval-espetáculo", dos efeitos especiais, enfim, de toda aquela cenografia, podemos ver que nas escolas, de um modo geral, ainda existem espaços onde a comunidade e o sambista conseguem penetrar, como no caso de bateria, mestre-sala e porta-bandeira, ala das baianas e os passistas. Particularmente, a bateria representa um elemento não muito difundido atualmente, ou seja, a ligação do samba com a religiosidade africana.

> "Toda escola tem a sua magia na sua bateria e nas suas baianas. É o que segura a escola pelo lado da religião. E a gente não teve tempo de trabalhar a Quilombo neste sentido, de bater pra santa que protege a Quilombo. Esta coisa se perdeu. Se você vir a origem da escola de samba, vai ver que ela vem dos terreiros de candomblé, da Tia Ciata. Toda escola tem o santinho que a protege. Estas coisas foram se perdendo de uma tal maneira que as pessoas não sabem nem por que aquele santo está ali, então, se você chega lá no Império Serrano, lá você tem o São Jorge, então a escola tem que ter a batida de Ogum, não a batida do orixá, mas tem que ter a chamada de Ogum; estas coisas vieram do terreiro de candomblé. A Mangueira é a única que tem a batida de Oxossi. A Quilombo não tinha esta batida. É uma coisa que a gente tem que fazer para manter as nossas raízes. A Mangueira ainda tem a batida dela, tanto é que é a única que não muda a batida, todo mundo conhece a Mangueira pela sua batida, você não tem mais uma batida de escola de samba que você possa dizer assim: lá vem a escola tal."[39]

Geralmente, nas escolas de samba, antes dessas transformações ocorridas nos anos 1970, seus membros, principalmente da bateria, eram originários da própria comunidade. Muitos eram os "ogãns" que tocavam nos terreiros durante os rituais. Portanto, estes é que definiriam como seria a batida da bateria para homenagear o santo. Nessa prática, pode-se observar o sincretismo religioso de seus praticantes. Ou seja, numa clara referência ao passado negro de seus participantes como herança dos escravos, uma forma de manter a resistência.

Mônica Velloso comenta, a respeito desta prática, que no início do século XX, no morro da Mangueira, as "tias" Tomásia e Fé desempenharam importante papel de verdadeiras chefes de uma "grande família" – que compreendia não só os parentes próximos, como também os indivíduos que mantivessem um laço de afinidades étnicas –, cujas casas eram centros de atividades de candomblé, samba, culinária e blocos carnavalescos.

> "É dona Zica, líder comunitária da Mangueira, que nos conta: 'Na sexta-feira batia-se para o povo da rua, no sábado para os orixás, no domingo era dia do samba e da peixada. O pessoal normalmente ficava para dormir, porque no dia seguinte era o dia de homenagear as almas' [...] pelo relato de dona Zica, fica claro o papel do terreiro como elemento centralizador dos vários eventos e atividades. É em função dele que se articulavam as festas, encontros e reuniões de confraternização."[40]

Outro exemplo que pode ilustrar bem esta questão é a afirmação do próprio Candeia, cujo relato, acerca da bateria das escolas de samba, remonta à religiosidade africana.

> "Inicialmente, as pessoas que eram ligadas às escolas de samba ou mesmo aos ranchos participavam tanto de reuniões festeiras como caxambu, lundu e jongo como de cultos de origem afro-brasileira. Nestas festividades e atividades religiosas, os instrumentos como atabaques, tambores, tamboretes, agogô, tamborim, pandeiro e triângulo eram amplamente utilizados.
> Com relação ao candomblé, onde são cantados pontos, chamados popularmente de pontos de macumba, que obedecem ao ritmo quente e exigem dos participantes o molejo necessário para acompanhá-lo. Das brincadeiras de samba, realizadas em casa do Sr. Napoleão, Sr. Vieira, Dona Neném, Dona Esther e outros, participavam geralmente pessoas ligadas ao culto afro-brasileiro com suas diversas linhas e nações. Utilizavam nessas brincadeiras diversos instrumentos: violão, atabaques, cavaquinho, tamborim, tamboretes, pandeiro, cuíca etc. Esses instrumentos compõem, até os nossos dias, o famoso 'Regional', logicamente tirando alguns dos instrumentos citados."[41]

A relação intrínseca entre samba e religiosidade africana encontra amparo também na afirmação de Nei Lopes. Na história do samba, diz Nei Lopes, o terreiro, em um determinado momento, transmudou para o nome quadra, numa clara inserção da classe média neste ambiente, uma vez que este lugar, de práticas esportivas, era "estranho", pelo menos até aquele momento, aos negros oriundos das camadas pobres. Esta mudança, considerada importante, chama atenção, pois terreiro é uma palavra que designa, simbolicamente, o universo do negro brasileiro e, no caso das escolas de samba, este espaço reproduz o das comunidades religiosas ligadas aos cultos afro-brasileiros. Portanto, existiu um tempo, diz Nei Lopes, em que penetrar em um terreiro, seja de escola de samba ou de candomblé, era um privilégio. Além disso, a roda, nos terreiros tradicionais, gira em sentido anti-horário, tal qual o movimento das baianas nos terreiros das escolas de samba.[42]

O que podemos observar em nossa pesquisa é que, de fato, há indícios fortes desta ligação entre a religiosidade afro-brasileira e as baterias das escolas, contudo, não é de interesse deste livro fazer uma análise mais aprofundada sobre o assunto. A questão que nos interessa é que, em se tratando de identidade, estes elementos religiosos nas escolas possuem grande representatividade.

A Escola de Samba Quilombo pode ser entendida como a construção de uma resistência por parte de um grupo de sambistas que busca sua singularização e de uma camada social da qual o samba é seu principal símbolo e expressão. A Quilombo foi uma tentativa de subverter uma ordem dominante de manipulação do samba pela indústria cultural, criando um espaço singular de expressão das camadas subalternas e negras. Nota-se, em seus próprios princípios, descritos neste capítulo por Nei Lopes, que a escola buscava manter o caráter popular do carnaval com a eliminação do "luxo" excessivo, tentando aproximar-se ao máximo da "raiz" do samba e estreitar os vínculos com as comunidades marginalizadas. A Quilombo é, antes de tudo, uma proposta identitária negra e subalterna, como pode ser visto nos sambas-enredo compostos principalmente por Wilson Moreira e Nei Lopes.

Vida pública e luta por direito autoral

Na década de 1990, a convite do senador Abdias do Nascimento e do historiador Joel Rufino, Nei Lopes também desempenhou algumas atividades públicas, exercendo cargos no governo do estado do Rio de Janeiro e no Ministério da Cultura. Trabalhou na Secretaria Estadual de Defesa e Promoção das Populações Negras (SEDEPRON), que mais tarde se chamaria Secretaria Estadual de Defesa e Promoção das Populações Afro-Brasileiras (SEAFRO), órgãos criados no governo do estado do Rio de Janeiro durante a administração do governador Leonel Brizola, em 1991. Nessa secretaria, fundada pelo senador Abdias do Nascimento, do Partido Democrático Trabalhista (PDT), Nei Lopes trabalhou como chefe de gabinete e depois como superintendente de promoção social, no período de 1991 e 1992. E na Fundação Cultural Palmares, do MinC (Ministério da Cultura), como assessor do presidente, seu amigo, o professor Joel Rufino. Ambas as experiências, segundo ele, foram muito ruins, devido à burocracia pública e à falta de verbas para a realização de projetos.

> "Na SEDEPRON (91-92), depois SEAFRO, fui chefe de gabinete do secretário e depois superintendente de promoção social. Mas não consegui fazer nada. Na Palmares (94-95), editei dois livros de autores negros. Muito mal editados, diga-se de passagem, amadoristicamente."[43]

A vida pública de Nei Lopes também está vinculada à luta pelo direito autoral no Brasil, sendo esta uma questão extremamente polêmica, culminando em inúmeras discussões nos mais diversos setores da sociedade e dos meios de comunicação, principalmente na imprensa escrita. Na década de 1990, chegou a ser responsável pela criação de uma Comissão Parlamentar de Inquérito no Congresso Nacional. Diante disso, é possível ter uma idéia da grandiosidade da questão. Portanto, trata-se de uma reivindicação da classe artística brasileira desde tempos remotos, onde se pode notar um embate sem fins e precedentes. Uma vez que o problema do direito autoral no Brasil não é recente e, além disso, levando-se em conta que a exploração empresarial sobre a produção artística sempre foi onerosa em relação àqueles que dedicam seus momentos de extrema "transpiração" para produzir uma arte genuinamente brasileira, os rentáveis cofres das editoras e gravadoras asseguraram para si boa parte do que se produziu de melhor na cultura nacional por mãos calejadas de pobres, negros e mestiços. Era mais do que previsível que houvesse uma reação sobre esta verdadeira espoliação da produção cultural brasileira. E uma das grandes precursoras desta luta foi Chiquinha Gonzaga, que, além de lutar contra os preconceitos seculares de sua época em relação à mulher, deparava-se com a questão vultosa da luta pelo reconhecimento de seus diretos autorais.

A questão do direito autoral no Brasil vem sendo discutida desde o início do século XX. Em 1916, foi aprovado pelo Congresso Nacional o Código Civil Brasileiro, no qual a Lei nº 3.071 fazia referência à propriedade literária e artística. Assim, os direitos autorais começavam a se fortalecer. Apesar deste fortalecimento dos direitos do autor nacional, não havia uma entidade de classe que aglutinasse os autores em torno de um interesse comum: a luta por seus direitos reconhecidos. A primeira associação de direito autoral criada no Brasil foi a SBAT (Sociedade Brasileira dos Autores Teatrais), liderada por Chiquinha Gonzaga. A SBAT surgiu em princípios do século XX, no dia 27 de setembro de 1917.[44]

A criação da SBAT representou um grande avanço na luta dos artistas em terem seus direitos autorais reconhecidos. Segundo Orlando de Barros, sua consolidação se deu somente às vésperas da Revolução de 1930, pois, no final da década de 1920 e no começo da seguinte, começaram a surgir alguns fatos, que à época da fundação da SBAT não representavam fatores de relevância na discussão dos direitos autorais. Os anos que iniciaram à Revolução de 1930 foram marcados pela consolidação do rádio e da indústria fonográfica, com a substituição das gravações mecânicas pelas elétricas e o surgimento do cinema sonoro. Foi a época, como veremos mais à frente, do surgimento efetivo de uma cultura de massas no Brasil. Outro fator que também pesou nesta discussão foi a Lei Getúlio Vargas, apresentada em 1926, com tramitação até 1928, quando entrou em vigor, durante o governo de Washington Luís. A Lei nº 1.928, que receberia este nome em referência a Getúlio Vargas, somente após a Revolução de

1930, dispunha de uma série de mecanismos acerca da produção cultural e seus direitos atribuídos.[45]

Portanto, a fundação da SBAT foi apenas o prenúncio, o primeiro passo em direção a um longo processo envolvendo produção, consumo e reconhecimento dos direitos do autor em relação à sua obra. As discussões acerca dos direitos autorais, suas respectivas entidades representativas e os caminhos seguidos pelas mesmas são processos de uma longa discussão que não cabe neste trabalho; portanto, evitaremos um aprofundamento teórico maior e faremos apenas uma breve introdução na questão, uma vez que o objeto deste livro é a obra de Nei Lopes, e este tem um papel importante em uma entidade de classe representativa dos direitos autorais no Brasil.[46]

Desde a década de 1980, Nei Lopes participa da AMAR-SOMBRÁS (Associação de Músicos, Arranjadores e Regentes – Sociedade Musical Brasileira), entidade da qual passou a fazer parte depois de sua fundação, em 26 de setembro de 1980, na sede do Sindicato dos Músicos do Rio de Janeiro, juntamente com Aldir Blanc, Maurício Tapajós, Paulo César Pinheiro, entre outros. Na verdade, a AMAR foi sucessora da SOMBRÁS, que até então existia apenas como um movimento, e não como sociedade organizada.

Exercendo a função de diretor-secretário, ocupa-se, há cerca de 15 anos, da organização do jornal da entidade. Trata-se de uma publicação trimestral do jornal *Direitos Já* em que se travam inúmeros debates em torno das mais diversas questões envolvendo a cultura popular brasileira. Em análise das mais recentes publicações, nota-se que, embora a entidade incorpore uma gama significativa de compositores, as ênfases nos artigos se direcionam a uma maior discussão em torno da canção popular, principalmente a ligada ao mundo do samba. Isto reforça a idéia simbólica do samba como representante das reivindicações populares.

A atuação de Nei Lopes nesta instituição decorre de uma tomada de consciência no sentido de que, segundo afirma, não se tem uma dimensão dos direitos autorais no Brasil. A comercialização da atividade musical nos meios de comunicação de massa como rádio, cinema, televisão convencional e a cabo envolve toda uma estrutura mercadológica de expropriação por parte das instituições capitalistas estrangeiras em relação à criação do artista popular. Antes de participar da AMAR, Nei Lopes não tinha consciência desta questão. Apesar das críticas de suas canções e de sua própria atuação política, a descoberta desta consciência se deu a partir do momento em que começou a atuar na entidade, onde aprendeu mais sobre os mecanismos que envolvem o problema dos direitos autorais no Brasil.

A obra de Nei Lopes é extremamente significativa. Em igual sentido é sua atuação política como dirigente de entidade de classe ou mesmo das secretarias estaduais ou federais das quais participou, pois a própria maneira como concebe suas canções e escreve suas peças e livros é uma atuação política.

Todas essas atribuições envolvem uma série de questões que serão abordadas ao longo desta obra, especificamente o uso de sua música e literatura como expressão de identidade negra e identidade carioca. Portanto, é preciso, antes de entrar nas contigüidades de seu trabalho, desenvolver uma teoria que apóie essa discussão, verificar a forma como os critérios identitários se concretizam, tratar especificamente o caso brasileiro, demonstrando o período de maior procura deste pela definição de seu caráter. Ao tratar do Rio de Janeiro, particularmente, é necessário entrar no mérito das transformações urbanas e do próprio quadro social e econômico brasileiro, a partir do início do século XX, analisar o momento de surgimento desta obra e a maneira como se circunscreve neste processo, em que o samba se apresenta como expressão de identidade.

Notas

[1] Depoimento em 15/1/2003.
[2] Programa semanal "A vida é um show", exibido pela emissora Rede Brasil em 2001.
[3] Depoimento em 30/8/2001.
[4] Os números se referem à escola e ao distrito educacional.
[5] Depoimento em 30/8/2001.
[6] Idem.
[7] Idem.
[8] Depoimento em 15/1/2003.
[9] ALENCAR, Edigar de. *Nosso Sinhô do samba*. Rio de Janeiro: FUNARTE, 1981.

[10] COSTA, Flávio Moreira da. *Nelson Cavaquinho: Enxugue os olhos e me dê um abraço.* Rio de Janeiro: Relume-Dumará, 2000.
[11] Depoimento de Wilson Moreira em 27/7/2001.
[12] Depoimento de Zé Luiz em 22/2/2002.
[13] Idem.
[14] Depoimento de Cláudio Jorge em 13/2/2002.
[15] Idem.
[16] Idem.
[17] CABRAL, Sérgio. *As escolas de samba do Rio de Janeiro.* Rio de Janeiro: Lumiar, 1996.
[18] CANDEIA & ISNARD. *Escola de samba, árvore que esqueceu a raiz.* Rio de Janeiro: Lidador/SEEC, 1978.
[19] SILVA, Marília T. Barboza da e SANTOS, Lygia. *Paulo da Portela: Traço de união entre duas culturas.* Rio de Janeiro: FUNARTE, 1989.
[20] CABRAL, Sérgio, ob. cit. Ver também SILVA, Marília T. Barboza da e SANTOS, Lygia, ob. cit.
[21] CABRAL, Sérgio, ob. cit.
[22] Idem, ibidem.
[23] SILVA, Marília T. Barboza da e SANTOS, Lygia, ob. cit., p. 102.
[24] CABRAL, Sérgio, ob. cit.
[25] CANDEIA & ISNARD, ob. cit.
[26] CABRAL, Sérgio, ob. cit.
[27] Idem, ibidem.
[28] VARGENS, João Batista M. *Candeia: Luz da inspiração.* Rio de Janeiro: Martins Fontes/FUNARTE, 1987.
[29] LOPES, Nei. *O samba na realidade: A utopia da ascensão social do sambista.* Rio de Janeiro: Codecri, 1981, p. 30.
[30] Depoimento de Wilson Moreira em 27/7/2001.
[31] CANDEIA & ISNARD, ob. cit., p. 42.
[32] LOPES, Nei, ob. cit., pp. 82-83.
[33] CANDEIA & ISNARD, ob. cit., p. 78.
[34] Idem, ibidem.
[35] Depoimento de Jorge Coutinho em 26/9/2001.
[36] SILVA, Marília T. Barboza da e SANTOS, Lygia, ob. cit.
[37] Depoimento de Jorge Coutinho em 26/9/2001.
[38] VARGES, João Batista M., ob. cit.
[39] Depoimento de Jorge Coutinho em 26/9/2001.
[40] VELLOSO, Mônica. "As tias baianas tomam conta do pedaço", *Estudos Históricos*, vol. 3, nº 6, Rio de Janeiro, 1989, p. 215.
[41] CANDEIA & ISNARD, ob. cit., p. 42.
[42] LOPES, Nei. *Sambeabá: O samba que não se aprende na escola.* Rio de Janeiro: Casa da Palavra/Folha Seca, 2003.

[43] Depoimento em 30/8/2001.
[44] DINIZ, Edinha. *Chiquinha Gonzaga: Uma história de vida*. Rio de Janeiro: Rosa dos Tempos, 1999.
[45] BARROS, Orlando de. "Custódio Mesquita, um compositor romântico: O entretenimento, a canção sentimental e a política no tempo de Vargas". Tese de Doutorado, São Paulo, USP, 1995.
[46] Para maiores informações sobre direitos autorais, ver MORELLI, Rita de Cássia Lahoz. *Arrogantes, anônimos, subversivos: interpretando o acordo e a discórdia na tradição autoral brasileira*. Campinas: Mercado de Letras, 2000.

2. O samba como expressão de identidade

O samba, desde o seu nascimento, vem ocupando um papel relevante em nossa história. Por um lado, apresenta-se como um elemento de expressão de identidade não só carioca, mas também nacional. Por outro, desde a sua afirmação como tal, a partir dos anos 1920, tem-se tornado um elemento relevante na crítica dos costumes por parte de seus mais expressivos expoentes.

É comum ouvir falar nas comunidades onde o samba floresceu daquela "coisa de raiz", "de pele"; o samba está na "cor" e no "sangue". É a voz do povo, do morro, o veículo de expressão de seu valor, a busca pela afirmação e pelo reconhecimento por parte do "mundo" desta classe excluída que habita os subúrbios e principalmente os morros. Segundo Carlos Sandroni, os morros da cidade do Rio de Janeiro foram, a partir do início do século XX, ocupados por indivíduos de baixa renda, que não conseguiam mais pagar os altos aluguéis das moradias dos bairros mais tradicionais e que, "desprovidos dos serviços básicos (água, luz, esgoto), cresceram como comunidades à parte, olhadas com desconfiança. Embora lhes faltasse tudo aquilo que a definia positivamente, a começar por ruas calçadas e casas de alvenaria, eles foram desde os anos 1920, lugares privilegiados do samba".[1] O samba de Zé Kéti pode exemplificar melhor a discussão, não somente na parte de definição do *lócus* deste estilo de canção, mas também na exteriorização dos sentimentos das classes que o habitam.

Trata-se de um gênero de canção com uma linguagem própria, uma voz singularizada, não-portuguesa, mas brasileira, com nossos jeitos e trejeitos, criada no morro, aquele português "gostoso" ao qual se referia Manuel Bandeira. A língua errada, mas do povo. A gíria, como diz Noel Rosa, que o nosso morro criou e a cidade aceitou e usou.

Na década de 1940, Haroldo Barbosa compôs um samba mostrando seu caráter democrático, que abrange grupos sociais, etnias e outros em torno de um objetivo de bem comum para a comunidade que se afirma e representa. O samba é democrata no momento em que se mostra como voz dos excluídos, quando aglutina grupos em torno de um objetivo, promovendo a sociabilidade de seus participantes, quando faz a união de negros e brancos, transcendendo a sua comunidade de origem para além dos limites de seu obscurantismo, para, enfim, mostrar-se presente. As escolas de samba já demonstraram esse caráter democrata desde a sua formação, em que seus indivíduos se referem normalmente a uma conquista da escola como sendo de sua própria comunidade. Embora as escolas de samba tenham tomado nos últimos anos caminhos contrários às suas comunidades, é inegável que somente foi possível a estas agremiações se constituírem a partir da solidariedade, dos mutirões e da vivência destas comunidades de onde se originaram. Quanto à mistura de cor, nesta canção ela aparece para evidenciar o caráter democrático do samba, não como uma apologia à "democracia racial", mas como algo aglutinador, a união de pessoas de todas as "raças". Nesta letra, o interlocutor é a elite, o Brasil da ópera, do concerto e dos circuitos fechados. A palavra "Madame" se coloca como um recurso que marca a diferença e a distância do Brasil popular negro, mestiço e africano que toma as ruas, como as camadas mais baixas almejam, e o Brasil branco, europeu e elitista que os mais favorecidos insistem em difundir. Os autores frisam a brasilidade do samba como manifestação cultural, pois, ao afirmarem que "o samba brasileiro democrata, brasileiro na batata, é que tem valor", deixam transparecer a idéia de seu valor no momento em que afirmam ser este brasileiro.

A música dos negros, mestiços, excluídos, pobres, enfim, uma letra que conta a história do subúrbio, o lamento de uma raça, a crítica aos costumes, a gente "humilde", a classe subalterna e a "ralé" excluída do processo do sistema econômico. O samba seria, pelo que se depreende do raciocínio de Nei Lopes, o principal portador das exteriorizações desta camada.[2] Como diz Gilberto Vasconcelos, a canção popular cresce de forma contemporânea à miséria, ao desequilíbrio, ao inconformismo, à rebeldia, junto com movimentos sociais significativos: Cangaço, Canudos, Chibata, Coluna Prestes, movimentos proletários e o Modernismo.[3] Ademais, Cláudia Matos, na comparação entre os sambas de Wilson Batista e Geraldo Pereira, argumenta que, embora estes não tenham produzido seus sambas em conjunto, há uma unidade que se pode encontrar em ambos, pois esta não é uma produção marcada por idiossincrasias, mas é aquela detectada em um grupo social que, apesar da heterogeneidade, está ligado por determinados valores sociais, étnicos, econômicos e culturais. "Essa tendência para uma forma de autoria que transcende os limites da individualidade, dando voz a um ser coletivo, está na raiz da produção do samba e de nossa música negra em geral."[4]

A afirmação de uma identidade não se constitui apenas em letra, como as crônicas pelas quais se tornou o samba conhecido no início do século. O tocar um pandeiro, o cantar, a formação de uma escola de samba, a estética e o conteúdo não mais são do que a afirmação de uma identidade, de uma "raça" e uma tradição. "Tanto a procura e a conservação de 'pureza' e 'raízes' como as inúmeras tentativas de manipular ou subverter as convenções fazem parte da história das músicas negras."[5]

Segundo Cláudia Matos, o significado político e cultural que o samba adquire é percebido de forma consciente pelo sambista e manifestado em seus versos. O samba se associa, desde o início, ao elemento negro, às classes populares e às favelas. Na forma de expressão da vivência destas comunidades, adquire um papel relevante e revela o sentido de criação coletiva de um grupo que reivindica para si a união e, conseqüentemente, o fortalecimento do meio social do qual emerge.⁶ Embora esta afirmação de Matos tenha veracidade, principalmente em relação ao propósito deste livro, de afirmação de identidade, em parte pode ser contestada, pois o homem do povo pode ter uma posição contrária aos seus problemas comuns e à luta de classes. O significado político do samba nem sempre é manifestado de forma consciente pelo sambista. Encontraremos, na canção popular, elementos alienantes e totalmente acríticos em relação à sua condição de classe. Não significa que a música não contenha um cunho ideológico e que não manifeste a ideologia e o interesse de uma classe. Esse ponto será abordado mais à frente, em "Canção popular e representação na obra de Nei Lopes", quando afirmo que, em muitos exemplos, o sambista incorpora as idéias das classes dominantes, estabelecendo discursos alienantes dentro de sua própria canção, o que podemos observar nas canções a seguir. Em primeiro lugar, faremos uma breve análise da canção *Alvorada* e depois do samba-enredo da Escola de Samba Beija-Flor (1975), denominado *O grande decênio*, de Bira Quininho.

Em *Alvorada*, o morro é tratado nesta canção como lugar de beleza, onde não há dor, tristeza e dissabor; há um retrato de uma realidade distante do dia-a-dia daquela comunidade, uma maquiagem e um distanciamento daquilo que seus habitantes vivem. A ausência do Estado, a falta de condições estruturais, a violência e a própria condição de marginalizados na qual se encontram estão suprimidas desta canção.

O grande decênio, samba-enredo da Beija-Flor, de 1975, tem uma letra acrítica e distanciada da realidade; é um canto em uníssono no qual se projeta somente a voz de um Estado dominante. O grande decênio ao qual o autor se refere é o período obscuro e turbulento da história brasileira, quando imperava, em meio a torturas, censuras e prisões, um governo autoritário e opressor. Esta dura realidade do Brasil é totalmente omitida neste samba-enredo da Beija-Flor. Percebe-se, ao contrário, que há, na letra do samba, uma idealização da realidade e uma vontade de transmitir à sociedade otimismo, progresso e futuro promissor do país. Nei Lopes nos conta que naquela época

"a então obscura Beija-Flor de Nilópolis preparava-se para a sua grande arrancada em direção ao estrelato. E aí recebia, do jornal alternativo *Opinião* (edição de 7/2/1975, 'O Pis, Pasep e o Funrural na avenida'), a

assessoria de um altíssimo funcionário federal (...) em 1975, a Beija-Flor de Nilópolis apresentava o enredo 'O grande decênio', exaltando as realizações do governo instalado em 1964. Lembrava o PIS, o Pasep, o Funrural (fundos que recolhiam dinheiro das empresas para distribuição entre os trabalhadores) e o MOBRAL, um programa de alfabetização. Os agradecimentos vieram, segundo a já citada matéria do jornal *Opinião*, por meio de ofícios da chefia de gabinete para assuntos de relações públicas da Presidência da República e do Ministério da Previdência e Assistência Social".[7]

Para se compreender melhor as questões expostas, é preciso, no entanto, retomar um tema que não se esgota neste livro. Trata-se da construção das identidades negra e carioca: a construção como afirmação e diferenciação de um grupo dentro da sociedade brasileira, o papel do samba neste processo e a obra de Nei Lopes.

Como afirma Roberto da Matta,[8] a identidade pode ser entendida a partir de dois vieses, ou seja, é uma constituição dupla, por meios quantitativos e qualitativos. O primeiro se dá por meio de dados estatísticos demográficos e econômicos, fazendo uma analogia com o Brasil da vergonha e da inflação. Esta seria a representação de uma coletividade nacional, mas que deixa sempre a desejar; no segundo aspecto, o qualitativo, para da Matta, é onde conseguimos nos ver

"como algo que vale a pena. Aqui o que faz o brasil, Brasil não é mais a vergonha do regime ou a inflação galopante e 'sem-vergonha', mas a comida deliciosa, a música envolvente, a saudade que humaniza o tempo e a morte, e os amigos que permitem resistir a tudo".[9]

Ou, a partir daí, o que ele chama de descoberta mais importante, a ligação entre antigo e moderno, elementos tipificadores e singularizadores da sociedade brasileira. Para Ortiz, a identidade é definida a partir de uma relação com algo que lhe é exterior, sendo, portanto, uma diferença. Há também uma outra dimensão, na qual se envolve, de caráter interno, pois, além do diferente, é necessário mostrar em que ponto os atores se identificam como pertencentes a uma identidade.[10]

O fator de exterioridade expresso no caráter identitário do samba reside numa afirmação que pode ser encontrada na própria concepção da canção como arranjos, instrumentos, formas de se tocar e cantar. Quando se mostra como exteriorização dos sentimentos de um grupo, portador de características que somente lhe podem ser peculiares, seja carioca ou em nível nacional. Ao executar uma música, o sambista, para se exibir, procura usar de artifícios que o diferenciem das outras culturas e estes são encontrados no feitio que a canção assume.

Além dessa diferença, o povo precisa se mostrar igual entre si para definir a sua identidade. Em se tratando especificamente de samba, os atores irão se identificar dentro de suas próprias comunidades com suas vivências, as dores, os sonhos, as frustrações, as raízes comuns africanas, o molejo, a cadência, o gingado e a malemolência do corpo, seja em nível nacional, de brasilidade, ou regional, de singularização – neste caso, do carioca, que se distingue não somente em relação a outras regiões, mas também em relação às demais cidades dentro do próprio estado do Rio de Janeiro. Tudo isso, associado ao jeito de tocar e cantar singular, funciona como elemento não só diferenciador, mas também de igualdade entre si.

A discussão das identidades brasileira e carioca exige o exame da transição Império/República, do processo de modernização da cidade a partir da segunda década do século XIX – principalmente nos anos de Pereira Passos (1903 a 1906) –, da ideologia da democracia racial brasileira e da mestiçagem.

Quando falamos de samba e identidade, devemos nos remeter à segunda metade do século XIX, pois, a partir daí, é que se pode falar de uma cultura melâmica como formadora de cultura negra e mestiça. Como afirma Vasconcellos, a partir do momento em que o escravo conquista o direito e até mesmo a necessidade de vender sua força de trabalho, a sociedade brasileira irá se deparar com um momento decisivo, pois a voz do negro irá adquirir uma produção, alterando profundamente a composição cultural brasileira.[11]

A cultura do negro se manteve ativa pela religião e por suas práticas de sustentação, fato que permitiu a diferenciação e a afirmação desse grupo. Até porque a construção de um "ser" nacional remonta ao século XVIII, período em que os brasileiros procuram criar sua literatura própria por meio da geração de escritores do Arcadismo. Portanto, amplamente falando, o marco inicial da "construção" e da "invenção" do Brasil nos remete a esta época, cabendo aos intelectuais e artistas da elite dirigente forjarem, em nível simbólico, a cara dessa nação. O Romantismo iria se dedicar com mais afinco à construção de tal projeto.[12] Mas este ficou desprovido da figura do negro, que iria se inserir neste quadro apenas a partir do movimento abolicionista e das transformações da sociedade na virada do século XIX para o XX.[13]

Podemos observar também, a respeito dessa construção identitária brasileira, a teoria de Dante Moreira Leite. Segundo este autor, as ideologias do caráter nacional brasileiro seguem uma cronologia que pode ser dividida em três partes: a primeira ligada ao sentimento nativista, que está presente desde o início da colonização até o século XVIII. A segunda fase aparece com a Independência e o Romantismo, consistindo em um período de formação da nacionalidade, de otimismo e de atribuição de traços positivos ao brasileiro, principalmente ao índio, que seria apresentado como símbolo de nacionalidade. A terceira fase compreenderia o período de 1880 até 1950, definitivamente, segundo o autor, a fase da ideologia do caráter brasileiro.[14]

As mudanças no país a partir da segunda metade do século XIX e a modernização da sociedade carioca foram importantes para a formação de um grupo, que iria se constituir nos construtores da identidade carioca. É importante lembrar, ao se tratar da relação entre as transformações socioeconômicas no fim do século XIX e no início do XX e o crescimento dos grupos subalternos e suas manifestações culturais, que esta produção não é encarada neste livro como um fator determinante em tal processo, mas de grande influência. Carlos Sandroni, ao dialogar com Hermano Vianna, divide igual ponto de vista em relação a este autor, quando afirma que existiu paralelamente à repressão, o interesse e o apoio por parte das elites à música popular: "[...] a aceitação daquele gênero, nos anos 1930, como 'música nacional', foi o coroamento de uma tradição secular de contatos [...] entre vários grupos sociais, na tentativa de inventar a identidade e a cultura popular brasileiras."[15] Sandroni ainda conclui que a cultura afro-brasileira não foi somente objeto de perseguição, mas parceira de um diálogo cultural.

O sambista não foi apenas um mero expectador dos acontecimentos, mas o sujeito de uma história que construiu a própria identidade brasileira. Não se pode eliminar o caráter espontâneo de criação das massas. Na verdade, em se tratando especificamente do elemento negro, é sabido que o mesmo não é o africano, mas o brasileiro que sofre e exerce influências, que, na qualidade de subalterno, contribuiria para as transformações. A discussão sobre os acontecimentos deste período e até mesmo as reformas urbanas é vista aqui como de relevada influência, mas não enquanto determinante na criação dos negros, mestiços e brancos, tanto no samba como na crônica literária, assunto que também abordo neste livro, mas como influenciadores. Como afirma Roberto Moura,

> "a modernização da cidade e a situação de transição nacional fazem com que indivíduos de diversas experiências sociais, raças e culturas se encontrem nas filas da estiva ou nos corredores das cabeças-de-porco, promovendo essa situação, já no fim da República Velha, a formação de uma cultura popular carioca definida por uma densa experiência sociocultural que, embora subalternizada e quase que omitida pelos meios de informação da época, se mostraria, juntamente com os novos hábitos civilizatórios das elites, fundamental na redefinição do Rio de Janeiro e na formação de sua personalidade moderna".[16]

O fim do tráfico de escravos (1850) e o término da Guerra do Paraguai (1865-1870) trazem algumas mudanças importantes para o país. Há um incremento populacional significativo na população brasileira a partir desses anos, em especial no Rio de Janeiro. Posteriormente, a Abolição da Escravatura (1888) e o fim da Guerra de Canudos (1893-1897) fizeram com que contingentes populacionais se dirigissem para a cidade, principalmente para a região central do Rio de Janeiro.

Aliado a isso, há um conseqüente processo de aceleração da urbanização e da industrialização, o desenvolvimento de uma classe média[17] e um aumento das ofertas de lazer.[18] Nesse contexto, segundo Vasconcellos, a música popular brasileira foi misturando-se à "garganta nacional" e aumentando significativamente seu público, à medida que se intensificava a vida urbana no Brasil, no século XX. Contrastando com as estruturas mais rígidas e violentas dos latifúndios, os centros urbanos mais desenvolvidos, como o Rio de Janeiro, apresentavam uma relativa flexibilidade social, característica que fornecia subsídios para uma prática musical com um sincretismo mais significativo. Este ambiente urbano, diz Vasconcellos, favoreceu a mistura de sons da Casa Grande e da Senzala, criando um espaço onde foram sintetizadas as influências musicais africanas, européias e, embora numa proporção menor, indígena. Foi nas cidades que modinha, maxixe, lundu e choro – estes os primeiros gêneros da canção nacional – compuseram o primeiro ambiente da música popular brasileira.[19]

Com a República, os padrões de relacionamento entre elite e massa pouco se alteraram.[20] Principalmente no que diz respeito ao negro, pois sua marginalização por meio do sistema de exclusão das instituições (escolas, fábricas) era notória no final do século XIX. Este fato levaria à sua total "desqualificação" como força de trabalho e, além disso,

> "essa 'desqualificação' não era puramente tecnológica (isto é, não se limitava ao simples saber técnico), mas também cultural: os costumes, os modelos de comportamento, a religião e a própria cor da pele foram significados como *handcaps* negativos para os negros pelo processo socializante do capital industrial".[21]

Tudo isso, aliado ao fato de a religião permitir ao negro diferenciar-se como grupo étnico e promover uma unidade cultural entre seus elementos, acabava apresentando um perigo de sublevação.[22] Portanto, a resposta do Estado seria a repressão.

A cidade tão bem descrita por Lima Barreto, João do Rio, Marques Rebelo, Donga, Sinhô, Noel Rosa e outros, aquela do violão, da modinha, do lundu, do maxixe e posteriormente do samba, a cidade da Rua do Mata-Cavalos,[23] do Morro do Desterro[24] e da Rua Formosa,[25] esta última por onde andou Chiquinha Gonzaga e nela compôs uma das mais brilhantes obras da música brasileira, o *Atraente*, passou por um processo avassalador. Os interesses positivistas e o tom de modernidade que foi dado para a reforma da cidade, semelhante à

Europa, eliminaram o popular, o espontâneo e, em cima disso, construíram uma nova cidade. "O gigantesco trabalho de engenharia que através de séculos aterrou mangues e lagoas, incorporou ilhas ao continente, demoliu morros, alterou o perfil do litoral e redesenhou a decantada beleza da cidade."[26]

Juntamente com a República, as elites procuraram afastar o popular e negá-lo, empurrar a "sujeira" para debaixo do tapete. Assim se deu o processo de modernização da cidade carioca. Pouco mais de uma década após a Proclamação da República, a prefeitura interveio reordenando os bairros centrais da cidade, construindo avenidas e prédios afrancesados. O objetivo era transformar o Rio em uma "Europa possível",[27] considerando-se necessário esconder ou mesmo destruir os expoentes do nosso "atraso" e de nossas "vergonhas". Nesse sentido, a distribuição geográfica da população seria um reflexo deste projeto europeizado de "cidade ideal". A ordem social seria resultado de uma polarização do espaço em Zona Norte (povo) e Centro-Sul (elites), demonstrando, assim, o caráter elitista do projeto.[28]

Por outro lado, em contraponto àquela cidade "civilizada", segundo os interesses das classes dominantes, nos guetos e subúrbios iriam se constituir uma classe e uma cultura popular nas quais o negro teria o papel de liderança. Portanto, neste jogo de força e equilíbrio entre subalternos e superiores, uma cidade moderna e real ganharia forma.[29]

Segundo Regina Abreu, o discurso preponderante no começo do século XX era o das reformas urbanas. Os reformadores urbanos viam os mestiços, principalmente os mulatos, como seres não-civilizados que deveriam ser banidos das ruas. A partir daí, um grande movimento "civilizatório" teve lugar na cidade, frente ao "risco" de contaminação que os mulatos apresentavam. A cidade, que mostrava ares de uma Europa civilizada, iria se transformar no cartão-postal do país não só por suas construções imponentes, mas também pelo fato de ter agora sob controle a população pobre e mestiça.[30] Semelhante argumentação é de Nelson da Nóbrega Fernandes, com a qual concordo, que afirma: "[...] as reformas urbanas ocorridas neste período foram representantes não somente de mudanças no plano material da cidade, mas também no imaginário e suas dimensões imateriais."[31]

Como podemos observar, as reformas urbanas iniciadas em princípios do século XX, como a de Pereira Passos (1903 a 1906), e posteriormente a da década de 1920, com os prefeitos Carlos Sampaio (1920-1922) e Prado Júnior (1926-1930), revelam um fato marcante: fizeram com que as comunidades mais carentes deixassem a parte central da cidade, direcionando-se aos morros mais próximos, como a Favela de Santo Antônio (próxima à Central do Brasil e removida para dar lugar ao Largo da Carioca) e São Carlos, no Estácio.

> "A construção da Avenida Central custa a demolição de cerca de setecentos prédios ocupados pela população proletária, por casas de artífices e pelo pequeno comércio. Por razões de saneamento, são demolidas pela Saúde Pública cerca de seiscentas outras habitações coletivas e setenta casas, que alojavam mais de 14 mil pessoas, afastando do Centro e da zona do porto [...] tanto a gente pequena vinda do Império, como negros, nordestinos e europeus recém-chegados na cidade."[32]

Vale lembrar que a Avenida Central,[33] em especial após a sua inauguração, com a maioria de seus prédios construídos e lojas, apresentaria um novo significado de representação social, estilo de vida e uma nova utopia, tornando-se palco de ostentação e exibição.

O momento mais marcante desta reformulação urbana é, segundo Nelson da Nóbrega Fernandes, a década de 1920: iniciou-se com a remoção do morro do Castelo, pelo prefeito Carlos Sampaio, e terminou com Prado Júnior, que contratou o tecnocrata francês Alfred Agache, o qual se incumbiu de gerir um plano urbano com nítidas idéias segregacionistas, no intuito de separar os pobres dos ricos, em universos distintos numa mesma cidade. Fernandes prossegue afirmando que a pretensão de Agache era uma rígida separação de "usos" e "classes sociais", com uma maior atenção para as áreas reservadas às atividades do Estado e para o consumo das classes superiores e médias. Como estas áreas, naquele momento, eram ocupadas por inúmeras favelas e pelo fato de Agache entender a favela como um problema estético e social, a única alternativa para a solução do problema seria sua erradicação. Não era de desconhecimento de Agache, diz Fernandes, que a existência dessas comunidades decorria de questões socioeconômicas, e a simples remoção ocasionaria a instalação dessas classes em outras regiões em iguais condições. Mesmo assim, o plano de Agache não poderia ter qualquer complacência com a idéia de uma convivência íntima entre classes baixas e altas, pois, ao que parece, prossegue Fernandes, a dedução de Agache sobre as favelas e seus habitantes era idêntica ao senso comum da cidade, que poderia até possuir uma posição mais restritiva e repulsiva àquelas comunidades.[34]

Afora estes projetos urbanísticos, outras regiões tomavam forma, como os morros da Mangueira, Salgueiro e Borel, na Zona Norte, e o morro do Catete, na Zona Sul. Na extensa área conhecida como Freguesia de Irajá (compreendida por Irajá, Vaz Lobo, Madureira e Oswaldo Cruz), ao longo e em redor dos trilhos do trem e do bonde, iam se constituindo núcleos populacionais.[35]

> "Tudo isso e mais a inauguração e a extensão das linhas da Estrada de Ferro Central do Brasil, por etapas, até o matadouro de Santa Cruz na segunda metade do século passado, bem como da Avenida Automóvel Clube em 1926; mais a crise do capitalismo mundial em 1929, que, estimulando a indústria nacional, motiva a vinda para o Rio de Janeiro de enormes contingentes da população interiorana; tudo isso vai determinar o crescimento dos morros e dos subúrbios e acabar de definir geograficamente o universo do samba e do partido-alto."[36]

Como se pode observar, embora o samba tenha a sua referência, além do desenvolvimento e da constituição, no morro, sua origem não se encontra propriamente nesta área. A esse respeito, Cláudia Matos fez uma interessante análise. Segundo a autora, o samba se desenvolveu paralelamente à criação e ao crescimento das favelas, lugar constituidor de uma espécie de refúgio dos sambistas e do samba. O predomínio da população negra nas favelas, no fim dos anos 1940, 50 e 60, fez delas redutos de uma auto-afirmação racial, gerando a necessidade de cultivar e preservar as manifestações próprias da etnia negra como o samba e o jongo. A identificação em relação à forma de vida, à carência econômica, à etnia e outros torna-se um fator que ao mesmo tempo motiva e justifica a tendência para a união e a organização dos favelados. O samba irá atuar nas práticas dessa tendência como seu sustentador e impulsionador.[37]

Segundo Nei Lopes, "esse carnaval das camadas populares foi o caldeirão onde se cozinhou e temperou o samba urbano do Rio".[38] O que inicialmente foi mera catarse, diz Nei, passou, depois de algum tempo, a funcionar como veículo de exteriorizações artísticas e, antes de tudo, de idéias, expressões poéticas e corporais variadas. As letras do samba por muito tempo foram o principal ou mesmo o único documento verbal que as classes populares do Rio de Janeiro produziram de forma espontânea e autônoma. Por meio delas, os segmentos da população relegados a um silêncio histórico "impuseram sua linguagem e sua mensagem a ouvidos freqüentemente cerrados à voz do povo".[39] Como afirma Orlando de Barros,

> "era uma cultura de analfabetos, de jornaleiros, biscateiros, operários, pregoeiros e empregados domésticos, cultura impregnada pela memória da escravidão, pelo candomblé, a lembrar permanentemente malandros e capoeiras, cultura de cáftens e prostitutas, de modinheiros desocupados e bêbados [...] que falava por uma gíria quase impenetrável, não faltando ainda a linguagem do 'preto', sobrevivente dos sotaques africanos".[40]

Era uma massa que representava a "outra classe": aqueles que negariam o progresso republicano, ameaçando tornarem-se o "rosto" nacional.[41] Essa cultura popular será o resultado da incorporação de diversos elementos dos mais variados códigos culturais, cuja liderança estaria regida pelas batutas dos negros.[42]

A música popular se apresentava como a voz que destoava diante da voz geral[43] ou mesmo "como uma amostragem de certos aspectos do imaginário das classes populares cariocas em sua época".[44] A canção popular, sobrevivente da modernidade, seria a voz dos excluídos, do povo que o progresso ignorava, o discurso dos intelectuais orgânicos que iriam não só criticar a crise da modernidade e de seus valores,[45] como também procurar popularizar as tradições dentro desse processo.[46] A música cantada pelas camadas populares seria a difusora do discurso contra-hegemônico,[47] respondendo às elites sempre no carnaval, na voz daquelas pessoas simples que contribuíam para a disseminação dessas manifestações.[48]

A identificação popular com estes artistas foi tamanha que a República, por meio de seus diversos governantes, procurava reprimi-la. O sambista, tido como marginal, muitas vezes refugiava-se nos terreiros de candomblé para as práticas de suas manifestações artísticas. Conforme argumenta Roberto Moura,

> "havia na época muita atenção da polícia às reuniões dos negros: tanto o samba como o candomblé seriam objetos de contínua perseguição, vistos como coisas perigosas, como marcas primitivas que deveriam ser necessariamente extintas, para que o ex-escravo se tornasse parceiro subalterno 'que pega no pesado' de uma sociedade que hierarquiza sua multiculturalidade".[49]

As camadas populares passaram a ganhar corpo como um fantasma oposicionista; as elites, acuadas, procuravam aumentar seus dispositivos de defesa, investindo contra as tradições populares, vendo-as como expressão contestatória do poder das classes favorecidas. A cultura popular era vista como incentivadora da desordem pública; por isso, essas manifestações passam a ser objeto de vigilância do poder estatal, "que volta e meia interfere, legisla, adverte, proíbe e reprime. É o olhar do poder que tudo quer controlar".[50]

Qualquer manifestação de cunho africanista era objeto de repressão policial. Até mesmo as comunidades do samba tiveram de adequar sua mais expressiva manifestação musical aos padrões socialmente aceitos, fato que originou as embaixadas e, mais tarde, as escolas de samba.[51] Segundo Muniz Sodré:

> "O aparecimento da palavra *escola* é o sintoma de uma mutação ideológica: o rancho-escola abandonava as características (mais negras) dos cordões em favor de significações mais integradas na sociedade branca. A partir dos ranchos-escolas, surgiram, de 1923 em diante, as escolas de samba (no começo apenas blocos), mantendo grande parte das antigas características (passeata, porta-bandeira, mestre-sala, orquestra etc.), mas também o 'direito' de penetração no espaço urbano branco".[52]

O negro, em uma sociedade como a brasileira, é visto como o "outro" e seus descendentes são vistos como desprovidos de um projeto ou de uma perspectiva global para a sociedade. Portanto, para serem compreendidos, é necessário que falem a língua do "branco", que, em nossa sociedade, é socialmente hegemônico.[53]

Estas questões nos remetem a uma outra de igual importância. Trata-se da miscigenação, pois, quando se fala de identidade brasileira, é preciso fazer uma breve discussão. É comum referir-se ao Brasil como país da "democracia racial", "Brasil mulato", da mistura de "raça" e de "cor".

As relações raciais e a mestiçagem assumiram papel de extrema importância na América Latina. A este respeito, Renato Ortiz,[54] Kabengele Munanga[55] e Roberto da Matta[56] desenvolveram uma importante crítica. O primeiro trabalhou a relação entre cultura e Estado; o segundo, a idéia desenvolvida por Darci Ribeiro de uma nova raça; e o terceiro, o "racismo à brasileira", mas centrado sempre na idéia de miscigenação como mito e de sua influência na formação e na constituição da identidade nacional brasileira.

O Brasil, segundo Darci Ribeiro, seria um novo povo, uma nova civilização, em que a consciência de si seria o resultado da opressão das camadas inferiores e dos movimentos separatistas que almejavam a construção de uma sociedade mais livre e aberta. Na verdade, a ideologia de um Brasil cadinho, como afirma Ortiz,[57] começou a se forjar a partir do final do século XIX, quando ele mostra como a categoria mestiço é, para autores como Silvio Romero, Euclides da Cunha e Nina Rodrigues, uma linguagem que exprime a realidade social de seus momentos históricos, correspondendo, mesmo que simbolicamente, a uma busca de identidade. Na verdade, no Brasil Império, escravocrata e senhorial, segundo Florestan Fernandes, este mito não possuía sentido, pois a legitimação da ordem social daquela época repelia a idéia de "democracia racial". A ordem a que as relações sociais se submetiam exigia a manifestação aberta da discriminação e do preconceito, para legitimar a ordem estabelecida ou preservar as distâncias sociais entre brancos e negros, nas quais ela se sustentava.

"O mito foi imposto de cima para baixo, como algo essencial à respeitabilidade do 'brasileiro', ao funcionamento normal das instituições e ao equilíbrio da ordem nacional, aquele mito acabou caracterizando a 'ideologia racial brasileira', perdendo-se por completo as identificações que o confinavam à ideologia e às técnicas de dominação de uma classe social".[58]

A ideologia racial brasileira, como mito, está estreitamente ligada aos interesses sociais dos círculos dirigentes da "raça dominante", e não com os interesses do negro e do mulato. Portanto, ela não opera como uma força que iria atuar na constituição de um "povo" que não só absorva as três raças brasileiras, mas que também garanta a participação da "população de cor" em igualdade de direitos na sua construção. Assim, as circunstâncias históricas e sociais nas quais essa ideologia surgiu permitiram sua manipulação pela classe dominante "branca". O inverso somente poderia ocorrer se os negros e mulatos detivessem a autonomia social equivalente aos "brancos", para também explorá-los segundo seus interesses.

"Se tal coisa ocorresse, o mito da 'democracia racial' animaria o 'homem de cor' a tomar o seu lugar na sociedade de classes e, provavelmente, concorreria para estimular as camadas 'baixas', 'intermediárias' e 'altas' da 'raça dominante' a cooperarem de um modo ou de outro neste processo".[59]

Kabengele Munanga assevera que o modelo de opressão brasileiro foi sincrético e assimilacionista, pois a classe dominante procurou incorporar aspectos da cultura negra subalterna, como o que ocorreu durante o Estado Novo. Para Eduardo Granja Coutinho, este momento foi também inaugurador de uma idéia de brasilidade por meio da transformação do samba em símbolo de uma identidade nacional, carioca, e seu "reconhecimento" foi praticado pelas classes dominantes. Este "reconhecimento" ao qual se refere é uma forma objetiva de melhor manipular as classes subalternas[60] e, além do mais, isto seria uma forma de atenuar o perigo de sublevação que elas apresentavam.

O samba, como música nacional e elemento definidor de nossa brasilidade, materializaria um novo acordo civilizatório, conduzindo a sociedade brasileira à modernidade. Para Roberto Moura, este processo de conversão de grupos subalternizados em símbolos nacionais, na medida em que coloca o negro e o carioca popular nas grandes paradas do país, é uma forma também de ocultar sua marginalização.[61] A pergunta que se faz diante desta questão é a seguinte: o sincretismo religioso e a sintetização musical entre cultura negra e branca seriam uma esperteza do negro na preservação de sua cultura, ou uma saída possível para o colonizador?[62] Na verdade, a resposta para tal argumentação pode ser dada por Osmundo de Araújo Pinho, pois, segundo este autor, em citação da obra de René Depestre, trata-se de um aprendizado importante, pois a miscigenação cultural é uma resistência ativa e também o desenvolvimento de uma capacidade do negro de reinventar sob opressão, "de modo que os africanos não somente interpretaram de seu próprio ponto de vista a imposição cultural européia e sua construção como negro, mas também desenvolveram instituições próprias e garantiram sua continuidade sob intensa repressão".[63] De certa forma, apesar de concordar com o autor, a argumentação de Osmundo Araújo Pinho deve ser observada no seguinte propósito: o negro de fato desenvolveu esta capacidade, mas não se pode, de forma genérica, ver o negro como sujeito deste processo. A imposição cultural européia é contestada ou mesmo reinterpretada somente por uma parcela da população e não pela maioria, como parece afirmar o autor. Nela, incluem-se os negros, os mestiços e, a este propósito, o próprio samba como instrumento de afirmação.

A mesma unidade gerada pela música e pela religião sofreu alguns abalos pelo ideal brasileiro de miscigenação, que se baseou na idéia de branqueamento da população. Na verdade, a idealização da mestiçagem acaba despontando de forma latente neste processo, pois o branqueamento passa a ser também procurado pelos negros. Isto foi um fator que acabou gerando a falta de unidade neste grupo. Por isso os movimentos negros contemporâneos acabam buscando resgatar esta identidade na construção de uma sociedade pluralista. Nos anos 1970, os movimentos negros redefinem a negritude incorporando os mestiços, até então vistos como sem identidade.

Munanga conclui afirmando que a mestiçagem, por seu caráter ambíguo, dificulta a formação de uma identidade. Esse fato não ocorreu nos Estados Unidos. Conforme Oracy Nogueira, citado por Munanga,[64] há uma diferenciação no tocante à identidade negra naquele país, pois a segregação levaria à união entre os negros e à criação de uma identidade entre si. O mito das três raças[65] coloca um problema para os movimentos negros, pois, no momento em que há por parte da sociedade uma apropriação das manifestações de cor, integrando-as ao discurso nacional, elas perdem sua especificidade e, como diz Peter Fry, a conversão de símbolos étnicos em nacionais oculta a situação de dominação racial, tornando difícil denunciá-la.[66] A dificuldade de conceitualização do que é negro no Brasil reflete a da ambigüidade do termo mestiço. Com a promoção do samba ao título de gênero musical nacional, sua comercialização e sua assimilação pela cultura hegemônica, transforma-se em produto industrial passível de manipulação pelas classes dominantes e passa, de um lado, a compor a prática de resistência de um novo bloco político, o nacional-popular de Gramsci,[67] e, por outro, acaba esvaziando a sua especificidade de origem, que era ser uma música negra.[68] Pois "na verdade, [...] o sambista define sua estratégia cultural em diálogo permanente com esses projetos identitários".[69]

Para Ortiz, o problema que o movimento negro encontra situa-se na retomada das diversas manifestações culturais de cor, uma vez que estão marcadas pelo símbolo da brasilidade, pois os próprios negros se definem como brasileiros. Portanto, o mito das três raças não somente encobre os conflitos raciais, como também acaba possibilitando a todos se reconhecerem como nacionais.

A questão da identidade está vinculada à cultura popular. Ortiz afirma que esta relação é construída no interior de um quadro mais amplo: o Estado. "Como o leitor poderá perceber, eu procuro mostrar que a identidade nacional está profundamente ligada a uma reinterpretação do popular pelos grupos sociais e à própria construção do Estado brasileiro".[70] O pensamento dos intelectuais do final do século XIX era entendido como a construção de uma identidade para o novo Estado nacional republicano. Nos anos 1930, foi em relação ao Estado que se modernizava e com igual sentido se situa o debate nos anos 1950 e 1960.

Esta relação se explica, a princípio, quando o Estado delimita a construção da identidade nacional. Portanto, é uma relação política que irá constituir uma identidade, estruturando-se em um jogo de interação entre o nacional e o popular. "Na verdade, falar em cultura brasileira é falar em relações de poder."[71] A busca de uma identidade e de uma memória nacional perde o sentido no momento em que se procuram os verdadeiros valores nacionais, naquilo que Ortiz chamou de artífice, os intermediários, os grupos sociais que se vinculam e os interesses que servem à identidade nacional.

Os elementos intermediários, aos quais se refere Ortiz, são os intelectuais, os mediadores simbólicos. Estes fazem uma ligação entre o particular-singular (popular) e o universal-plural (Estado). "A construção da identidade nacional necessita desses mediadores, eles descolam as manifestações culturais de sua esfera particular e as articulam a uma totalidade que as transcende [...] são os artífices deste jogo em construção simbólica."[72]

Ortiz conclui afirmando que a luta pela definição do que seria uma identidade autêntica é, na verdade, uma forma de se delimitarem fronteiras de uma política que procura se impor como legítima. Pode-se afirmar que, segundo este autor, há uma história da identidade e da cultura brasileiras que corresponde aos interesses dos diferentes grupos sociais em sua relação com o Estado.

Para observar a forma como Nei Lopes se insere neste processo de construção identitária, é preciso verificar o amálgama de sua obra. Nei é autor de canções cujos elementos principais são a referência ao negro e ao subúrbio, o humor, a sátira, a crítica e as questões sociais cotidianas de uma cidade que ele próprio identifica como carioca. Portanto, a aplicabilidade em sua obra requer, antes, uma análise de como a crônica carioca se posicionou durante o tempo em que era dispositivo de contestação dos valores da modernidade, fato presente constantemente em sua canção e em sua literatura.

Notas

[1] SANDRONI, Carlos. *Feitiço decente: transformações do samba no Rio de Janeiro (1917-1933)*. Rio de Janeiro: Jorge Zahar/UFRJ, 2001, p. 173.
[2] LOPES, Nei. *Zé Kéti – Samba sem senhor*. Rio de Janeiro: Relume Dumará, 2000.

³ VASCONCELLOS, Gilberto e SUZUKI JR., Matinas. HGCB, III, *O Brasil republicano, economia e cultura (1930/1964)*. Rio de Janeiro: Bertrand Brasil, 1995.
⁴ MATOS, Cláudia Neiva de. *Acertei no milhar: malandragem no tempo de Getúlio*. Rio de Janeiro: Paz e Terra, 1982, p. 18.
⁵ SANSONE, Livio e SANTOS, Jocélio Teles dos (Orgs.). *Ritmos em trânsito: sócio antropologia da música baiana*. São Paulo: Dynamis, 1997, p. 8.
⁶ MATOS, Cláudia Neiva de, ob. cit., 1982.
⁷ LOPES, Nei. *Sambeabá: O samba que não se aprende na escola*. Rio de Janeiro: Casa da Palavra/Folha Seca, 2003, pp. 94-96.
⁸ MATTA, Roberto da. *O que faz o brasil, Brasil?*. Rio de Janeiro: Rocco, 1986.
⁹ MATTA, Roberto da, ob. cit., p. 19.
¹⁰ ORTIZ, Renato. *Cultura brasileira e identidade nacional*. São Paulo: Brasiliense, 1985.
¹¹ VASCONCELLOS, Gilberto e SUZUKI JR., Matinas, ob. cit., 1995.
¹² LOPES, Alexandre Herculano. "O teatro de revista e a identidade do carioca". In: LOPES, Alexandre Herculano (Org.). *Entre Europa e África: a invenção do carioca*. Rio de Janeiro: Topbooks, 2000.
¹³ ORTIZ, Renato, ob. cit., 1985.
¹⁴ LEITE, Dante Moreira. *O caráter nacional brasileiro*. São Paulo: Pioneira, 1983.
¹⁵ SANDRONI, Carlos, ob. cit., p. 111.
¹⁶ MOURA, Roberto. *Tia Ciata e a pequena África no Rio de Janeiro*. Rio de Janeiro: Secretaria Municipal de Cultura, 1995, pp. 86-87.
¹⁷ ORTIZ, Renato, ob. cit., 1985.
¹⁸ DINIZ, Edinha. *Chiquinha Gonzaga: uma história de vida*. Rio de Janeiro: Rosa dos Tempos, 1999.
¹⁹ VASCONCELLOS, Gilberto e SUZUKI JR., Matinas, ob. cit., 1995.
²⁰ COUTINHO, Eduardo Granja. "Velhas histórias, memórias futuras: o sentido da tradição na obra de Paulinho da Viola". Tese doutorado (UFRJ/ECO), Rio de Janeiro, 1999.
²¹ SODRÉ, Muniz. *Samba, o dono do corpo*. Rio de Janeiro: Mauad, 1998, pp. 13-14.
²² DINIZ, Edinha, ob. cit., 1999.
²³ Atual rua do Riachuelo, situada na área central da cidade próximo à Central do Brasil.
²⁴ Atual Morro de Santa Teresa, situada na área central da cidade.
²⁵ Atual rua General Caldwell, situada na área central próximo à Central do Brasil.
²⁶ BARROS, Luitgarde O. C. et alli. (1990). "Do Largo de São Francisco ao Rocio: uma caminhada e muitas histórias do Rio de Janeiro". In: *História hoje: balanço e perspectivas/ IV Encontro Regional da ANPUH*. Rio de Janeiro, ANPUH, CNPq e FAPERJ, p. 142.
²⁷ Expressão utilizada pelo cronista Figueiredo Pimentel. Ver em VELLOSO, Mônica. *Que cara tem o Brasil? As maneiras de pensar e sentir o nosso país*. Rio de Janeiro: Ediouro, 2000.
²⁸ VELLOSO, Mônica Pimenta. *As tradições populares na "Belle Époque" carioca*. Rio de Janeiro: FUNARTE, 1988.

²⁹ MOURA, Roberto. "A indústria cultural e o espetáculo-negócio no Rio de Janeiro". In: LOPES, Alexandre Herculano (Org.), ob. cit., 2000.
³⁰ ABREU, Regina. "A capital contaminada". In: LOPES, Alexandre Herculano (Org.), ob. cit., 2000.
³¹ FERNANDES, Nelson da Nóbrega. *Escolas de samba: sujeitos celebrantes e objetos celebrados.* Rio de Janeiro: Arquivo Geral da Cidade do Rio de Janeiro, 2001.
³² MOURA, ob. cit., pp. 54-55.
³³ Atual avenida Rio Branco, localizada no centro da cidade.
³⁴ FERNANDES, Nelson da Nóbrega, ob. cit., 2001.
³⁵ LOPES, Nei, ob. cit., 2000.
³⁶ LOPES, Nei. *O negro no Rio de Janeiro e sua tradição musical.* Rio de Janeiro: Pallas, 1992, p. 7.
³⁷ MATOS, Cláudia Neiva de, ob. cit., 1982.
³⁸ LOPES, Nei, ob. cit., p. 28.
³⁹ MATOS, Cláudia Neiva de, ob. cit., p. 22.
⁴⁰ BARROS, Orlando de. "Custódio Mesquita, um compositor romântico: o entretenimento, a canção sentimental e a política no tempo de Vargas". Tese de doutorado, São Paulo, USP, 1995, p. 37.
⁴¹ BARROS, Orlando de, ob. cit., 1995.
⁴² MOURA, Roberto, ob. cit., 1995.
⁴³ VASCONCELLOS, Gilberto e SUZUKI JR., Matinas, ob. cit., 1995.
⁴⁴ MATOS, Cláudia Neiva de, ob. cit., p. 20.
⁴⁵ GILROY, Paul. *Atlântico negro.* São Paulo: Editora 34/CEAA, 2001.
⁴⁶ SANSONE, Livio e SANTOS, Jocélio Teles dos (Orgs.), ob. cit., 1997.
⁴⁷ COUTINHO, Eduardo Granja, ob. cit., 1999.
⁴⁸ LOPES, Nei, ob. cit., 2000.
⁴⁹ MOURA, Roberto, ob. cit., p. 100.
⁵⁰ VELLOSO, Mônica Pimenta, ob. cit., p. 9.
⁵¹ LOPES, Nei, ob. cit., 2000.
⁵² SODRÉ, Muniz, ob. cit., pp. 36-37.
⁵³ PINHO, Osmundo de Araújo. "'The songs of freedom': notas etnográficas sobre cultura negra global e práticas contraculturais locais". In: SANSONE, Livio e SANTOS, Jocélio Teles dos (Orgs.), ob. cit., 1997.
⁵⁴ ORTIZ, Renato, ob. cit., 1985.
⁵⁵ MUNANGA, Kabengele. *Rediscutindo a mestiçagem no Brasil: identidade nacional x identidade negra.* Petrópolis: Vozes, 1999.
⁵⁶ MATTA, Roberto da, ob. cit., 1986.
⁵⁷ ORTIZ, Renato, ob. cit., 1985.
⁵⁸ FERNANDES, Florestan. *A integração do negro na sociedade de classes.* São Paulo: Ática, 1978, p. 255.
⁵⁹ FERNANDES, Florestan, ob. cit., p. 264.

[60] COUTINHO, Eduardo Granja, ob. cit., 1999.
[61] MOURA, Roberto, ob. cit., 2000.
[62] DINIZ, Edinha, ob. cit., 1999.
[63] PINHO, Osmundo de Araújo, ob. cit., p. 192.
[64] NOGUEIRA, Oracy. *Preconceito de marca: relações raciais de Itapetininga*. São Paulo: EDUSP, 1998. Segundo este autor, no Brasil há um preconceito que se pode chamar de "cor" ou de "marca racial", contrastando com o "de origem", como nos Estados Unidos. No caso brasileiro, não implica necessariamente uma exclusão ou uma segregação incondicional dos membros do grupo discriminado, mas sim uma preterição dos mesmos quando em competição em igualdade de condições com indivíduos do grupo discriminado. No preconceito de cor, diz Nogueira, os indivíduos tendem a lutar mais individualmente do que coletivamente.
[65] ORTIZ, Renato, ob. cit., 1985.
[66] FRY, Peter. *Para inglês ver: identidade e política na cultura brasileira*. Rio de Janeiro: Zahar, 1982.
[67] COUTINHO, Eduardo Granja, ob. cit., 1999.
[68] ORTIZ, Renato, ob. cit., 1985.
[69] COUTINHO, Eduardo Granja, ob. cit., p. 93.
[70] ORTIZ, Renato, ob. cit., p. 8.
[71] Idem, ibidem.
[72] ORTIZ, Renato, ob. cit., pp. 141-142. O autor afirma tratar a identidade como uma construção simbólica, eliminando assim as dúvidas sobre a veracidade ou a falsidade do que é produzido. Não existe também uma identidade autêntica, mas uma pluralidade de identidades construídas por diferentes grupos e também em diferentes momentos. Ver também Peter Fry, ob. cit., p. 47.

3. Crônica social e identidade em Nei Lopes

A crônica social carioca

A música de Nei Lopes é, antes de tudo, uma crônica que traça o perfil de um carioca do subúrbio e do morro, descrevendo cotidianos, pessoas comuns, personagens e fatores singulares que fazem do universo retratado um mundo particular dentro desta infinidade de identidades que constituem não somente o país, mas também a própria cidade. Portanto, é necessário, inicialmente, investigar o contexto no qual sua característica se formou, analisar a idéia de um tipo específico de carioca como resultado de um jogo de interações socioeconômicas ocorridas na cidade no final do século XIX, onde o papel da crônica, seja musicada ou literária, iria compor o ícone de contestação dos valores resultantes dessas transformações, as conseqüências e suas próprias causas. O estudo da crônica social carioca, em especial dos autores que pretendo discutir, como Lima Barreto, João do Rio e Marques Rebelo, remete à própria idéia de carioca, ao processo de modernização da cidade e à forma como a música e a literatura se inseriram neste processo.

A idéia de carioca, conforme afirma Regina Abreu,[1] transmuta-se em três fases propriamente ditas. A primeira fase situa-se no período colonial, após a fundação da cidade. O carioca, neste caso, adquire o sentido de alteridade; o outro, o invasor que iria habitar o território indígena. Na segunda, compreendida entre o Primeiro Reinado, a Regência e o fim do Segundo Império, o carioca seria a distinção, a diferença entre os habitantes da cidade e os da Província, ou seja, os fluminenses. A partir da República, inicia-se uma nova fase, quando o carioca é encarado como um elemento bárbaro, primitivo e mestiço, e a cidade por ele habitada precisava "civilizar-se".

Na construção da identidade específica do carioca, neste terceiro momento, a música desempenharia um papel fundamental, pois, se por um lado o Rio de Janeiro era inventado pelas elites a partir de referências européias, por outro havia um grupo que iria reinventar dentro de seus limites territoriais e excludentes sua própria idealização de ser e se sentir carioca.

A modernidade na qual a cidade do Rio de Janeiro estava se inserindo no fim do século XIX seria vista por vários ângulos. De um lado, encontravam-se seus defensores, a elite dominante ansiosa por se tornar elegantemente européia e "livre" da "sujeira" mestiça que "invadira" a cidade, agora em grandes proporções por conta dos acontecimentos históricos daqueles anos. De outro lado, estava uma massa oprimida que não se via européia nem ameaçadora, um povo que precisava se mostrar. O discurso destes últimos seria a oposição, a negação daquela modernidade. A resposta viria então na afirmação de uma cidade brasileira e com um povo também brasileiro.

Para Antônio Edmilson Rodrigues,[2] houve um debate que se estabeleceu entre antigos e modernos ocorrido no Renascimento, no Barroco, no Iluminismo e no século XIX. Esta querela foi o fio condutor na construção do conceito de modernidade. No século XIX, a disputa entre antigos e modernos cessaria – o moderno seria aceito e se buscaria um lugar para o antigo. Obstáculos para o moderno não existiriam mais. O problema aí se situa no fato de que nestas disputas as experiências anteriores são sempre menosprezadas e, além do mais, a eliminação da oposição cria um outro problema, ou seja, impõe um único modo de desenvolvimento da modernidade.

Nesta questão levantada por Rodrigues é que reside a problemática que será abordada, pois o desprezo pela experiência anterior e também uma única idéia de modernidade seriam o ponto crucial de discussão em que os atores iriam se debater neste contexto de modernidade presente na sociedade carioca. Enquanto os planejadores urbanos viam a cidade como um mero jogo de cartas e estratégias, no início do século XX, surgiriam um grupo e uma tendência na cultura carioca de reação a estas questões.

A descoberta, na Europa do século XVIII, da importância das propostas arquitetônicas como base de estratégias políticas e instrumentos disciplinadores teve um papel relevante nas construções e na urbanização das cidades. Especificamente no Brasil, a questão do planejamento urbano pode ser vista mesmo na construção das primeiras cidades brasileiras, mas é a partir da Abolição e da República que assume um novo papel. Agora, a ordem estabelecida era "limpar" a sujeira e preparar o Rio de Janeiro para receber a modernidade. Acontece que os centros urbanos são fontes inesgotáveis de idéias, conjunturas, representações e campos como o religioso, familiar, trabalho, lazer e político. Não se pode, portanto, separar o que é juntado pela cultura do dia-a-dia pelo senso comum da população.[3]

A pergunta que se faz é a seguinte: onde estaria o discurso do "outro" nesta sociedade, em resposta à modernidade? Ou, melhor dizendo, o discurso da modernidade segundo os pobres, os marginalizados e excluídos? Os portadores e difusores dos discursos contra-hegemônicos seriam os artistas populares. A idealização do subúrbio, a alma das ruas que encanta, os tipos populares e as vozes subterrâneas da cidade seriam retratados por aqueles expoentes de uma fala afirmadora de uma identidade brasileira e excluída.

A lista de cronistas cariocas que procuraram caracterizar a cidade desde o final do século XIX até os dias atuais é extensa. Procurando destacar tanto aspectos da vida social quanto o ambiente cultural e o político, há uma transparência em seus textos com relação ao "novo" dissociado de uma "civilização urbana" almejada, pois, no Rio de Janeiro, o "novo" parecia não conseguir ultrapassar as resistências do passado, incrustadas em um ambiente que até então se assemelhava aos vilarejos africanos.[4]

Na parte literária, as obras de Lima Barreto (1881-1922) e João do Rio (1881-1921) foram precursoras na arte de explicitar o discurso do "outro". Posteriormente, Marques Rebelo (1907-1973) também desenvolveu semelhante papel. Na música, vale lembrar, temos Donga, Sinhô, Noel Rosa, Geraldo Pereira e outros. Mas, por ora, centro-me nesses três autores, como os formadores de uma linhagem e uma tendência que, nas três últimas décadas, teria o compositor Nei Lopes como um de seus representantes. Estes irão compor um tipo de intelectual que, segundo Maria Alice Rezende de Carvalho, teriam como lugar social e posto de observação a rua, e não as instituições.[5]

O escritor Lima Barreto é um cronista do mundo urbano carioca de notável importância e ferrenho defensor das camadas populares. A literatura proposta por ele procura conjugar grandeza estética com profundo e sólido espírito popular e democrático, tomando abertamente uma posição a favor dos oprimidos.[6]

A distância entre povo e poder na Primeira República, uma organização política que gira em torno de uma elite que decide em nome de seus próprios interesses o rumo de uma sociedade, é um dos fatores que leva Lima Barreto a utilizar a crônica como um espaço peculiar de emissão da palavra. Seu encontro com o cidadão comum no bonde, na esquina, nos cafés, enfim, uma voz tirada da opinião pública que era partilhada pelo escritor.[7]

O fator de maior relevância em Lima Barreto é a sua capacidade de percepção dos caminhos da República e a identificação das saídas a partir dos humildes, dos excluídos.[8] O centro de sua obra se circunscreve à denúncia do que considerava a decadência moral e intelectual dos "falsos" modernos, transparecendo no sentimento arrivista que se perpetuava e no conflito entre homens desprovidos da marca da solidariedade.[9] Como afirma Carlos Nelson Coutinho, "a simples mudança de regime político, como Lima sempre ressaltou, em nada alterara os vícios fundamentais da formação histórica brasileira".[10] Para Lima Barreto, a ética cavalheiresca e o amor romântico eram o que havia de melhor na vida tradicional e estavam ruindo, abaixo de um pacto entre o velho mandonismo e os novos apetites surgidos a partir do estabelecimento da República.[11]

A motivação de suas crônicas é retirada dos fatos noticiados pela imprensa ou de cenas das ruas. Lima Barreto denunciou as falcatruas políticas, a manipulação das massas e o desprezo por suas manifestações culturais. Nenhum desses temas são tratados com neutralidade.[12] A obra é engajada, tendenciosa sempre a tomar partido do negro, do mulato, do pobre, da mulher, do humilde, do oprimido, das profissões dos operários. Lima Barreto tem na paisagem urbana uma presença constante, seja no plano individual ou no movimento das massas populares.[13] Como observa Carlos Nelson Coutinho:

> "No mundo das cidades, particularmente entre os 'humilhados' e 'ofendidos' com os quais está a simpatia plebéia de Lima, surgem alguns tipos humanos que aparecem objetivamente como alternativas concretas à vacuidade e à deformação ética que vemos se manifestar nos membros das classes dominantes e dos meios burocráticos".[14]

Sua obra tem relevante importância porque, na verdade, procura esboçar idéias para a construção de um projeto de identidade nacional. Para ele, o Brasil era um país de cultura plural mas que deixava-se transparecer pela homogeneidade e pela coesão. "Confundia-se propositalmente multiplicidade com desordem."[15]

Tanto Lima Barreto quanto João do Rio não se detiveram apenas na moderna cidade que surgia, mas também na cidade que havia desaparecido, a dos sobrados coloniais, quiosques, mafuás, tipos populares como vendedores ambulantes e colhedores de carvão.[16]

A obra de Lima Barreto procura retratar "outra" cidade, a do mundo suburbano, bares, cortiços, cabarés e trens por onde vai transitar na busca por um perfil para a "cidade ignorada". O subúrbio irá assumir em sua obra uma outra dimensão, aparecendo como articulada à própria identidade nacional. "Vejamos como é que o autor constrói a sua argumentação. 'Nós não nos reconhecemos', diz. E essa ausência de autoconhecimento, ele a explica pela nossa crença cega nos modelos cosmopolitas. É como se tivéssemos medo de entrar em contato com a nossa própria identidade, porque ela simplesmente destoa do modelo externo. Nós não nos reconhecemos a não ser pelos olhos e idéias dos outros. Assim, antes de termos existência histórica própria, já éramos uma idéia européia".[17] O subúrbio, para Lima, é a verdadeira nação, em contraposição à outra parte da cidade "inventada" pela elite. O morador da Zona Sul é aquele que não quer ver o Brasil com a sua verdadeira face. O brasileiro, para ele, era o suburbano. Portanto, para Lima Barreto, esta divisão em duas cidades somente seria possível pela atuação das elites que reforçavam esta divisão, pois esta não era de modo algum natural, mas tão-somente o resultado de uma segmentação por forças de movimentos políticos destes grupos.[18]

A realidade social criticada por Lima Barreto não residia apenas em levantar questões contra um passado agrário e atrasado frente ao presente industrial brasileiro. Na verdade, ele denunciou a aliança entre a "moderna" República nascente e o imperialismo, como também denunciou a aliança entre estas duas tendências no sentido de formarem uma nova coalizão, para, assim, excluir todas as formas de participação popular neste processo.[19]

Fato interessante de se notar em sua obra é a oposição que faz entre violão e piano. Longe de ser uma questão simples, é, na verdade, um tema abrangente, pois aí se encontra uma antítese – popular *versus* erudito –, sendo o piano representante típico e prestigiado das classes mais abastadas e o violão, portador dos ritmos populares e suas canções. "O destaque dado à confrontação piano/violão aparece como uma metáfora das lutas populares contra o preconceito e a perseguição às suas manifestações culturais como o samba, a capoeira e o candomblé."[20]

Lima Barreto, contudo, evocou elementos literários modernistas, fazendo um discurso radical contra o que considerava injusto, preconceituoso e alienado. Em sua obra, há um modernismo evidente que o caracteriza como tal. Também para ele poderia ser possível um total engajamento do homem de criação, obedecendo, assim, a um modelo proposto por Mário de Andrade.[21] Por fim, Lima propôs aos escritores a incumbência de relacionar organicamente a literatura com as questões humanas e histórico-sociais da nação e do povo brasileiro.[22]

Seguindo a mesma tendência, João do Rio também se revelou em um ambiente de modernização da sociedade carioca. Colocou em evidência o "mundo das sombras", aquilo que era escondido pela modernidade. Foi profundo no entendimento não só da cidade, como também no desvendar da essência do homem que a habitava.[23]

> "Na verdade, o reporte dos 'espectros da rua' nutria-se, aristocraticamente, de tudo o que sugerisse a decadência trazida pela modernidade, valorizando aquilo que precariamente definiu como 'popular', e que se exprimia nos atores concretos do drama urbano, como mendigos, prostitutas, pivetes e vagabundos, todos apresentados, como anotou um crítico, sob as regras do estilo *art-nouveau*."[24]

João do Rio parece caminhar por trás dos bastidores e fachadas buscando uma cidade escondida na penumbra, marginalizada pelos padrões e códigos sociais elitistas.[25] Sua obra não pode ser entendida como uma apologia ou mesmo um endeusamento da pobreza, pois suas críticas se direcionam ao lado perverso das mudanças, à miséria, à pobreza, aquilo que "mancha" a cidade moderna, e não somente no sentido de fazer um contraponto ao mundo burguês, mas também no sentido de mostrar um mundo popular, cheio de ação e beleza. Como diz Mônica Velloso

> "a realidade sempre transborda os modelos que lhe desejam impor; a cidade é bem diferente das abstrações que construíram a seu respeito. Essa é a idéia que João do Rio passa através de suas crônicas. E é por isso que se transforma em *flâneur*, vagando em busca do desconhecido, da aventura, enfim, daquilo que está à margem da cidade ideal".[26]

A rua, para João do Rio, é o ponto máximo da simbolização do viver moderno; os seres que por ela transitam se constroem e discutem as suas existências, definem relações, criam hábitos e valores. A existência social da cidade não é o resultado das ações dos homens, não é decorrente de vontades individuais. Portanto, a reação de João do Rio não é contra o progresso, mas contra a inutilidade gerada pela cultura burguesa.[27]

Autor que também seguiu esta linhagem é Marques Rebelo. Sua obra apresenta os dramas e os conflitos de personagens genuinamente cariocas. Observando a citação de Luciano Trigo, pode-se ter uma idéia da relação deste autor com a cidade:

> "Walter Benevides, amigo de infância, que afirmaria três décadas mais tarde: 'Marques Rebelo retratou o Rio de Janeiro nos últimos instantes de sua pacatez pré-industrial, quando na Tijuca ainda se faziam serenatas, a Lapa estava no auge e o bonde sempre tinha lugar para mais um casal de namorados.'"[28]

A principal característica de Marques Rebelo está nas obras *Marafa, Oscarina, A estrela sobe* e *O espelho partido: a mudança*, onde ele retrata o dia-a-dia de uma cidade que passa por um processo de transição, recém-industrializada e com uma crescente classe operária. Marques Rebelo registra uma infinidade de imagens percebidas ao seu redor. O Rio de Janeiro que aparece em seus livros é fragmentado e abrangente, para além das principais ruas e bairros.

Para Marques Rebelo, em nome de uma modernidade, foi feita uma transformação grosseira da cidade; ele não via beleza nessa transformação. O progresso, para ele, não podia ser sinônimo de vandalismo. Na verdade, esse progresso veio como uma barbárie travestida de civilização, por não considerar o ser humano. Em *O espelho partido: a mudança*, Marques Rebelo mostra uma cidade em transição. Este espelho, para ele, não é apenas uma imagem que se quebra, mas também uma que se vai.[29]

Enfim, os cronistas do Rio de Janeiro moderno, seja no campo literário ou musical, irão se contrapor a este processo avassalador de negar o passado. Irão buscar, por meio de sua arte, as raízes identificadoras da cidade e defender a importância de uma memória nacional, em que os pobres e todas as camadas destituídas de poder tinham suas manifestações culturais, seus projetos e anseios integrados.

A identidade carioca em Nei Lopes

A discussão a respeito do ser carioca envolve uma série de questões a serem abordadas. Em primeiro lugar, o carioca não é um ser homogêneo. A diversidade de seres e influências, as migrações estrangeiras e regionais no decorrer dos séculos XIX e XX, as transformações econômicas e políticas com a transferência da monarquia portuguesa (1808), a República (1889), as reformas urbanas a partir do início do século XX, enfim, todos esses fatores contribuíram para criar uma cidade diversificada nos planos geográfico e espacial e, em igual sentido, em seu aspecto humano. Existe o carioca da Zona Norte, da Zona Sul, do Centro etc. Na canção popular, especificamente, este "ser" da cidade do Rio de Janeiro irá se transfigurar numa infinidade de características, como na bossa nova, no *funk* e no próprio samba. O tema abordado, especificamente nesta parte do trabalho, remete à construção do ser carioca constituído no mundo do samba e em especial na obra de Nei Lopes.

Em primeiro lugar, sobre identidade nacional, é importante fazer uma observação em relação a um dos autores aqui trabalhados. Os argumentos de Renato Ortiz, comentados no Capítulo 2, a respeito da identidade, estão centrados na idéia de que esta se constrói na relação Estado/Indivíduo. No entanto, ao fazer esta afirmação, Ortiz deixa em aberto um aspecto importante neste critério, ou seja, não responde como esta construção se dá fora da esfera da existência do Estado, como, por exemplo, a adoção de critérios identitários entre os curdos e outros grupos étnicos que ainda lutam para construir seu próprio Estado. De fato, ao se falar em identidade, devemos nos remeter a aspectos que perpassam questões étnicas, religiosas e culturais, não somente a algo que se circunscreve apenas à esfera do Estado.

A explicação para a sua utilização como instrumento teórico na construção do conceito de identidade nacional pode ser entendida e direcionada para o caso específico brasileiro. A identidade nacional e a identidade carioca foram construídas como resultantes desse processo, em um período que se tornou mais intenso a partir do novo rumo tomado pelo Estado brasileiro com a República. Até porque este período é importante para o entendimento da construção identitária brasileira, principalmente no que se refere ao entre-guerras na década de 1920.

Os acontecimentos dos anos 1920 são fundamentais para o entender essa questão, pois, após a Primeira Guerra Mundial (1914-1918), inaugura-se uma nova fase no processo do entendimento do referencial mundial europeu como exportador de cultura. Isto porque a Europa, principalmente a França, perdeu prestígio e poder de influência sobre a cultura mundial (aí incluída a cultura brasileira). O período conhecido como a *Belle Époque* (1885-1918), no Brasil, chegara ao fim. Até então, a influência francesa era marcante em nossa sociedade, mas, com o fim da guerra, muito desse ideal francês de civilidade se perdeu, dando lugar às incertezas. A idéia de uma Europa como centro do mundo já não encontrava sustentáculos plausíveis para se manter. Portanto, uma mudança de paradigma começou a delinear uma idéia de que o futuro estava no novo continente: a América. A Europa, então, passara a ser vista como um velho continente em decadência, enquanto a América era o novo continente, com um futuro promissor. A partir destas transformações é que se começou a acreditar não só no futuro da América, mas também no futuro do Brasil. Especificamente no Brasil, começou a haver a constante preocupação de se criar uma nação. Nesse aspecto, os intelectuais tiveram um papel preponderante, principalmente os envolvidos no movimento modernista.[30]

A identidade carioca e até mesmo a nacional defendida na obra de Nei Lopes procura se apoiar neste princípio, tendo o subúrbio como o símbolo desta construção. Para Orlando de Barros, o subúrbio carioca e a história popular da cidade do Rio de Janeiro estão alinhados mesmo antes das reformas urbanas da cidade implementadas no início do século XX. A expansão da Estrada de Ferro D. Pedro II, as linhas de bonde, a distribuição de eletricidade e água acabaram propiciando o aproveitamento dessas áreas mais distantes do centro da cidade.[31]

O imaginário do subúrbio, na canção popular, passou a se tornar interesse dos compositores a partir do samba *Na Pavuna* (1929), despertando a atenção para um novo rumo poético-musical. Segundo Orlando de Barros,

> "dominado pelos efeitos de 'pancadaria', cuja letra quase nada diz, mas que, em seu conjunto e expressão rítmicos, assinala a voz do subúrbio e a presença de sua cultura, expressando uma tensão subjacente, a das massas que aspiram a tomar papel na história".[32]

Nesta gravação, segundo Fernandes, foi utilizada – com participação do sambista Alcebíades Barcelos, o Bide (1902-1975), um dos fundadores da Escola de Samba Deixa Falar –, pela primeira vez, a percussão característica da escola de samba.³³ Orlando de Barros afirmaria, posteriormente, a respeito desta canção:

"[...] trata-se da primeira gravação de uma batucada, com instrumentos de 'pancadaria', gênero dos morros que as gravadoras se recusavam a gravar, dado o caráter de negritude, de popularesco, de inserção religiosa de origem africana que inspirava, numa época de grande repressão e preconceito (veja que a própria Chiquinha Gonzaga considerava 'bárbara a música de pancadaria'), que a pioneira Parlophon teve a audácia de lançar a público em gravação histórica."³⁴

Barros acrescenta ainda que os elementos mais importantes desta canção, que simbolicamente representam o papel das massas na história brasileira, estão na introdução:

"Que há de relevante nesta canção? A nosso ver as famosas três pancadas introdutórias, que norteiam o ritmo, que Almirante entendeu de dar na tampa do piano, a metaforizar que a massa silente batia à porta da História, dada à luz de 1929, quase anunciando o advento de Getúlio Vargas e sua era de aceleração da história.
[...] Mas *Na Pavuna* faz mais que isso, revelando que ali também está uma raiz da criação da canção popular".³⁵

Analisando as observações de Barros e Fernandes, podemos acrescentar que a utilização desses elementos, símbolos de negritude, representa pelo menos simbolicamente – sendo este um ganho importante – um avanço das massas no sentido de seu reconhecimento.

A partir daí, a resposta à modernidade, à cidade nova que nascia afrancesada, elitista e segregacionista seria, de forma crítica e satírica, cantada pelos cancioneiros populares, principalmente os sambistas. O subúrbio seria o lugar do popular em oposição ao mundo elitista, onde sobreviveriam o espontâneo, a brasilidade e a liberdade opositora ao modelo capitalista opressor e impopular implementado na cidade do Rio de Janeiro.

Noel Rosa (1911-1936), sambista de classe média, nascido em Vila Isabel (Zona Norte da cidade), define, de forma bem clara, este sentimento no samba *Voltaste*. O subúrbio e seus tipos sociais, como a própria música, sugere, "voltaste novamente pro subúrbio", significam o retorno, como se fosse o regresso às origens. O nada de novo no centro da cidade significa que, para ele, a modernidade seria sinônimo de prisão, e não de liberdade.

No samba *O x do problema*, Noel já identifica a divisão de classes e seu *lócus* dentro da cidade, neste caso o bairro de Copacabana, Zona Sul, que se tornara residência das elites.

Portanto, o subúrbio e o morro serão constantes na canção popular brasileira, onde as camadas sociais que os habitam irão encontrar na verve dos sambas, maxixes, lundus e outras expressões artísticas a exteriorização de suas vivências por meio dos tipos populares, as idiossincrasias e os signos de suas almas retratados. Os morros e subúrbios, como lugares de exclusão e união dos grupos segregados, irão compor a alma da canção popular brasileira.

Neste livro, a análise neste livro remete à obra do cantor/compositor e pesquisador Nei Lopes, herdeiro de uma linhagem de sambistas presentes na música popular brasileira no decorrer do século XX. Seus sambas provêm de uma tendência da canção popular carioca perpetuada por Noel Rosa, Geraldo Pereira, Wilson Batista e outros.

Alguns fatores caracterizam a obra do Nei Lopes sambista, numa produção musical desenvolvida paralelamente a uma pesquisa científica. Nei Lopes é o que se pode chamar de um homem do mundo, cidadão do samba e do subúrbio, que procura romper com as barreiras impostas aos negros e menos favorecidos. A extensa obra literária ou musical construída ao longo de sua carreira o faz singular. Paralelamente às histórias que recolhe do cotidiano dos tipos humanos mais "humildes", Nei desenvolve uma erudição por meio de suas pesquisas sobre a cultura negra e a música popular em geral, conseguindo estabelecer um elo de ligação entre o popular e a academia.

> "O que eu quero, sempre quis, é exatamente afirmar a importância dos conteúdos africanos na cultura não só brasileira como das Américas todas; isso foi sempre o que me propus fazer."[36]

A maior preocupação de Nei Lopes é fazer a ligação do mundo "culto" e do mundo acadêmico com o popular. Seu objetivo é produzir uma literatura que preencha uma lacuna deixada no processo educacional brasileiro de modo geral, onde o negro não é apresentado como sujeito no processo histórico nacional e também mundial.

> "Há anos que os movimentos negros lutam para que estes conteúdos, história da África, história da América negra, história do Brasil negro, sejam incluídos na rede curricular e nunca se consegue, sob o argumento de que não existem professores e não existem obras; então, estou construindo aí um caminho. À medida que estas coisas vão sendo feitas, apesar desses empecilhos de mercado, de chegar minha obra lá no consumidor final, eu acho que, apesar disso, existe um esforço meu, razoavelmente bem-sucedido, de fazer esta ligação entre a produção do conhecimento e o seu destinatário legítimo."[37]

A obra de Nei Lopes pode ser dividida em duas linhas: na parte que se refere à canção, ela procura definir um samba retratador de uma identidade carioca, a do suburbano, do morador do morro, seus costumes, crenças e uma identidade negra, como sugerem alguns dos títulos de seus trabalhos, enquanto, paralelamente a isto, há também o desenvolvimento de uma parte literária, incluindo aí a produção teatral, em que Nei procura delinear uma identidade, em especial, a negra.

> "Como expressão da minha negritude, tenho os discos *Negro mesmo* e o *Canto banto*; e eu acho que o *Dicionário banto do Brasil*, embora seja uma obra de lingüística, uma coisa supostamente fria, é uma obra tremendamente apaixonada, porque é um quase que um desespero de falar: – vejam aqui, 'tá' aqui; isso aqui fomos nós que fizemos, essa influência é nossa, e isso certamente incomodou. Eu, quando faço um léxico, estou pondo uma 'emocionalidade' aí dentro, mesmo sendo científico."[38]

É importante que se separem estas duas tendências de sua obra para seu melhor entendimento, mas devemos levar em conta que as identidades negra e carioca perpassam sua obra como um todo, na música, na literatura e no teatro, seja com maior ou menor intensidade, uma ou outra, em seus trabalhos. A obra de Nei Lopes, independentemente destas delimitações, tem seu caráter visivelmente relacionado com o mundo popular, como se pode observar em toda a sua produção e em suas declarações.

Para Muniz Sodré, o samba através de Sinhô, nos anos 1920, já se apresentava com uma de suas singularidades mais importantes, ou seja, a letra como crônica. Os temas eram dos mais diversos, como sátiras, comentários políticos, incidentes do cotidiano, noticiários e outros. A utilização de provérbios se torna também pertinente, constituindo-se em um recurso pedagógico, um resgate da sabedoria dos mais velhos, dos ancestrais, um instrumento educador que se baseia na experiência, na vivência do dia-a-dia e na relação social. A letra do samba não se pauta somente nos provérbios conhecidos, mas em sua significação, sua alusão aos valores do grupo social e sua aplicação nas situações concretas da vida social. Portanto, o samba não fala sobre a existência social, mas de sua própria existência.[39]

As letras de samba dos anos 1920, 1930 e 1940, de sambistas como Wilson Batista e Geraldo Pereira, expressam o viver e o fazer, "não se entenda com isto que haja uma correspondência biunívoca entre o sentido do texto e as ações da vida real, mas que as palavras têm no samba tradicional uma operacionalidade com relação ao mundo, seja na insinuação de uma filosofia prática cotidiana, seja no comentário social, seja na exaltação de fatos imaginários, porém inteligíveis no universo do autor e do ouvinte".[40] Como argumenta Sodré, a situação de classe ou de cor não explica o fenômeno, mas o lugar onde se encontra circunscrito o compositor.[41] Além do mais, a canção é em sua essência o campo de discurso, seja pelo fato de colher falas comuns das relações sociais, como também naquilo que se encerra a sua poética, sua prática e suas qualidades comunicativas.[42]

Na história da música negra, a procura e a conservação de sua "pureza", "autenticidade", "raiz" e seu alento, segundo Livio Sansone, provêm não só de sua capacidade de combinar tradições e modernidade, mas também de popularizá-las dentro da própria modernidade.[43] A dualidade tradicional/moderno é uma constante na linguagem do samba. Os sambistas procuram sempre criticar a modernidade e seus valores, bem como organizar a resistência a partir da manutenção de suas tradições.

A identidade do carioca, na obra de Nei Lopes, segue a tendência dos cronistas cariocas como João do Rio, Marques Rebelo e Lima Barreto, na literatura; e dos sambistas das décadas de 1920, 1930 e 1940, como Sinhô, Noel Rosa e Geraldo Pereira. Ele irá traçar um perfil de um carioca suburbano, morador da Zona Norte e do morro, o passageiro dos trens da Central, o camelô, enfim, o mundo popular carioca. Irá buscar na memória a idealização de um dos tipos cariocas que não mais existem. Característica muito comum em sua obra é a presença deste "tipo" idealizado, perdido no passado, o carioca que se ajusta em um linho S-120, sapato bicolor com salto carrapeta, o blusão de vual e chapéu copanorte, tudo isso aliado a uma atitude corporal típica, um jeito de andar gingando bem malandramente.

> "Eu não fui este carioca, mas eu vi muito esse tipo de carioca quando eu era garoto. Então não é um carioca idealizado, é um carioca de antigamente, minha idéia é essa. Eu tenho uma saudade de coisas que eu não vivi, mas das quais eu ouvi muito falar: uma memória histórica. Eu fiz um samba que está inédito chamado *Compadre Bento*; eu começo a falar das coisas como se fosse uma pessoa que fica lembrando, 'eu já fiz isso, já fiz aquilo, já fui em tal lugar assim, assim' aí começo a enumerar as coisas que ele [Compadre Bento] fazia, o lugar onde ele jogava bola, o Campo do Canadá. Eu nunca fui ao Campo do Canadá, mas sempre ouvi falar que era um campo de futebol que tinha perto da zona do meretrício ali perto da Praça Onze; quem jogava no Campo do Canadá era malandro, não era qualquer um que ia lá jogar. 'Esticou o cabelo no Jaime na Mem de Sá', isso eu fiz: rua Mem de Sá, 104, tinha lá um salão de cabeleireiro de fundo de quintal onde os sambistas, os malandros da época iam lá alisar o cabelo, lá eu cheguei a ir. 'Pôs Tropical Inglês cortado pelo Demerval.' Demerval era o alfaiate da malandragem e tropical inglês era o pano que o malandro juntava um dinheirinho e tal, gastava, mas ele fazia um tropical inglês. Esse é o carioca na minha cabeça, o carioca com uma identidade mesmo. Essa mundialização que já vem de um tempo é um negócio que igualou todo mundo. Tinha uma moda carioca, um jeito carioca de vestir, um jeito carioca de se comportar, um

jeito carioca de ser. Então não existe mais esse carioca arquetípico que eu falo no meu trabalho, mas na minha cabeça ele existe. Eu não uso calça *jeans*, nunca usei; tem até uma frase que outro dia eu estava no Irajá e meu sobrinho lembrou, de um samba meu com o João Nogueira que eu falo: 'bunda de malandro velho não se ajeita em calça Lee.' Aí eu fui lá na casa de meus parentes no domingo, como era aquele domingo festivo, eu fui do jeito que eu gosto, de chinelo, não era charlote, mas era um chinelo moderninho, confortável, uma calça de linho, um blusão branco solto, botei um chapéu de palha porque estava sol, então eu gostaria de andar sempre assim. Quando posso, eu ando. O salto carrapeta era o sapato dos malandros e já na década de 1940 era uma coisa meio velha, porque isso era uma moda dos anos 1920, mas os malandros ainda o usavam, é um traço de identificação."[44]

Este recurso não deixa de ser um fator de singularização, marcador de diferença e afirmação de uma identidade que se quer recuperar. O carioca do passado tem em seu vestuário um diferencial marcando uma oposição à uniformização de valores, hábitos e costumes oriundos do processo de modernidade, pois a impressão que passa em seu discurso demonstra que a construção do carioca perpassa a afirmação de uma singularização deste "tipo" dentro do território nacional, como também a criação de um elemento de oposição à própria dominação cultural. O carioca descrito por Nei Lopes, segundo suas intenções, é, antes de tudo, o brasileiro que se contrapõe ao modelo principalmente europeu e americano de ser. Portanto, ao afirmar uma identidade carioca, Nei está também singularizando o "ser" nacional.

Isso não é uma característica específica em sua obra; está inserida em um processo de criação de sambistas que fizeram a história do samba e em torno deste construíram um elemento sólido no qual iria se calcar a base da formação da identidade: a tradição; pois, a partir do momento em que a entendemos como reconstrução da identidade popular, podemos afirmar, com um elevado grau de certeza, que, por se tratar de samba, estes signos do passado serão sempre evocados pela tradição no sentido de afirmar esta identidade.

O carioca, para Nei Lopes, tal qual é entendido neste livro, é uma construção simbólica e, além disso, ele não o define como um tipo único apenas; a identidade do carioca é díspare, variável e situa-se em diversos contextos sociais e históricos.

"O 'carioca' hoje é uma construção simbólica. Eu, que sou carioca da gema, de pelo menos três gerações, já sou visto como uma raridade, no meio de tanto migrante e descendente. Além disso, tem o carioca do subúrbio, o da Zona Norte e o da Zona Sul. Aí, fica difícil você saber o que é 'o' carioca. Ainda mais agora, que todo mundo usa *jeans* e boné de *baseball*."[45]

No que se refere ao vestuário, é importante lembrar que a crônica musical e literária de Nei Lopes transfigura-se na cidade. Beatriz Resende assevera que, neste teatro urbano, o fato de sair às ruas é sinal da representação de um papel indicador do estrato social do personagem. Para exercer os papéis que a cidade oferece dentro de seu espaço público, os trajes são fundamentais.[46]

"Gardel Filho ou Don Gardel é uma figuraça de Vila Isabel. Terno cinzento de risca de giz, camisa preta com gravata branca, sapato bicolor de salto carrapeta, lá vai ele..."[47]

Em 1999, Nei Lopes lança o livro *171–Lapa-Irajá: casos e enredos do samba*, recheado de histórias do cotidiano. Traça um perfil carioca que seguirá também sua obra musical. Na verdade, este livro substitui uma edição anterior, intitulada *Casos crioulos*. A esta nova edição, foram acrescentados alguns novos enredos.

Na apresentação da segunda edição, feita por Joel Rufino, é possível visualizar uma idéia do que pretendo apresentar enquanto identidade carioca a partir da obra de Nei Lopes:

"Rebelo dizia que a verdadeira humanidade era carioca, Barreto que o subúrbio era o refúgio dos infelizes e Nelson que, além do Méier, começava a ter saudade do Rio. Penso que Nei Lopes não assinaria qualquer das três sentenças, mas ele tem em comum com eles a capacidade e o talento de tornar as suas personagens 'tipos cariocas'. O tipo é a personagem que nasce do encontro de características grupais com traços particulares."[48]

Trata-se de um livro de crônicas e contos no qual os tipos cariocas se caracterizam por ser gente do povo, de classes menos favorecidas, são suburbanos, artistas desconhecidos, "figuras" populares dos bairros em que residem. O palco de sua narrativa reflete o próprio título da obra, centrando-se principalmente no subúrbio, como Madureira, Irajá, chegando à Central do Brasil, Praça Mauá e centro da cidade. O título da obra refere-se a uma antiga linha de ônibus que ligava o bairro de Irajá (Zona Norte da cidade) à Lapa (centro da cidade).

Para Beatriz Borges, é possível que se enxergue, em uma leitura mais atenta, os significados ocultos, que, em alguns casos, podem ser os mais reveladores. "É através desses significados que sobram, que às vezes não são mais do que resíduos de significados, que se pode compor o que há de mais rico e peculiar, de mais explicativo numa obra."[49] Citando o caso específico de Lima Barreto nos personagens secundários de sua obra, para esta autora, eles compõem o verdadeiro painel representativo do Rio de Janeiro suburbano de sua época. Portanto, estes personagens secundários são a parte mais reveladora de seus romances.[50]

No caso de Nei Lopes, os personagens representativos de suas crônicas são a gente simples do cotidiano. Nei expressa uma outra realidade que não segue a "ordem cronológica oficial" de parte de uma cidade que, mesmo no século XXI, não se quer ver apenas como moderna, insistindo em não abandonar a familiaridade, as reuniões, as cadeiras na calçada, a vizinhança, os churrascos e as feijoadas que dão um tom do viver do subúrbio carioca. O Rio de Janeiro mostrado por ele é uma cidade que, apesar de ter passado por esse processo de modernização, ainda resiste em seus traços elementares de um passado perdido que procura buscar, como a amizade, o respeito pelas pessoas e a tranqüilidade do cotidiano. Os personagens desta cidade idealizada possuem linguagem por ele apresentada como popular.

"Já na Central, mal salta do trem, entra no Jiquiti e pede, invocado: – Me dá uma três-com-goma, Mineiro! Passa a régua!
Dá pro santo, vira a cana de um gole só, faz aquela careta de praxe (se arrepia todo), cospe, paga e faz a pista. Daqui a pouco, Praça Onze! –

Uma achampanhada, ô galego! Mas antes me vê uma com ferné, para abrir a voz!
Cerveja preta, catuaba, faixa-azul, fogo-paulista, Brahma, cardoso gouveia, Nelsinho Cafetão vai misturando tudo. Então, daqui a um pouquinho, o filho mais novo de Pai Velho e enteado de Dona Cecília já está como o diabo gosta. E é assim que ele chega na esquina da Pinto de Azevedo, andando-escrevendo, falando alto, fazendo a maior alaúza, violento como ele só."[51]

Nei Lopes vai buscar na retórica um recurso por ele muito utilizado. O passado como constante em sua obra é uma oposição ao moderno; o tempo vivido não é somente idealizado, como parece pretender sua obra, mas algo de real que se perdeu, a amizade, o respeito e a consideração. Fato comum em sua obra é não só o caminhar pela cidade como também contar a história daquele lugar. Esse aspecto será pormenorizado adiante.

A narrativa mais interessante, do ponto de vista metodológico, é o conto "Cronologia (Atualizada) de Comadre Firmina nos seus 150 anos de pagode". Por meio de sua leitura, é possível fazer uma verdadeira viagem pela história econômica política e social do Rio de Janeiro, onde se encontram os fatos históricos mais importantes da construção do samba carioca, o movimento negro e até mesmo uma crítica à cultura de massa.

Pode ser estabelecido um paralelo entre suas crônicas e a descrição de Beatriz Resende.[52] Para esta autora, o texto algumas vezes toma a feição de crônicas-narrativa, ou seja, versões criadas de um fato real. Podem ainda ser crônicas-depoimento, uma memória do dia-a-dia.

Seguindo uma tendência já expressa na obra *171–Lapa-Irajá*, Nei Lopes lança em 2001 o livro *Guimbaustrilho e outros mistérios suburbanos*. Trata-se de uma obra que inclui crônicas, contos, poemas e fatos verídicos, reflexões críticas sobre os mais diversos assuntos como *funk*, *charm* e cultura de massa, as transformações nas escolas de samba e em seu próprio universo de forma geral. Procura, de forma saudosista, reconstruir um subúrbio que se vê transformado, seguindo um caminho traçado pela modernidade, pela invasão cultural e pelos novos rumos da economia. Faz uma viagem imaginária, seguindo as linhas do trem da Central do Brasil pelo subúrbio do Rio de Janeiro. O livro é o que se pode chamar de crônica histórica do subúrbio entre rodas de samba, malandros, blocos de rua, feiras, festas e um desfile de personagens genuinamente cariocas e suburbanos.

Nei Lopes procura, ao mesmo tempo em que descreve os caminhos do trem pelos bairros das Zonas Norte e Oeste da cidade, criticar os caminhos que esta região vem tomando com a modernidade. O artifício mais usado por ele consiste em uma visão saudosista do subúrbio e idealizada dos "tipos" populares por ele retratados nas crônicas que recheiam o livro; e em referências aos grandes sambistas do passado, aos ilustres moradores da Zona Norte, como Lima Barreto e Cruz e Souza. Ao construir um subúrbio imaginário, perdido em tempo de modernidade e transformações inexoráveis, Nei toma partido da gente comum que fez a história de uma cidade que cresceu debaixo do tapete daquela "Europa Possível" do grande centro urbano.

Nessa publicação, tornam-se mais evidentes seu olhar de *flâneur* e a evocação dos critérios identitários que caracterizam o carioca por ele descrito. Em sua própria definição de subúrbio, é possível identificar a analogia que faz com as áreas nobres:

> "O conceito de subúrbio, caro leitor, não é nada rígido. Do ponto de vista geográfico, toda povoação afastada do centro urbano o é. O velho Antenor Nascentes, que morava no Andaraí, define subúrbios como regiões que, embora fora da cidade, pertencem à jurisdição dela. Desse modo, o Recreio, a Barra, a Gávea, o Leblon, Ipanema e Copacabana também podem ser considerados subúrbios do Rio [...] Porque a noção de subúrbio, aqui, embora conote com espaços amplos e livres, está mais ligada à idéia de localidades carentes de melhoramentos, de aspecto desordenado e desconfortável, habitadas por gente simples, pobre ou no máximo remediada, e que usa principalmente o trem como meio de transporte. Sim, porque, no consenso geral, onde não há trem não é subúrbio."[53]

Para melhor entender esta questão, podemos observar a argumentação de Nelson da Nóbrega Fernandes acerca da categoria *subúrbio*. Segundo ele, há uma mudança significativa neste conceito entre os séculos XIX e XX, sendo, neste primeiro momento, a denominação *subúrbio* utilizada para se referir às áreas circunvizinhas à cidade do Rio de Janeiro, como bairros da Zona Sul carioca, tal qual Botafogo e Catete, estas áreas já reconhecidas, nesta época, como nobres. Mas, em um segundo momento, este conceito sofre um processo que o mesmo denominou de "rapto ideológico", ou seja, uma mudança profunda em seu significado e, conseqüentemente, a atribuição de novos significados que em nada lembram o seu real sentido. Isto fez com que se criasse um conceito carioca de subúrbio e, no século XX, uma área passou a ser designada e reconhecida como tal pelo predomínio da população menos favorecida e tendo, principalmente, o trem como meio de transporte. Portanto, as áreas habitadas pelos setores médios e altos da sociedade como a Barra da Tijuca (situada na Zona Oeste), Botafogo, Copacabana, Leblon e Ipanema (Zona Sul) não recebem o conceito de subúrbio.[54]

Portanto, a partir daí é possível identificar melhor os critérios que singularizam aquela camada de trabalhadores dos circuitos formal e informal da economia que se identifica pelas mesmas necessidades do bem comum, do abandono do poder público e da presença de estrutura urbana e oferta de lazer deficiente em relação às demais áreas privilegiadas do centro urbano carioca. A mesma forma como Nei Lopes entende o subúrbio: como área carente, com ocupação desordenada e desconfortável, que utiliza como principal meio de transporte o trem. Embora se possa considerar a Barra da Tijuca, região nobre da cidade, como subúrbio, a melhor forma de definição se encontra justamente nas áreas carentes. Isto prova que a idéia de subúrbio e identidade é uma construção simbólica, um fator singularizador de afirmação de uma identidade carioca e também negra. Pois, com a promulgação da Abolição da Escravatura, em 1888, esta massa menos favorecida e marginalizada se viu obrigada a habitar estas áreas, que foram se constituindo ao longo das linhas do bonde e do trem como resultado de processos políticos e econômicos pelos quais passou a cidade na virada do século XIX.

Podemos, paralelamente, analisar, sob o mesmo viés literário dos livros aqui discutidos, a produção teatral de Nei Lopes sob o aspecto de crônica diária e construção de uma identidade, sem levar em conta os limites estabelecidos entre uma identidade negra ou carioca, mesmo porque, em sua obra, essa linha que separa as duas tendências é muito tênue, irrompendo sobremaneira ambos os lados. Tomando como exemplo a peça *O rancho das sereias*, as tendências observadas na parte literária quanto ao carioca construído por Nei Lopes se reforçam.

A peça é uma crônica da vida cotidiana da cidade. A época exata em que ocorre a ficção não pode ser estabelecida, até porque não há esta preocupação por parte do autor. Ao que tudo indica, a história pode ser entendida cronologicamente pelas duas décadas iniciais do século XX, uma vez que os protagonistas Dona Saúde, Dona Gamboa (alusão aos bairros portuários situados no centro da cidade do Rio de Janeiro, significativos na história do samba carioca) e outros como João da Baiana (grande nome do samba carioca), Dolores Duran, compositora e cantora de renome no cenário musical brasileiro, e o narrador da história, Machado de Assis, escritor brasileiro que morou no Morro da Providência, situado também nas proximidades da zona portuária do Rio de Janeiro, estes, com exceção de Dolores Duran, são personagens identificados com o período histórico mencionado. A narrativa gira em torno de duas vizinhas: Dona Gamboa e Dona Saúde; uma, portuguesa, e outra, mulata, cuja rivalidade serve de enredo para a história ser contada. Na peça, Nei Lopes tem, como recursos em sua linguagem e na construção de uma identidade, os instrumentos já arrolados neste livro. Vejamos o exemplo:

"Luz diurna. Surgem João da Baiana, de jaquetão, gravata plastron, sapato de salto carrapeta, chapéu caído na testa, empunhando seu pandeiro, e o velho e elegante Machado de Assis."[55]

O que podemos notar na referência a João da Baiana, ícone de toda uma geração e referência à tradição da canção popular brasileira, é que a indumentária transparece o arquétipo carioca de Nei Lopes: a pessoa em conjunção com a vestimenta simbolicamente evidencia a carioquice idealizada em sua obra.

Como parte desse processo de afirmação simbólica de identidade, Nei Lopes procura reconstruir, juntamente com o vestuário e os tipos humanos cariocas do passado, a própria memória urbana de uma cidade em constante transformação, recolhendo personagens e enredos para compor suas crônicas:

> "Está bom. Mas eu não quero mais ficar aqui. Esta região se deteriorou. A qualidade de vida aqui está péssima. Primeiro, a região do Valongo – que correspondia à parte da atual rua Sacadura Cabral, nas proximidades do início da rua Camerino – abrigou os armazéns de compra e venda de escravos. Isto, depois que essa atividade foi transferida da rua Direita, futura Primeiro de Março, no fim do século dezoito. A escolha do local, à beira mar e dotado de cais próprio, obedeceu a razões estéticas e sanitárias, pelo aspecto deprimente e pouco higiênico que o comércio de escravos causava ao centro da cidade. Em 1772, era criado o Cemitério dos Pretos Novos. Primeiro, no futuro Largo de Santa Rita, e depois transferido para a futura rua Pedro Ernesto, então Rua do Cemitério. Aqui, até o século dezenove eram sepultados, em cova rasa, os escravos que desembarcavam mortos ou morriam nos primeiros dias de estada no Brasil."[56]

Ao se referir a esta memória urbana, inserindo informações históricas nos diálogos de seus personagens, Nei Lopes adentra, de um lado, nos aspectos da identidade carioca em referência à reconstrução imaginária da cidade e, por outro, a questão identitária negra. A primeira caracterização está na linguagem, um dos fatores de maior relevância em se tratando de identidade. Buscar a origem de uma palavra, decompô-la e reconstruí-la traz consigo não somente seu significado, como também toda uma gama de significados e valores desde a sua origem. A ressignificação de um termo lingüístico é uma forma de dizer o que é ser algo, ser um povo, uma etnia ou mesmo uma nação. Senão, vejamos:

> "Afoxé, Dona Gamboa, é um cordão carnavalesco de adeptos da tradição dos orixás. Antigamente, era também chamado 'candomblé de rua'. O termo, Dona Gamboa, se origina no iorubá áfose (encantação; palavra eficaz, operante) e corresponde ao afro-cubano afoché, o qual, por sua vez, significa 'pó mágico'; enfeitiçar com pó, 'jogar um atim'. E aí está a

origem histórica do termo: os antigos afoxés procuravam 'encantar' os concorrentes. – Os afoxés surgem em Salvador, em 1895, experimentando um período de vitalidade até o final da década, para declinarem até o término dos anos de 1920. O mais famoso foi o Pândegos de África, que só perdeu em popularidade para o Filhos de Gandhi, surgido na década de 1940."[57]

De qualquer forma, há uma confluência entre as identidades na obra de Nei Lopes; o negro e o carioca se entrelaçam, constituem-se um ser único e ao mesmo tempo se distinguem. A divisão aqui, como mencionado anteriormente, é no sentido de abranger melhor a sua obra e as discussões que faço a respeito. Portanto, o ser carioca de Nei Lopes é, na verdade, um afro-carioca, numa percepção consciente da contribuição desta ascendência negra na identidade. Este ponto será mencionado adiante.

Nei Lopes é um cronista da vida cotidiana carioca e, diante dos fatos que retrata, é possível levantar a seguinte questão: Qual seria o germe da criação de um cronista? A resposta, segundo Beatriz Resende, é a "cidade, cuja topografia conhece como se fosse seu quarto"[58] e suas ruas – estes são lócus, pontos de observação onde são desenvolvidas suas abstrações na construção de suas crônicas.

A identidade negra em Nei Lopes

Em 1988, quando da comemoração dos cem anos da abolição da escravatura, Nei Lopes lançou o livro *Bantos, malês e identidade negra*, no qual procura trabalhar especificamente a contribuição do povo banto para a história brasileira, procurando desmitificar a sua inferioridade, apregoada por vários estudiosos do assunto frente aos africanos sudaneses. Segundo Nei Lopes, os antigos manuais de história do Brasil informavam, esquematicamente, que os africanos que vieram para o Brasil ou eram sudaneses ou bantos, não existindo, entretanto, estudos que assegurassem, com mais consistência, a origem precisa desses grupos, fato responsável, em parte, pela visão estereotipada dos bantos, pois, assim, seria difícil de se identificar onde a parcela deste grupo seria mais significativa no Brasil. Diz Nei Lopes:

> "Enredados num juízo apriorístico, esses estudos sobre o negro brasileiro só viram as aparências: não souberam definir com clareza os conceitos Banto e Sudanês; não mostraram os diversos contextos históricos em que esses bantos vieram para o Brasil; não falaram das grandes civilizações florescidas nas partes meridional, central e oriental da África antes da chegada dos portugueses; não mencionaram a formidável obra de pilhagem e destruição que esses portugueses levaram a efeito em território africano; não escreveram sobre a heróica resistência dos africanos à escravização e ao domínio colonial; não viram a República Livre dos Palmares como um Estado criado e dirigido por bantos; confundiram etnias com portos de embarque; não estudaram os bantos enfim".[59]

Ao falar dos bantos, Nei Lopes procura não somente quebrar esse mito de inferioridade, mas também afirmar a identidade negra dentro da cultura brasileira. Pelo que se depreende do texto de Nei Lopes, desde a Abolição da Escravatura, teria sido desenvolvida a idéia de inferioridade negra frente ao branco e ao europeu. As coisas consideradas "sérias" e "importantes" são normalmente atribuídas ao modo de ser europeu, em contrapartida à contribuição da cultura do negro, considerada exótica, estranha e pitoresca. Por outro lado, Nei Lopes afirma que, no momento em que as classes dominantes necessitam, para uso externo, classificar algo como tipicamente brasileiro, recorrem aos símbolos africanos na comida, na música e no esporte, rendendo-se, neste momento, à negritude.

O Brasil, diz Nei Lopes nesse livro, constitui um país de múltiplas culturas, onde os africanos contribuíram com traços fortes de sua identidade na religião, na música, nos modos de ser, nas técnicas de trabalho e em muitos outros aspectos.

> "Esses traços, recriados pelos afro-brasileiros de uma forma inconsciente, são hoje – no nosso entender – a chave para o reencontro do Brasil consigo mesmo. Porque pelo menos em termos culturais, o Brasil é uma nação predominantemente negra. E os traços alinhados acima provam

isso muito bem. Mas as classes dominantes brasileiras, como já dissemos, sempre se mostraram européias. E certamente estão preocupadas em transmitir do Brasil uma imagem de país branco. Então, analisando a história passada e atual de nosso país, vamos ver que sistematicamente se tem procurado esconder ou até mesmo acabar com o negro brasileiro."[60]

Pelo que se lê em Nei Lopes, este afastamento do negro e do brasileiro em relação à sua memória, que a classe dominante procura fazer, acaba causando uma perda da real identidade desses indivíduos. Desse modo, os afro-brasileiros não adquirem consciência do que são, em se tratando do fato de que uma pessoa é um elo de união entre os antepassados e sua descendência. Há uma irreparável perda.

Não somente na obra citada, como no todo de sua produção, Nei Lopes, no meu entender, procura resgatar a identidade negra, com base na contraposição do negro em relação à ideologia da classe dominante branca, a recorrência à ancestralidade e ao passado negro, à contribuição na cultura, os elementos que utiliza para compor e cantar suas músicas e sua crítica ao racismo. Nei sempre se coloca como aquele negro e sambista que rompe barreiras e bloqueios. Para ele, é um estigma que precisa ser extirpado da consciência da população. Para poder se afirmar enquanto povo dentro dessa multiplicidade de raças, é preciso que o negro supere uma série de estereótipos, conforme se pode analisar neste exemplo:

"Para consumo externo, o negro no Brasil é um cidadão como outro qualquer e não está sujeito a discriminações. Mas, no fundo de seu pensamento – e seus atos o comprovam –, o Brasil branco em geral e até mesmo alguns negros, têm sobre os afro-brasileiros algumas visões estereotipadas que constantemente afloram, principalmente nos meios de comunicação, se solidificando perigosamente: 'o negro não tem passado, nem história'; 'a religiosidade do negro é apenas magia e superstição'; 'sua arte é infantil, primitiva, exótica e pitoresca' [...] mas em contrapartida tem 'complexo de inferioridade, é desconfiado, é feio, sujo e cheira mal', conforme atesta uma pesquisa feita em Florianópolis na década de 50". [61]

Uma outra exemplificação desta forma estereotipada denunciada por Nei em sua obra pode ser observada em sua entrevista para a revista *Caros Amigos*, em que demonstra, por meio de um exemplo, como os veículos de comunicação acabam refletindo uma visão preconceituosa do negro, que, por sua vez, é uma característica da própria sociedade:

"Tenho uma experiência fantástica, no sentido mais fantástico do termo. Em 1987, no auge da explosão do pagode fundo de quintal, que revelou o Zeca Pagodinho, o Almir Guineto, e que foi uma revolução estética de comportamento dentro do samba, aconteceu o seguinte: eu fazia uma brincadeira aqui na esquina onde eu morava, na Jorge Rude, que a gente chamava de 'corre pra sombra'. Era um pagode na mesa sob uma árvore viçosa na calçada. À medida que o sol batia a gente ia rodando a mesa e 'vamos correr pra sombra'. E o samba comendo sem parar. Então, uma amiga minha, da Rede Globo, uma pessoa bastante conceituada e tal, um dia foi lá, viu essa coisa e imaginou de levar para a TV Globo. Conversamos algum tempo para eu roteirizar e apresentar. Levamos lá, gravamos dois programas, o primeiro foi apresentado acho que com sucesso – o nome era Pagode. Tinha estrutura legal de musical mesmo e abordava várias formas de samba, mas na semana seguinte não teve mais. Fiquei esperando na frente da televisão e o programa não passou. Fui na Globo saber o que houve e ninguém deu explicação. Um disse que era coisa de patrocínio, outro que era coisa de programação. Bom, eu soube depois por vias transversas que teria havido uma censura estética ao programa. Tinha muito preto e muito preto feio. Tava ferindo o padrão Globo de qualidade e os pretos também estavam bebendo muito, porque tinha bebida mesmo de verdade, não era bebida cenográfica. E o cara falou assim mesmo: 'Esses pretos bebem muito e vão brigar, vamos acabar com isso'. Minha relação com a televisão, a partir daí, ficou muito ruim."[62]

A questão da identidade negra em Nei Lopes surgiu em um importante momento de discussão a respeito das relações raciais na história brasileira. Foi um período marcado por uma transformação e uma redefinição do conceito de negritude, em que o mestiço, que era entendido como ser desprovido de identidade, passou a ser incorporado dentro desse conceito. Nos anos 1950, enquanto cursava o ginásio, Nei passou a conviver com pessoas de classe social diferente da sua e, com elas, começou a tomar consciência de sua condição de negro. Mais tarde, no final dos anos 1960, a partir do seu primeiro casamento, a questão negra se tornou mais evidente para ele. As discussões sobre a questão racial eram comuns em sua vida e essa vivência no meio intelectual fez com que os debates sobre a negritude aflorassem:

> "A mulher com quem eu casei em 1968, na semana do AI 5, sintomaticamente" – diz Nei Lopes – "era uma pessoa já inserida no ambiente da classe média negra. E aí eu fui junto. Em 1968, a questão racial só era debatida no meio da classe média negra, ou dos intelectuais nela inseridos. Não era uma questão aberta como hoje. Então, freqüentando esse ambiente, através dela, que era uma moça de classe acima da minha, foi que eu comecei a pensar melhor sobre a coisa e ter acesso às discussões".[63]

Diante das questões levantadas a respeito da "democracia racial", é importante que se tenha como fator de relevância neste propósito a dificuldade de identificação do negro brasileiro. Na verdade, a definição de negro no Brasil somente pode ser caracterizada pelo pigmento, o elemento cor. No samba, o caráter identitário negro situa-se na referência ao passado comum africano, no apego às tradições e na história de escravidão, resistência e racismo. Ou mesmo como pode ser observado nas seguintes definições de Nei Lopes, "para mim, negro é o indivíduo que tenha qualquer percentual de sangue africano em sua constituição e que considere isso um fator determinante na sua vida",[64] ou, como afirmou em outro depoimento: "[...] negro para mim é uma condição étnica, cultural [...] o fato de eu ter uma pele mais clara, isso não significa que eu não seja um negro; dentro da minha família há tonalidades de peles, as mais diversas, mas todos são negros, porque todos são de evidente origem africana".[65] Em ambas as declarações, observa-se o caráter de afirmação identitária negra que será amplamente explorado por ele em suas obras musical e literária, a idéia de africanidade centrada na ancestralidade, na busca de um passado comum negro.

As barreiras "naturais" propostas pelo mito da ideologia racial brasileira são transpostas no momento em que o negro se afirma como tal, remontando a seu passado africano. O samba como música negra e nacional estabelece um ponto de fusão entre brancos e "não-brancos", pois este primeiro grupo, no momento em que se insere enquanto "povo" do samba, passa a sentir-se como brasileiro, uma vez que a marginalização e a negação das camadas populares não atingem somente os negros. A vivência neste ambiente comum marginalizado leva à união destes grupos diferenciados em torno de uma única causa de reconhecimento de um grupo que se quer presente como "rosto" brasileiro.

> "O mestiço deve ter o direito de optar por aquela parte constitutiva que considera mais importante. Só que o euro-africano, com toda a sua carga fenotípica, e com toda a carga racista que tem contra si, optando pelo seu lado europeu corre o risco de ser apenas ridículo."[66]

A questão identitária negra na obra de Nei Lopes é visível tanto na música como no seu trabalho literário. Como ele próprio afirma:

> "A questão da identidade negra, acho que também passa pelas minhas canções, principalmente as gravadas nos discos 'Negro Mesmo' (1983) e 'Canto Banto – 300 anos de Zumbi'. O que acontece é que o mercado não assimila mais esse tipo de discurso partindo de um sambista. Essa linguagem, para a indústria do disco, é, agora, privilégio do pessoal do 'rap'. Mas, tempos atrás, de vez em quando eu furava o bloqueio, como por exemplo em algumas obras gravadas por Alcione (*Maracatu do meu avô, Nega Mina, Nosso nome, Resistência*), por Roberto Ribeiro (*Jongo do irmão Café, Ao povo em forma de arte, Ginga, Angola*) e Clara Nunes (*Candongueiro, Afoxé pra Logun*)."[67]

Em sua música, o elemento negro aparece na referência ao passado africano, na forma, na tradição e na concepção do ritmo. Nas estruturas em que se apóia sua produção musical, reside a expressão da identidade negra. Em relação a essa ancestralidade, a figura do velho será constante em sua tematização, como poderá ser verificado e melhor exemplificado no capítulo que se refere à representação de sua obra. No momento, quero apenas salientar que a figura do "mais velho", do ancestral, avô, tio ou figura lendária de um determinado bairro, escola de samba ou do próprio mundo do samba possui um papel muito importante na conjuntura de sua produção musical e literária. No entanto, esta referência é mítica, arquitetada no sentido de afirmar uma identidade, construir um ambiente imaginário em que a figura do mais velho se apresenta como o sustentáculo desse "ser" carioca e principalmente negro. Nei Lopes não conviveu diretamente com seus avós e nem mesmo chegou a conhecê-los. Então, como observamos em sua declaração, o ancestral é uma construção simbólica, um instrumento ideológico.

> "Na minha primeira infância, o meu irmão, hoje o mais velho (Dayr, falecido em 2003), quando veio da guerra em 45, ficou noivo da irmã de um colega do exército. Essa irmã morava em Além Paraíba, lá em Minas, e foi morar lá em casa enquanto se preparava para casar. Criou-se também um outro universo dentro da minha cabeça que foi o seguinte: a mãe da minha cunhada, a dona Luzia, era uma senhora, uma preta banto mesmo, com todas aquelas características, e tinha um marido que não era o pai da minha cunhada, que era um negro já bem mais velho do que ela chamado 'seu' Belizário, que, ao que constava, tinha sido escravo e contava umas histórias e tal. Então, eu acho que toda essa ancestralidade que carrego na minha obra é construída ideologicamente. E há depois um outro passo, uma outra construção disso aí que é muito importante na minha vida, que é quando eu radicalizei religiosamente. A minha mãe sempre teve uma espiritualidade muito desenvolvida pro lado da umbanda, pro lado de cultos domésticos que mexiam com a ancestralidade. Em 1977, um amigo me levou num candomblé, a pedido meu. Foi a primeira vez que tive contato mais profundo com a religião e, a partir daí, eu comecei a usá-la não só como um conforto espiritual pra mim e uma reconstrução dessa identidade africana, mas também como um instrumento político, um instrumento de afirmação da força, da negritude. Então, eu acho que toda essa história de bisavô, avô, tataravô que passa pela minha obra e pela minha vida, acho que podemos traduzir assim: uma coisa que não tive objetivamente, mas que construí pra mim."[68]

Nei Lopes fez duas viagens à África. Em 1972, foi ao Senegal (Dacar), com seus próprios recursos, acompanhando a primeira mulher, funcionária do Ministério da Educação, em missão oficial.

> "Foi um impacto emocional muito grande, porque eu nunca tinha saído do Brasil e tinha viajado muito pouco dentro do Brasil. De repente, me deparo com uma viagem internacional e logo à África! Foi uma impressão romântica muito forte, porque eu já tinha essa fantasia africana não organizada dentro de mim. E de repente eu me vejo no continente africano! O contato com todas essas coisas que eu mitificava foi um impacto muito positivo, muito forte, voltei querendo mais. Nesta viagem ao Senegal, eu estava iniciando uma carreira artística, eu já tinha deixado a advocacia, já tinha gravado minha primeira música e estava trabalhando com publicidade [...] Foi meio turístico, não teve um aprofundamento intelectual maior e nem contatos maiores."[69]

Em 1987, Nei retornou à África (Angola) e visitou as cidades de Luanda, Benguela, Lobito e Lubango. Nessa viagem, 15 anos após a primeira, Nei Lopes, mais experiente, já era artista profissional e viajou em uma caravana organizada por Martinho da Vila para participar do "Festival do Trabalhador".

> "Eu fui participar de um festival de trabalhadores, uma coisa em Luanda que reuniu gente de todas as províncias e manifestações diferentes. Aí a coisa já foi mais [...] já tive um aproveitamento maior, já aprendi mais coisas, mesmo porque Angola é mais próxima de nós, Angola contribuiu infinitamente mais do que Senegal para a cultura brasileira."[70]

Além da África, Nei Lopes fez duas viagens a Cuba. A primeira, em 1997, e a segunda, em 2001. Em 1997, foi participar do "Festival Internacional da Juventude" e, em 2001, da feira internacional "Cubadisco, música imagen y sonido", encontro da indústria fonográfica, como um dos representantes da gravadora Velas.

> "A semelhança entre África e Brasil é uma semelhança de pai pra filho; em Cuba você vê a semelhança de irmão e primo, você vê o jeito das

pessoas. Se não abrir a boca, você acha que é brasileiro, você percebe que há uma unidade cultural, a partir de uma colonização quase comum. Há um traço comum nesta colonização que é o traço africano que deu esse molho todo aí. Em Cuba, nesta segunda vez, eu fui com um outro substrato: na primeira vez, eu conheci um babalaô, um sacerdote cubano que está morando agora no Brasil; ele veio para o Brasil e logo depois ele passou a ser o meu orientador espiritual; então aos pouquinhos eu fui: [...] toda a minha estrutura espiritual que me foi dada nos anos 1970, depois de quase vinte anos, eu fui adaptando à prática cubana através deste orientador; os santos são os mesmos, as forças são as mesmas, mas são cultuadas com certas peculiaridades. Em Cuba, as coisas são mais simplificadas, em função até das condições econômicas, são mais simples, gasta-se menos dinheiro, mas as coisas, acho que têm bastante força e bastante fundamento. Então, quando eu fui agora, fui também com esse novo substrato religioso, isto é, já fui a Cuba de outra forma. Até as pessoas que foram comigo disseram que eu estava muito bem lá, que tudo meu foi muito forte. Eu atribuo isso a esta informação religiosa que eu adquiri, a esta prática, porque sou um praticante da religião africana, não sou teórico só."[71]

Nas viagens feitas, à África e a Cuba, é possível ressaltar um aspecto importante da construção de identidade negra que Nei Lopes faz quando se refere aos traços comuns entre o negro africano e o brasileiro. A "raiz" africana que busca expressar em suas obras e a negritude são mais evidentes em Angola, por se tratar da "proximidade" deste país com o nosso. Portanto, a África como um todo não representa em sua obra os caracteres de expressão negra, mas somente o "tipo" mais próximo do brasileiro. Portanto, ao se afirmar a identidade negra, Nei Lopes, além da negritude, está buscando uma brasilidade, o ser ao criado não é somente o negro, mas também o brasileiro.

Embora a estrutura de suas canções seja de afirmação negra, a temática desenvolvida na maioria de suas letras parte de uma abordagem mais direcionada ao carioca morador do subúrbio. Por isso, faz-se necessário estabelecer este corte entre produção musical e literária. Além do mais, o próprio Nei em sua forma de atuação define a necessidade de se estabelecer esta distinção.

"Hoje eu acho que penso melhor sobre muitas coisas. Mas a mudança foi na forma de atuar: acho que agora eu sou mais importante escrevendo, procurando criar obras que transmitam minha experiência pras futuras gerações. Como eu acho que, nesta área, um livro didático é muito mais útil que duzentas teses de mestrado, estou procurando produzir dicionários, enciclopédias, livros de fundamento religioso etc."[72]

Nei Lopes acredita que a produção literária é importante por abordar questões que levem a sociedade a repensar uma série de conceitos, principalmente sobre a negritude. Em relação à "Academia", ou seja, ao ambiente universitário, suas críticas se concentram naquelas produções, que de um modo geral, principalmente nas áreas humanas, são direcionadas aos próprios resultados, ou seja, se fecham em seus pares, sendo trabalhos escritos para alcançar respeitabilidade, titulações, deixando a sociedade em segundo plano.

Um desses trabalhos, no qual nosso focalizado pretende desenvolver suas propostas, é a sua primeira publicação. Em *O samba na realidade: a utopia da ascensão social do sambista*, Nei Lopes articula algumas idéias que mais tarde seriam também desenvolvidas e ampliadas em outras de suas publicações, tais como: a história do samba, o carnaval e suas mudanças nas décadas seguintes aos anos 1930.

O samba, segundo Nei Lopes, tem sua origem, além obviamente nos tempos mais remotos da África negra, no Rio de Janeiro. Mas salienta que, nesta cidade, o samba foi resultado de um processo de transformações tanto estéticas quanto econômicas, sociais e políticas, tendo como fator preponderante a migração de negros e mestiços oriundos, principalmente, do estado da Bahia. Na verdade, para Nei Lopes, o samba, gênero e expressão musical, tem caráter urbano, mas é calcado em uma origem rural. "Na Cidade Nova ocorreu, entre os antigos ranchos, o samba rural baiano e outras formas musicais, a mistura que veio dar origem ao samba urbano carioca."[73]

O principal elemento caracterizador da cultura do samba e do carnaval é a tradição, por meio do apego às formas, às origens e à "raiz". Estes são os fatores identitários fundamentais. A alteração ou mesmo a perda dos fatores apresentados significam um aniquilamento de uma cultura. A partir do momento em que estes elementos deixam de ser evocados, a escola e o sambista perdem sua "raiz", sua base, sua identidade.

> "Estruturadas no final da década de 1920, desde seu primeiro desfile realmente organizado, em 1932, até os dias de hoje, as escolas de samba cariocas viveram várias fases de um instigante processo dialético. Mas nunca deixaram de ser, pelo menos em tese, núcleos de resistência negra, haja vista, ainda hoje, por exemplo, a rica simbologia das alas de baianas e das velhas guardas."[74]

A luta entre sambistas defensores da "raiz" e os novos grupos sociais que tentam se apropriar do samba, dos meios de comunicação de massa, reside basicamente na questão de manutenção de seu caráter negro e africano.

No livro, Nei Lopes desenvolve uma análise crítica das mudanças do samba e do crescimento das escolas. Começando pelas origens, desde a Pedra do Sal, a Praça Onze, os anos 1930, com a oficialização dos desfiles, as transformações e a descaracterização ocorridas nos anos 1960, as inovações e renovações na estrutura de desfile das escolas.

Embora, segundo Nei Lopes, em alguns casos de renovação exista mérito por parte de seus autores, o samba que não promove a ascensão social dos sambistas perdeu, com o passar dos anos, seus objetivos iniciais. A crítica que ele formula está centrada nesta perda de identidade negra.

> "Entretanto, transformações ainda mais fundas ocorreram. Passando a ser uma forma de lazer de classe média, o samba das escolas perdeu, no ritmo, a velha cadência, para ser mais 'embalado', mais 'animado', mais 'marchinha', mais 'carnaval'. E isto sem falar no fato de que, chegando aos estúdios de gravação, os ritmistas oriundos das escolas tiveram que 'esquecer' o velho ritmo e 'embranquecer' um pouco o seu som (compare-se o som de uma autêntica bateria de escola com o das seções rítmicas das modernas gravações de samba)."[75]

Neste trecho, é possível identificar os elementos centrais de suas críticas e as conseqüências do processo pelo qual o samba passou até princípios dos anos 1980, época de publicação do livro, e as mais recentes, que se vêm consolidando de forma intensa, conforme observamos na análise de Sérgio Cabral no primeiro capítulo. Mas podemos exemplificar novamente estas transformações tendo como exemplo a discussão de Nelson da Nóbrega Fernandes. Para Fernandes, existe uma relação direta entre a cadência e a velocidade dos cortejos. No caso do samba-enredo, seu andamento original foi mantido até os anos 1970, mas, com o aumento do número de componentes das escolas de samba, saltando da casa dos mil para quatro mil componentes, e, juntamente com isso, a cronometragem do desfile, houve um aceleramento no samba, no sentido de fazer com que o cortejo desfilasse sem, no entanto, comprometer sua harmonia. Isso acabou inviabilizando a dança do samba. Obviamente, esse inchaço pelo qual passam as escolas traz consigo elementos "estranhos" à comunidade, sem qualquer ligação com o mundo das escolas e do samba, fato que acabou restringindo a própria participação da comunidade no carnaval e limitando somente sua inserção em algumas alas e grupos de passistas,

> "em nome desse crescimento e da comercialização dos desfiles, que passaram a ser televisionados, foi sacrificada a tão falada cadência do samba, e autoridades como Ismael Silva e Paulinho da Viola denunciaram várias vezes que as escolas desfilaram cada vez mais num ritmo e com uma coreografia que se parecem com a dos ranchos".[76]

O que se pode observar na crítica de Nei Lopes e no exemplo de Fernandes é o fato de Nei antever o que mais tarde, nos anos 1990, seria objeto de crítica dos mais diversos setores ligados ao samba quanto à sua descaracterização. Mas não somente isso, a descaracterização envolve, além da perda de afirmação de uma cultura carioca e nacional, a perda da identidade em sua perspectiva.

Os elementos identitários que defende ficam claros em sua leitura. O ritmo cadenciado e negro ficou, como ele diz, embalado e mais branco. A alteração nas estruturas da bateria, como, por exemplo, a substituição do couro pelo náilon (cujo resultado, para Nei Lopes, nem sempre foi satisfatório), enfim, o reforço da idéia da defesa de uma tradição é também de uma identidade. Porque o samba se apega aos elementos tradicionais como a religião e a ancestralidade africana no intuito de afirmar e singularizar os grupos sociais que representa.

A relação de Nei Lopes com as escolas de samba está fortemente ligada à questão identitária negra e ao grupo social ao qual pertence. Vejamos seu exemplo a respeito do bloco carnavalesco Cacique de Ramos:

> "O bloco Cacique de Ramos foi um bloco como outro qualquer, só que multitudinário, criando uma moda e estabelecendo um novo tipo de estrutura que influenciou negativamente as escolas de samba (a compra de fantasias através de carnês: aí, qualquer um podia desfilar, o que, levado para as escolas, destruiu o sentido comunitário inicial)."[77]

O samba-enredo é um dos elementos que talvez se tenha mais descaracterizado com as mudanças no perfil das escolas. Atualmente, o excessivo número de participantes e o tempo rigorosamente cronometrado fazem com que o ritmo deixe de ser cadenciado, como no passado, para dar lugar a uma música de andamento mais acelerado. Friamente definido, diz Nei Lopes, o samba-enredo é uma modalidade que consiste em letra e melodia criadas a partir de um tema apresentado pela escola de samba. Atualmente, este conceito sofreu várias influências nos mais diversos contextos pelos quais passou; portanto, tornou-se um conceito "tão elástico quanto um chiclete de bola: pegue-se lá um refrão cheio de onomatopéias e frases de efeito; agregue-se a ele algumas referências longínquas ao que a escola pretende mostrar; e está pronto o 'samba-enredo'".[78] No entanto, Nei rebate afirmando que, o samba-enredo clássico em sua forma mais completa e substancial foi aquele que predominou no carnaval carioca no período compreendido pelos anos 1951 a 1971. Foi um samba construído com base em um discurso nacionalista e patriótico que retratava a natureza e a história brasileiras. O compositor Silas de Oliveira criou, em 1951, para a Escola de Samba Império Serrano o samba-enredo *Sessenta e um anos de república*. "Era o samba 'lençol', que, graças ao seu enorme comprimento, 'cobria' o enredo por inteiro, sem deixar um pedacinho de fora."[79]

As insatisfações de Nei Lopes em relação às escolas de samba são claramente discutidas em seus artigos.

"Ora: a resistência é lógica da opressão. Então, aí já começa a cair por terra a idéia do carnaval como uma festa absolutamente democrática. E nos dias de hoje a opressão se faz pelo viés econômico. A mercantilização desenfreada atingiu tanto as escolas de samba cariocas quanto os blocos de trio baianos, e fez, no Rio, a anarquia original da 'banda' 'glamourizar-se' em 'bloco de camiseta' (de grife). Toda essa coisa restringiu a participação dos menos aquinhoados. E isto na mesma medida em que a colonização está transferindo as celebrações do carnaval para a noite do *Halloween* (fantasiar-se em fevereiro é brega; mas em novembro é *fashion*)."[80]

Este fato pode ser também observado em seus sambas como *Malandro JB*, *Quesitos* e *Vaga esperança*, que se inscrevem num contexto, já no final dos anos 1970, com o seu descontentamento em relação aos rumos destas agremiações carnavalescas, incluindo, neste caso, a própria Escola de Samba Quilombo. O sentido de comunidade também se perdeu, diz Nei Lopes:

"[...] essa é a grande questão das escolas de samba, que nasceram da solidariedade de suas comunidades, para o lazer e a aceitação social desses grupos tradicionalmente excluídos. O que veio depois – dirigismo da mídia televisiva, má qualidade dos sambas-enredo, pasteurização do som das baterias, empobrecimento da dança de passistas, mestres-salas e porta-bandeiras, desprestígio dos sambistas em favor de 'artistas' e jogadores de futebol etc. – é mera conseqüência. E aí, sim, ficou tudo 'monotemático', com 'ensaios técnicos' e 'protótipos' – como adoram falar os dirigentes de hoje."[81]

Esse sentido comunitário, a que Nei Lopes se refere, está relacionado com a grande solidariedade que envolvia as escolas de samba. Por exemplo, a "ala" de uma escola era formada por um grupo de amigos de uma mesma comunidade que, durante o ano, organizavam festas e trabalhos de mutirão para levantar fundos e pagar as fantasias.

"Tempo bom foi aquele, em que alegoria se chamava 'enredo', figurino se chamava 'risco', prospecto com a letra do samba se chamava 'cópia', mestre-sala se chamava 'balisa' e samba era 'tirado' e não puxado. Tempo em que quadra era 'terreiro', espaço ritualizado e exclusivo onde só as 'pastoras' podiam dançar, e sempre rodando no sentido anti-horário, como nas casas de santo".[82]

As escolas de samba eram, antes de tudo, uma comunidade, onde gravitava a grande família, que eram seus integrantes. Isso poderia ser notado inclusive nos funerais dos grandes sambistas do passado, como o de Paulo da Portela. Eram acontecimentos que mobilizavam comunidades inteiras.

Ainda em relação a essas mudanças, como já analisado por Cabral no primeiro capítulo, nos conta João Batista M. Vargens que as décadas de 1960 e 1970 são momentos considerados de grandes transformações nas agremiações carnavalescas. O que até então era uma atividade marginalizada passou a ser visto pelos setores médios da sociedade por outros vieses, como centro de lazer relativamente barato, fato que levou essas camadas sociais a freqüentarem as escolas de samba. Em contrapartida, boa parte dos sambistas, ao ver seus valores sendo reconhecidos, foram tomados de uma certa vaidade. Mas estes setores médios da sociedade, com um poder aquisitivo bem superior aos sambistas, foram, paulatinamente, penetrando no universo das escolas, assumindo cargos de direção, mudando o rumo das agremiações e assumindo um maior destaque em detrimento do sambista e dos elementos daquela comunidade. "Certamente, com a intromissão do que Candeia chamava de 'falsos valores', houve modificações substanciais nas estruturas dos enredos, dos desfiles e dos próprios sambas."[83]

A propósito desses "falsos valores" a que reporta Vargens, Candeia afirma que o problema está centrado no fato de uma série de questões correlacionadas, como a valorização do trabalho do sambista aliada ao aumento do custo de vida, a competição cada vez mais enfática no contexto das escolas e a remuneração do trabalho no barracão. Assim, o amor à escola de samba e à arte cedeu lugar à habilidade profissional e aos interesses econômicos. As escolas de samba passaram a lutar pela sobrevivência em vista desta competição desenfreada: "[...]

os artistas populares, aqueles que deram seu esforço em troca de amor pela escola, o homem do povo, os sambistas e aqueles ligados diretamente à cultura popular das escolas de repente viram aparecer como concorrentes artistas plásticos, escultores, cenógrafos, figurinistas, com curso superior, apresentando *curriculum vitae*."[84] Na apresentação desse mesmo livro de Candeia, escrita pelo jornalista e crítico musical Sérgio Cabral, há uma frase que sintetiza bem o contexto das escolas e que nos dá uma referência na qual podemos identificar os limites tênues em que se debatem os sambistas em relação ao universo do samba: "[...] há tantos interesses em torno do samba e das escolas que fica muito difícil saber qual é a fronteira entre a manifestação espontânea do povo e da ganância."[85]

A própria vivência de Nei Lopes no Salgueiro demonstra esta complicada relação estabelecida nas escolas de samba:

"Dentro do Salgueiro, aconteciam coisas muito interessantes, que eu não entendia e que só depois passei a entender. Quando entrei para a ala de compositores do Salgueiro, eu já era componente da escola havia muitos anos. Foi quando gravei e editei minha primeira música. Eles me colocaram numa categoria de compositores que se chamava 'estagiário'. Os caras disseram: 'fica aí de estagiário, faz uns sambas de quadra, de terreiro, mas não pode fazer samba-enredo'. Fiquei dois anos nessa de estagiário. Mandando a maior bronca, gravando com todo mundo aqui fora, emplacando músicas, mas lá dentro nunca me aceitaram. Até que um dia levaram lá no Salgueiro uma senhora que diziam ser compositora [...]. Era a fulana de tal, filha do compositor fulano de tal, que era dono de editora, não sei mais o que lá, e ela foi participar conosco da ala dos compositores. Conclusão: essa senhora estava entrando na escola para ganhar o samba-enredo daquele ano. E ganhou. Por essas e outras tive uma vida de compositor muito inexpressiva na escola do Salgueiro. Se você for procurar meu nome lá no repertório, não tem. Eu não entrei para a história do Salgueiro."[86]

A saída de Nei Lopes das escolas de samba das quais participou se deveu a descontentamento e questões particulares. Como ele mesmo afirma:

"A primeira saída foi do Salgueiro, porque eu tive um problema pessoal lá; depois fui ser dirigente da Vila Isabel; fiz os enredos, participei do departamento cultural como diretor. O que eu acho é que é uma coisa que se perdeu, a escola de samba, ela nasceu para legitimar o samba (o samba é anterior à escola de samba), legitimar as comunidades do samba e eu gostava era assim, era nessa época quando a escola de samba era uma expressão de arte afro-brasileira. Hoje não é, hoje é uma arte globalizada, hoje é uma arte completamente inserida no chamado *show business* e guarda poucos contatos com esse passado afro-brasileiro, até a própria bateria já se modifica, as pessoas já não sabem tocar samba direito, as pessoas não sabem sambar direito mais, está tudo pasteurizado. Então eu achei que ficou sem graça, então é um rompimento sim, a única escola de samba que eu vejo hoje conseguindo conjugar essa suposta modernidade com respeito à tradição, até como estratégia de *marketing*, é a Mangueira. Se, por exemplo, as escolas de samba de que eu gosto, as quais eu vivi, o Salgueiro e depois a Vila Isabel, se conseguissem retomar o seu caminho pelo menos um pouquinho na direção que a Mangueira está fazendo, aí eu consideraria uma possibilidade de eu voltar a participar. Enquanto não for assim não me interessa".[87]

Atualmente, Nei Lopes vê um distanciamento muito grande entre o samba e a escola de samba. As escolas nasceram, diz Nei, depois do samba, para desestigmatizá-lo e legitimá-lo frente à sociedade dominante. No entanto, nos dias atuais, estas instituições se distanciam gradativamente do universo que as criou: "Compare por exemplo" – diz ele – "certos aguerridos conjuntos de 'velhas guardas' com as agremiações que lhes emprestam os nomes. E, de quebra, evoque qualquer um grande sambista, principalmente falecido, e veja se seu nome é sequer lembrado nos 'ensaios' das 'quadras' de hoje, cheias de gente 'bonita' e 'famosa'".[88]

A idéia de Nei Lopes faz coro com a declaração de Maurício Theodoro, membro da velha guarda da Acadêmicos do Salgueiro, escola na qual desfila desde a sua fundação, em 1953.

"Não só o Salgueiro, o samba em si, ele mudou radicalmente, acho até que deveria mudar, mas não da maneira como foi mudado. Porque antigamente quem saía em escola de samba dizia que só tinha malandro, só tinha marginal, moça de família não saía em escola de samba, mas a cultura foi fazendo, foi prevalecendo e chegou a um ponto então que começaram as mudanças. Com a junção destas três escolas do Salgueiro, que saiu o Acadêmicos do Salgueiro, acho que foi ali um marco, começou ali a mudança. Por que eu digo isso: o Salgueiro, por ter aproximação da Tijuca, tinha muita gente que freqüentava, então foi capaz de trazer aquelas pessoas do Teatro Municipal, que faziam aquelas peças, aqueles cenários, aquelas peças que passavam no teatro, para o Salgueiro. Então aquele trabalho artesanal que era feito até então, começou a ter uma modificação e de fato a gente foi vendo uma outra evolução, uma outra visão das coisas com o aparecimento de Fernando Pamplona, Arlindo, Joãozinho Trinta, Maria Augusta. Eu digo assim, quando eu brinco com meus amigos: – Vocês têm que respeitar, vocês todos são escola, eu sou da Academia, geralmente o camarada da escola estuda e depois vai para a Academia, nós somos até humildes, nós fizemos os catedráticos lá e mandamos para a escola, pois todos esses que são campeões aí passaram pelo Salgueiro. Então, muito bem, houve essa evolução, com isso teve que colocar dinheiro dentro desse negócio, então se tornou uma coisa profissional, todos achavam que deveriam ganhar dinheiro com aquilo. Antigamente era raiz, aquela coisa de samba, eu sou Salgueiro e não saio do Salgueiro. Com esse negócio também, o Salgueiro teve uma influência tremenda nisso, tudo valorizou, tudo ficou caro, ficaram caros os enredos, as fantasias, e aquele que saía por amor à escola, então com esta fusão, com esse gigantismo foi criando, foi se marginalizando o sambista."[89]

Na declaração de Maurício Theodoro, é possível notar claramente este descontentamento com os rumos que as escolas de samba tomaram, com a profissionalização do sambista e, conseqüentemente, com a marginalização dos membros da própria comunidade que fundou a escola. Com isso, a solidariedade, a amizade entre seus componentes e a sua própria identidade com a escola foram se perdendo. Estas mudanças estão na base do pensamento, não somente de Nei Lopes, como dos principais críticos do carnaval, pois foram elas o marco inicial de todo um processo, diria inexorável, de mercantilização do carnaval e do samba.

As idéias de Nei Lopes articulam-se entre a produção literária e a produção musical, nas quais podemos observar, com bastante clareza, sua preocupação em construir esta identidade afro-brasileira utilizando recursos, inclusive didáticos, como se constata no livro lançado em princípios de 2003, chamado *Sambeabá: O samba que não se aprende na escola*. Na obra, o autor ressalta a necessidade de se buscar um caminho que cubra a lacuna de nosso sistema educacional: a ausência de um estudo mais aprofundado do negro e de sua contribuição para a história brasileira ou mesmo mundial. O próprio título do livro, de nome sugestivo, suscita a idéia de sua criação no sentido de se produzirem livros que esclareçam, ao mesmo tempo em que informem, sobre a presença negra e suas manifestações artísticas.

Em *Sambeabá*, aparece um Nei mais didático. Este livro é uma compilação das idéias já desenvolvidas em publicações anteriores de livros e artigos para periódicos. Ele consegue, de forma sintética, abarcar todo o universo em que se constituiu o samba no Rio de Janeiro e suas implicações no cenário social da cidade, tais como: origem do samba, agremiações carnavalescas, relação dos sambistas mais tradicionais do universo carioca, discografia e os sucessos do samba desde a década de 1910.

As idéias se desenvolvem articuladas em duas tendências, ao mesmo tempo em que a leitura sugere um cunho de erudição, discutindo aspectos relativos ao samba carioca. Seguindo os padrões de uma obra literária, há uma certa abertura, em tons, às vezes humorísticos e críticos, em aspecto de crônicas. Embora tragam à tona temas que seriam mais um enredo do universo do samba, como o "samba do cimento", não deixa de se revelar como um recurso para, na verdade, fazer uma crítica seja aos rumos das escolas de samba, seja contra o racismo, ou mesmo fazer uma referência a algum baluarte do samba.

A obra está engajada na defesa de suas idéias quanto ao universo da canção popular brasileira, o samba. Serve de apoio a uma idéia que Nei Lopes sempre irá repetir: a contribuição banto na cultura brasileira. Vejamos:

"Responsáveis, então, pela introdução, no continente americano, de múltiplos instrumentos musicais, como a cuíca ou puíta, o berimbau, o ganzá e o reco-reco, bem como pela criação da maior parte dos folguedos de rua até hoje brincados nas Américas e especialmente no Caribe, foram certamente os africanos do grande grupo etnolingüístico Banto que legaram à música brasileira as bases do samba e o amplo leque de manifestações que lhe são afins."[90]

Esta preocupação em construir uma identidade negra e carioca a partir de uma influência banto irá, de forma explícita ou implícita, permear sua obra como um todo.

O diferencial, em relação às outras publicações, se refere a uma nova tomada de consciência quanto à luta pelo direito autoral, que passou a se aflorar a partir dos anos 1980, inclusive com sua entrada na AMAR-SOMBRÁS. Com isso, Nei Lopes coloca em contraponto o papel do sambista em oposição à lógica mercadológica, englobando, neste universo, o papel das escolas de samba, suas transformações estruturais e o sambista como objeto de usurpação do mercado:

"No amplo espectro que reflete, hoje, a música popular brasileira de consumo de massas, o samba representa, irrefutavelmente, a corrente principal: bossa-nova, *axé music*, pagode, suingue, manguebeat etc., teoricamente cabe tudo dentro da genérica rubrica samba. Mas apesar de sua importância histórica e mercadológica, o samba é rechaçado, principalmente pela *intelligentzia* colonizada, que só se ocupa dele quando, sem ousar dizer seu nome, leva alguma assinatura identificada, de uma forma ou de outra, com a elite dominante. E isso se faz com que compositores oriundos dos morros e das escolas de samba só sejam focalizados como *cult* principalmente quando morrem, em geral na miséria".[91]

O livro, enfim, representa o que entendo como o pensamento central de Nei Lopes – seu ponto de vista e sua crítica às esferas do universo do samba, envolvendo aí o papel de sambistas, escolas, direitos autorais, relação mercadológica e os descalabros desta manifestação carioca, negra e nacional. É importante salientar que a própria forma como o livro é concebido, do jeito didático, no sentido de orientar tanto especialistas como desconhecedores do samba, possui uma relação íntima com a questão identitária. Entendo aqui a preocupação de Nei Lopes, no momento em que procura ensinar às novas gerações os descaminhos e caminhos do samba, como a preservação de uma identidade.

A produção teatral de Nei Lopes o revela uma pessoa preocupada com as questões raciais. Aliás, esta é uma tendência de sua obra como um todo. Tomando como ponto de partida a peça *O rancho das sereias*, podemos observar os debates articulados acerca da identidade negra como construção e veículo de afirmação.

As peças de teatro de Nei Lopes apresentam um cunho satírico, um recurso muito usado por ele e pelos cronistas de forma geral para fazer suas denúncias, fato que pode ser notado em autores como Lima Barreto e João do Rio ou mesmo nos mais diversos jornais diários do país, tanto nos antigos como nos atuais. A sátira funciona, antes de tudo, como uma provocação. É um recurso que o escritor ou o sambista utiliza para questionar, levantar discussões, polêmicas e provocar as autoridades constituídas, denunciando falcatruas e desmandos. A população normalmente acaba se identificando com esses cronistas, o que, em muitos casos, causa perseguições por parte dos governantes ou mesmo dos próprios dirigentes dos jornais. São públicos e notórios os casos de demissões de cronistas das redações após uma denúncia satirizada sobre alguma autoridade que nem sempre é competente. O cidadão comum, diante de tantos desmandos, cansado de ver seus direitos desrespeitados, acaba se vendo impotente perante alguma transformação e encontra na crônica satirizada o veículo de exteriorização de suas frustrações; por isso, a preocupação das autoridades.

Ao que parece, Nei Lopes entende bem esta questão e emprega, de forma acentuada, este recurso da sátira em seus artigos, canções e crônicas para denunciar o preconceito:

"GAMBOA: Você é moreninha mas não é negra, minha santa! Negro é africano, é sub-raça. Negro é feio, é sujo, cheira mal. E você não é bem assim, não é, queridinha?
SAÚDE: Mas o que que é isso, Dona Gamboa? Isso é papo de *skin-head*!
GAMBOA: Negro não tem passado, não tem história. É infantil, primitivo. Tem que ser paternalizado, porque não sabe se organizar. E quando se mete a religioso, só sabe mesmo é de magia, de superstição."[92]

"MACHADO: No Brasil, popularizou-se o vocábulo 'miscigenação', que é uma das palavras-chave do mito da 'democracia racial' brasileira. Com essa palavra, procurou-se suavizar a violência sexual a que a mulher negra foi submetida durante o período escravista, quando foi transformada em simples animal de carga e objeto de prazer."[93]

"SAÚDE: No início, eu também era mais pelo afoxé. Mas aí fiz uma reflexão: desde o século XIX que as classes dominantes põem em prática todo um conjunto de procedimentos insidiosos. Esses procedimentos caracterizam como incivilizadas, retrógradas, arcaicas e até nocivas as práticas culturais dos afrodescendentes e até mesmo sua presença na sociedade brasileira.

HILÁRIO: Falou bonito, minha sobrinha!

SAÚDE: É assim que a música negra é descrita nos velhos manuais como 'monótona' e 'lasciva'; a religiosidade como um conjunto de 'crendices e superstições'; a medicina tradicional como 'anti-higiênica' e 'inócua' [...] e por aí vai. Essa ideologia é parte integrante da velha estratégia do branqueamento. E é ela que até hoje sustenta as bases do racismo antinegro no Brasil."[94]

Os dois diálogos sintetizam bem a preocupação de Nei Lopes com a questão racial e os estereótipos com que se debate: aqui se observa a negação do "ser" negro e, em caráter latente, a questão do mito da democracia racial brasileira, a idéia de os negros não terem uma história, serem primitivos e não saberem se organizar, fato que justificaria um certo paternalismo por parte das elites brancas, e, por fim, aquela antiga idéia de que candomblé, umbanda e outras religiões não se constituem em um sistema de crenças solidificadas, fundamentadas, mas sim apenas "magias", "superstições" caracterizadas pela superficialidade e não um sistema complexo de crenças. Anteriormente a esta peça, Nei Lopes utilizou a sátira como recurso estratégico de denúncia do racismo no samba *Na intimidade, meu preto*, gravado pelo grupo Fundo de Quintal:

> Não vai na conversa dela
> Essa mulher é espeto
> Na frente dos outros

> Me chama "esse negro"
> E na intimidade, "meu preto"

De certa forma, as peças teatrais de Nei Lopes tomam uma trilha que passa por diversos caminhos, mas que, por fim, convergem em uma mesma direção, seguindo a tendência de sua obra como um todo e as preocupações que debate. Tomei como base apenas o texto *O rancho das sereias*, por acreditar que sua análise cumpre bem o papel de representar este viés de sua produção artística.

A vivência de Nei Lopes no mundo do samba desde a sua iniciação nos anos 1960, a tomada de consciência de sua negritude, as primeiras canções e a profissionalização nos anos 1970 circunscrevem-se em um período de transformações socioeconômicas importantes na história brasileira, de discussão da cultura de massa, mudanças nos padrões das escolas de samba, revoluções na estrutura rítmica do samba, como no Cacique de Ramos, e posteriormente sua cooptação por parte da indústria cultural sob a denominação de pagode, além dos movimentos de reação da cultura popular com o "samba de raiz". Sua obra e sua vida artística transcendem um período que se caracteriza pela efervescência de transformações rápidas, características de seu tempo. Tudo isso irá refletir em sua produção musical ou literária, nas críticas e reações aos novos rumos tomados pela cultura popular brasileira e ao movimento negro. Para entender a construção da identidade carioca e negra sob o prisma de sua obra, é necessário que se faça uma análise do contexto em que suas produções musical e literária se materializaram. Esse ponto será verificado no próximo capítulo.

Notas

[1] ABREU, Regina. "A capital contaminada". In: LOPES, Alexandre Herculano (Org.). *Entre Europa e África: a invenção do carioca*. Rio de Janeiro: Topbooks, 2000.

[2] RODRIGUES, Antônio Edmilson M. e FALCON, Francisco José Calazans. *Tempos modernos: ensaios de história da cultura*. São Paulo: Civilização Brasileira, 2000.

[3] SANTOS, Carlos Nelson F. dos. *A cidade como um jogo de cartas*. Niterói: EDUFF/São Paulo, 1988.

4 CARVALHO, Maria Alice Rezende de. *Quatro vezes cidade*. São Paulo: Sette Letras, 1994.
5 CARVALHO, Maria Alice Rezende de, ob. cit., 1994.
6 COUTINHO, Carlos Nelson. *Cultura e sociedade no Brasil: ensaio sobre idéias e formas*. Rio de Janeiro: DP&A, 2000.
7 RESENDE, Beatriz. *Lima Barreto e o Rio de Janeiro em fragmentos*. UFRJ/UNICAMP: Rio de Janeiro, 1993.
8 BARROS, Orlando de e BARBOZA, Marilena Ramos. "Romantismo e modernidade em Lima Barreto", 1989. Texto não-publicado, apresentado em um seminário realizado na Universidade do Estado do Rio de Janeiro.
9 CARVALHO, Maria Alice Rezende de, ob. cit., 1994.
10 COUTINHO, Carlos Nelson, ob. cit., p. 118.
11 CARVALHO, Maria Alice Rezende de, ob. cit., 1994.
12 RESENDE, Beatriz, ob. cit., 1993.
13 BARROS, Orlando de e BARBOZA, Marilena Ramos, ob. cit., 1989.
14 COUTINHO, Carlos Nelson, ob. cit., p. 148.
15 VELLOSO, Mônica. *Que cara tem o Brasil? As maneiras de pensar e sentir o nosso país*. Rio de Janeiro: Ediouro, 2000, p. 119.
16 VELLOSO, Mônica Pimenta. *As tradições populares na "Belle Époque" carioca*. Rio de Janeiro: FUNARTE, 1988.
17 VELLOSO, Mônica Pimenta, ob. cit., p. 39.
18 VELLOSO, Mônica, ob. cit., 2000.
19 COUTINHO, Carlos Nelson, ob. cit., 2000.
20 BARROS, Orlando de e BARBOZA, Marilena Ramos, ob. cit., p. 4.
21 Idem, ibidem.
22 COUTINHO, Carlos Nelson, ob. cit., 2000.
23 RODRIGUES, Antônio Edmilson M. *João do Rio: a cidade e o poeta – olhar de flâneur na Belle Époque tropical*. Rio de Janeiro: Ed. FGV, 2000.
24 CARVALHO, Maria Alice Rezende de, ob. cit., p. 39.
25 VELLOSO, Mônica Pimenta, ob. cit., 1988.
26 Idem, ibidem, p. 28.
27 RODRIGUES, Antônio Edmilson M., ob. cit., 2000.
28 TRIGO, Luciano. *Marques Rebelo: mosaico de um escritor*. Rio de Janeiro: Relume-Dumará, 1996, p. 35.
29 TRIGO, Luciano., ob. cit., 1996.
30 VELLOSO, Mônica Pimenta, ob. cit., 2000.
31 BARROS, Orlando de. "O cancioneiro dos subúrbios". In: *América Latina: fragmentos de memória*. Maria Teresa Toríbio Brittes Lemos, Andrzej Dembicz, Luiz Henrique Nunes Bahia (Orgs.). Rio de Janeiro: 7 Letras, 2001.
32 BARROS, Orlando de. "Custódio Mesquita, um compositor romântico: o entretenimento, a canção sentimental e a política no tempo de Vargas". Tese de doutorado, São

Paulo, USP, 1995, p. 11. Ver também ALMIRANTE. *No tempo de Noel Rosa*. Rio de Janeiro: Livraria Francisco Alves, 1963, pp. 61-63.

[33] FERNANDES, Nelson da Nóbrega. *Escolas de samba: sujeitos celebrantes e objetos celebrados*. Rio de Janeiro: Arquivo Geral da Cidade do Rio de Janeiro, 2001.

[34] BARROS, Orlando de, ob. cit., p. 143.

[35] Idem, ibidem.

[36] Depoimento em 5/4/2002.

[37] Idem.

[38] Idem.

[39] SODRÉ, Muniz. *Samba, o dono do corpo*. Rio de Janeiro: Mauad, 1998.

[40] SODRÉ, Muniz, ob. cit., p. 45.

[41] Idem, ibidem.

[42] BARROS, Orlando de, ob. cit., p. 12.

[43] SANSONE, Livio e SANTOS, Jocélio Teles dos (Orgs). *Ritmos em trânsito: sócio-antropologia da música baiana*. São Paulo: Dynamis, 1997.

[44] Depoimento em 5/4/2002.

[45] Depoimento em 30/8/2001.

[46] RESENDE, Beatriz, ob. cit., 1993.

[47] LOPES, Nei. *171 – Lapa-Irajá: casos e enredos do samba*. Rio de Janeiro: Folha Seca, 1999, p. 122.

[48] LOPES, Ne, ob. cit., p. 11.

[49] BORGES, Beatriz. *Samba-canção: fratura e paixão*. Codecri: Rio de Janeiro, 1982, p. 23.

[50] BORGES, Beatriz, ob. cit., 1982.

[51] LOPES, Nei, ob. cit., p. 29.

[52] RESENDE, Beatriz, ob. cit., 1993.

[53] LOPES, Nei. *Guimbaustrilho e outros mistérios suburbanos*. Rio de Janeiro: Dantes, 2001, p. 210.

[54] FERNANDES, Nelson da Nóbrega. "O rapto ideológico da categoria subúrbio (1958-1945)." Dissertação de mestrado, UFRJ/PPGG, Rio de Janeiro, 1995.

[55] Trecho da peça *O rancho das sereias* ("Dona Gamboa, Saúde")

[56] Idem.

[57] Idem.

[58] RESENDE, Beatriz, ob. cit., p. 98.

[59] LOPES, Nei. *Bantos, malês e identidade negra*. Rio de Janeiro: Forense, 1988, p. 4.

[60] LOPES, Nei, ob. cit., pp. 181-182.

[61] LOPES, Nei, ob. cit., p. 187.

[62] *Caros Amigos*, julho de 1999, p. 16.

[63] Depoimento em 30/8/2001.

[64] Idem.

[65] Programa semanal "A vida é um show", exibido pela emissora Rede Brasil em 2001.

66 Depoimento em 30/8/2001
67 Idem
68 Depoimento em 5/4/2002.
69 Idem.
70 Idem.
71 Idem.
72 Depoimento em 30/8/2001.
73 LOPES, Nei. "O samba na realidade: a utopia da ascensão social do sambista". Rio de Janeiro: Codecri, 1981, p. 16. Ver também, do mesmo autor, *O negro no Rio de Janeiro e sua tradição musical*. Rio de Janeiro: Pallas, 1992.
74 LOPES, Nei. "O mito da democracia e o carnaval". *Revista Veredas*, nº 62, ano 6, fevereiro de 2001.
75 LOPES, Nei, ob. cit., p. 56.
76 FERNANDES, Nelson da Nóbrega, ob. cit., p. 56.
77 Depoimento em 30/8/2001.
78 LOPES, Nei, ob. cit., p. 119.
79 Idem, ibidem.
80 Idem, ibidem.
81 LOPES, Nei, ob. cit., p. 201.
82 Idem, ibidem.
83 VARGENS, João Batista M. *Candeia: luz da inspiração*. Rio de Janeiro: Martins Fontes/ FUNARTE, 1987, p. 37.
84 CANDEIA & ISNARD. *Escola de samba, árvore que esqueceu a raiz*. Rio de Janeiro: Lidador/SEEC, 1978. p. 32
85 Idem, ibidem, p. VII.
86 *Caros Amigos*, julho de 1999, p. 17.
87 Depoimento em 5/4/2002.
88 Jornal *Direitos Já* (AMAR-SOMBRÁS), nº 60, dezembro (2001) e janeiro/fevereiro (2002).
89 Depoimento de Maurício Theodoro em 26/2/2003.
90 LOPES, Nei. *Sambeabá: o samba que não se aprende na escola*. Rio de Janeiro: Casa da Palavra/Folha Seca, 2003, p. 15.
91 LOPES, Nei, ob. cit., p. 52.
92 Trecho da peça *O rancho das sereias* ("Dona Gamboa, Saúde").
93 Idem.
94 Idem.

4. Canção popular no tempo de Nei Lopes
Cultura de massa e samba de raiz

Resista, que o dever do artista é resistir,
para não morrer vivo e nem cativo sucumbir.
(Zé Luiz/Nei Lopes)

As discussões acerca do samba nas últimas décadas, nos meios acadêmicos e na mídia escrita, embora circunscrevam universos dos mais variados, debatendo temas como autenticidade, tradição e identidade, não deixam em menor proporção a questão da inserção do samba como gênero de canção nos meios de comunicação de massa. As prerrogativas de um embate envolvendo a relação samba e mercado, ou mesmo genericamente falando canção popular/mercado, são variáveis e múltiplas. O que pretendo discutir neste capítulo, mesmo não aprofundando – uma vez que o recorte teórico deste trabalho e as limitações que o mesmo impõe impedem uma maior discussão sobre a referida questão –, é como a obra de Nei Lopes se articula dentro de uma lógica de mercado que envolve a produção da arte e seu consumo.

Segundo Edgard Morin, a denominação cultura de massa foi "descoberta" pela sociologia americana no final da Segunda Guerra Mundial. Até então, o que se entendia por cultura de massa era, na verdade, uma "terceira cultura", denominada *mass culture*, que já na segunda metade do século XIX demonstrava seus primeiros sinais de existência. A partir dessa época, há um progresso da técnica, que não se volta mais para o domínio, mas para o interior do homem, lugar onde esta cultura irá "derramar" suas mercadorias culturais.¹

Ela surgiu, diz Morin, a partir do desenvolvimento da imprensa, do rádio, da televisão e do cinema, criando uma história paralela às culturas clássicas, religiosas ou humanistas e nacionais. A produção da cultura de massa se dá obedecendo a normas industriais e, por sua vez, destina-se a uma gigantesca massa social. A cultura de massa se acrescenta à cultura nacional e às culturas clássicas, como as humanistas ou religiosas, concorrendo com as mesmas. É importante lembrar que ela não pode ser considerada autônoma. Em alguns casos, ela se apossa de elementos dessas culturas.²

A cultura de massa, como foco de discussão, ao mesmo tempo em que se coloca no centro de profundas críticas, encontra espaço para que seus defensores se manifestem. Orlando de Barros nos assevera que Umberto Eco estabelece um paralelo entre os seus prós e contras, sendo seus críticos os "Apocalípticos" e os defensores, os "Integrados". Embora levante argumentos a favor desta cultura, Eco não deixa de observar que os discursos dos defensores são simplistas, ausentes de uma perspectiva crítica e, na maioria das vezes, ligados a interesses de produtores.³ Pode-se ver, observando a análise de Barros sobre Eco, que este autor toma, na verdade, uma posição bem clara e definida.

No caso brasileiro, houve, durante determinado período, um "silêncio" sobre a cultura de massa no Brasil. Somente a partir dos anos 1970, o interesse pelo tema começa a crescer. A explicação reside no fato de a cultura artística e a de mercado não se manifestarem como formas antagônicas até esta época. Além disso, a modernização brasileira foi assumida no país como um valor em si, sem ser questionada, pois a mercantilização da cultura foi pensada como sinônimo de modernização nacional.⁴

Na década de 1940, há uma consolidação da sociedade urbano-industrial no Brasil. Por isso, somente a partir desta época é que se pode falar de uma cultura popular de massa no país. Até este período, havia obstáculos no modelo capitalista brasileiro que colocavam limites para o crescimento de uma cultura popular de massa brasileira.⁵ Anterior a isso, na década de 1930, no que se refere ao samba, há uma notável mudança. O início da década de 1930 é o momento de transição e estruturação do mecanismo radiofônico como uma empresa que busca rentabilidade. O negro, na qualidade de agente social da cultura das classes menos favorecidas, irá encontrar na radiodifusão uma alternativa de mobilidade social. Ao se inserir no mercado fonográfico, o samba iria sofrer algumas transformações estruturais; por isso se afirma que justamente neste instante surgem os primeiros críticos sobre a música popular.[6]

A cultura brasileira, como qualquer outra cultura, não é homogênea ou, melhor dizendo, caracteriza-se pela extrema diversificação face aos processos de colonização econômica e cultural, às migrações e influências dos mais diversos matizes. Para autores como Alfredo Bosi, a cultura brasileira encontra como fator diferenciador o uso e sentido do tempo, pois, no Brasil, os ritmos das culturas são diversos. O andamento dos meios de massa coloca as culturas em sincronia com a produção e o mercado próprio de uma sociedade capitalista de feições nacionais.[7]

Porém, há também, em relação à cultura de massa, uma forma de resistência. A "outra cultura", podendo ser a dos iletrados, que vivem abaixo do limiar da escrita, ou a erudita, conquistada pela escolaridade média ou superior. Embora essas duas "culturas" estejam circundadas por meios de comunicação massivos, guardam certa capacidade de resistência. Segundo Alfredo Bosi, "o tempo da cultura popular é cíclico. Assim, é vivido em áreas rurais mais antigas, em pequenas cidades marginais e em algumas zonas pobres, mas socialmente estáveis, de cidades maiores. O seu fundamento é o retorno de situações e atos que a memória grupal reforça atribuindo-lhes valor".[8] Pode-se entender que a condição para que as práticas populares sobrevivam é o seu enraizamento, característica de que a indústria e o comércio cultural são desprovidos.

A estrutura dos meios de comunicação de massa implica a formação de uma imagem estandardizada da sociedade, fato que resulta na aceitação, por parte do público que a recebe, da ordem social vigente. O samba de "raiz" irá se opor a esta ordem. "Ao se transplantarem para os veículos de massa, os elementos da cultura tradicional passam pelo crivo ideológico do sistema, que aproveita apenas as formas (os significantes do mito) mais propícias à inoculação da consciência histórica da classe dominante."[9] A pergunta que se faz é: como o samba irá se opor à ordem imposta pelos veículos de comunicação de massa? Em primeiro lugar, vamos analisar a argumentação de Nei Lopes sobre o "sambista de raiz".

> "No meu modesto entender, um sambista de raiz serve como ponte entre o ontem e o amanhã; como referencial e também como baluarte – no sentido de 'suporte, apoio, sustentáculo' e também no de fortaleza inexpugnável contra as investidas destruidoras [...] Nos anos 1960, quando a 'Redentora' prendia e arrebentava, onde o pessoal do CPC foi buscar música para resistir à Ditadura? No samba-jazz, no samba-canção, na bossa-nova? Não! Os chamados para salvar a pátria foram os Zé Keti, Cartola, Nelson Cavaquinho, Padeirinho, Geraldo 'Brechó' das Neves, João Laurindo e outros poetas dos morros, de repente transformados em ídolos pela juventude dourada."[10]

Como se pode observar, Nei entende os sambistas da "velha guarda" como guardiões de uma tradição e elementos que intermedeiam os valores de sua cultura no momento em que são passados para as novas gerações. São pessoas que contêm uma história particular e uma vivência em um universo cultural que define a própria identidade do samba e de suas comunidades. A partir do momento em que estes "baluartes" se vêem impedidos de contribuir para a cultura do país com as suas canções, letras e tocar seus instrumentos, o samba perde definitivamente seu posto de afirmação e singularização das classes menos favorecidas, seus predicados de resistência, ou corre o risco de ceder aos domínios totais dos meios de comunicação de massa. O "samba de raiz" procurará manter as estruturas de afirmação de identidade, criando focos de resistência cultural frente a uma mídia avassaladora e destruidora das manifestações culturais populares e principalmente negras. A música produzida por estes grupos, mesmo não tratando diretamente de questões políticas em suas letras, servirá de base ideológica para arquitetar uma oposição aos grupos hegemônicos dominantes. Portanto, o fato de simplesmente estar se fazendo samba já pode ser considerado uma resistência.

Muniz Sodré exemplifica bem a situação descrita. Para ele, depois dos anos 1930, o carnaval foi gradativamente convertendo-se em um espetáculo a ser consumido por um público de massa. Com a apropriação do carnaval por parte desta cultura, passou-se a impor-lhe valores da cultura oficial:

> "Os temas cívicos ou históricos nos enredos das escolas de samba, a coreografia teatral, a decoração das ruas por coreógrafos ou decoradores profissionais. Os foliões de rua foram substituídos pelos virtuoses do samba e dos instrumentos de percussão, que logo encontraram um campo de ação profissional em cinema, shows de teatro ou de televisão."[11]

A carreira artística de Nei Lopes começou na década de 1970. Nesse período, segundo Tinhorão, iniciou-se a ocupação de todos os espaços ligados à musica popular urbana no Brasil pela música americana. Aliado a isso, houve também um crescimento da indústria do som e de instrumentos eletro-eletrônicos nos países exportadores das modas musicais. Assim, após esta dominação do mercado de música popular no Brasil, a partir da década de 1960, pelo *rock and roll* e por suas múltiplas variações, além da imposição de estilos oriundos dos guetos americanos e caribenhos, como *funk, break, rap, hip-hop* e *reggae*, as produções musicais oriundas de culturas regionais passaram a ser vistas como uma atividade praticamente clandestina no país. Então, a partir dos anos 1980, os gêneros urbanos foram, de forma progressiva, esquecidos ou passaram a reaparecer momentaneamente. Isto representa o que Tinhorão classificou de "explosões eventuais de um ou outro gênero ou estilo de música urbana realmente brasileira, irrompidas como modas temporárias ao sabor dos interesses da indústria do disco."[12] A partir daí, as canções "brasileiras" que surgiram nos anos 1980 comprovariam apenas a expansão da penetração que os ritmos oriundos da cultura de massa internacional alcançavam dentro das camadas populares. Surgiram, então, os chamados "ritmos baianos", como a *lambada*, o *axé music* e outros. Mesmo se tratando de gêneros "descartáveis", diz Tinhorão, estas músicas desempenharam papel relevante a serviço da indústria de consumo e, além disso, ao lado destas "novidades" no meio musical brasileiro, ocorreu o que ele chamou de instauração definitiva da divisão internacional do trabalho na área de lazer, sob o comando das indústrias de som na década de 1990. Isto foi possível com o aproveitamento dos ritmos populares como matéria-prima e com o recrutamento de músicos brasileiros para gravar em estúdios americanos. Então, diz Tinhorão:

> "Enquanto para o orgulho da classe média colonizada as multinacionais do disco passavam a internacionalizar os sons brasileiros a partir de suas matrizes – da mesma maneira os banqueiros já vinham internacionalizando o resultado do trabalho de milhões de brasileiros, sob a forma de cobrança de uma dívida de bilhões de dólares – as camadas mais humildes, herdeiras de um *continuum* cultural de quase cinco séculos, continuavam a bater vigorosamente por todo país os seus bumbos no compasso tradicional do 2/4, à espera de sua vez na história, talvez no século XXI".[13]

Como se pode observar, Nei Lopes e sua música se inserem no mundo artístico num período de intensa transformação no panorama musical brasileiro e de efervescência na discussão em torno da cultura popular e de massa. Além disso, o mundo do samba sofreria uma mudança significativa entre o final dos anos 1970 e o início de 1980, período em que esse ambiente irá claramente ilustrar o processo de cooptação de gênero popular, egresso das camadas subalternas pela cultura de massa.

No final dos anos 1970 e no início de 1980, o samba sofreria um processo de recodificação de suas estruturas. Ele se depararia com uma forma inovadora e revolucionária de se fazer samba. Para Nei Lopes, foi "a única revolução surgida na música brasileira depois da bossa nova".[14] A este respeito, é importante abrir um precedente: Nei Lopes aponta a bossa nova como uma revolução na música brasileira e também não se opõe totalmente a este gênero, como se pode observar adiante.

> "Esteticamente eu gosto. Mas politicamente foi um ato de entreguismo: os caras resolveram fazer um samba pra gringo entender, sem pandeiro, cavaco, sem polirritmia. O chato é que deu certo. E tem coisas muito

bonitas na bossa nova. Do ponto de vista harmônico, eu não leio música mas sinto, foi um avanço extraordinário. Noutro dia, assisti num documentário de TV o Chico Buarque dizer que não se ligou nos Beatles porque aquela música de 'três acordes' era muito primária diante do que a bossa nova já tinha avançado. E ele tem razão. Mas politicamente acho que a bossa nova inicial foi racista e discriminatória: 'Só danço samba, só danço samba [...] mas samba branco' , eles pareciam dizer."[15]

Analisando o comentário de Nei Lopes, é importante observar que mesmo na bossa nova é possível encontrar elementos da cultura negra em sua constituição. Em canções como as de Baden Powel, Vinícius de Morais e Toquinho, há uma referência africana, principalmente ao candomblé. Este fato provém de vivências que estes autores tiveram na Bahia. São crenças, lendas e trechos de canções retiradas dos terreiros. O próprio cantor João Gilberto foi muito importante nas gravações que fez das músicas de Geraldo Pereira, Ary Barroso e outros. Além do mais, a bossa nova tem em sua estrutura rítmica a gênese do samba, o compasso binário e a forma de se tocar. Em parte, de fato a bossa nova "embranqueceu" o samba, mas, como os seus representantes são múltiplos e variados, isso incorre em uma falha generalista de análises desta manifestação cultural. No Rio de Janeiro, a partir da obra de alguns compositores, pode-se observar que a bossa nova procurou mostrar mais uma cidade branca e elitista de Zona Sul (local que nos anos 1960 e recentemente, em menores proporções, representa o *locus* das classes mais favorecidas), negando sua própria origem negra e popular. Mas, em contrapartida, esse movimento não gerou uma voz uníssona. Os critérios identitários utilizados nas músicas negras também são encontrados em suas canções, principalmente por aqueles artistas citados neste trabalho que foram fortemente influenciados pela religiosidade negra.

O próprio Nei Lopes concorda com esse aspecto. No artigo escrito para o jornal *Direitos-Já* intitulado "A bossa nova e o retrato da vovó", ele faz uma análise desse movimento a partir dos anos 1950 com referência à obra de João Gilberto. A canção desta época apresentada por João Gilberto, diz Nei, é um novo modo de cantar e compor samba, incluindo novos elementos harmônicos dentro de sua estrutura musical. Depois de João Gilberto, viria acoplar a este movimento um grupo de músicos de classe média alta, formação universitária em sua maioria e o que denominou Nei Lopes de "altamente colonizados pela 'política de boa vizinhança' emanada do Departamento de Estado norte-americano após a Segunda Guerra. Reverentes ao *'jazz'* e aos valores do *'american way of life',* esse grupo parte das experiências formais de João para, conscientemente, tentar 'simplificar' o samba tradicional e adequá-lo a certos padrões internacionais".[16] Mas o movimento inicial da bossa nova iria sofrer um revés após o golpe militar de 1964 e dos acontecimentos de 1968, havendo um rompimento dentro deste. Enquanto uma parte procurava manter as estruturas iniciais com temas amenos e descompromissados com a realidade brasileira, a outra procurava uma temática mais popular e voltada à participação mais ativa nos movimentos sociais brasileiros. Esse divisor de águas foi fundamental, diz Nei, para a entrada do sambista tradicional nos meios jovens e universitários. Por isso, ao concluir, Nei Lopes afirma: "[...] é importante ressaltar que a denominação 'bossa nova', no nosso entender, diz respeito mais a um estilo de compor e interpretar o samba do que a um gênero musical."[17]

Portanto, quando Nei Lopes faz referência à bossa nova como "samba branco", na verdade, está-se referindo àquele primeiro grupo e sua crítica se consubstancia na negação que faz do samba e de suas raízes africanas, como se a bossa nova escondesse sua própria negritude, "a coisa então funciona como naquelas famílias bacanas que escondem o retrato do avô. Porque, se botar na parede, todo mundo vai ver o nariz achatado, a beiçola e a carapinha".[18]

José Ramos Tinhorão, cujo pensamento fornece a base para a crítica musical de Nei Lopes, faz uma discussão similar a respeito da bossa nova.[19] Segundo afirma, nos idos da década de 1950, um grupo de jovens, oriundos de classes mais abastadas, passou a se reunir em Copacabana para, mesmo amadoristicamente, tocar samba em estilo de *jazz*, incorporando-lhe novos elementos estéticos musicais. Estes jovens, segundo Tinhorão, estavam preocupados em buscar uma alternativa para o samba, acusado de não evoluir e produzir uma voz uníssona que apenas falava de morro e barracão. Nesse período, chegaria ao círculo destes jovens um violonista criador de uma forma inteiramente nova de se fazer este samba, que, em pouco tempo, se transformaria em um tipo híbrido de canção popular e símbolo dessa juventude: a bossa nova.

Tinhorão assevera que a bossa nova, apesar de iniciada dentro de uma preocupação internacionalista, não conseguiu impor-se no mercado estrangeiro como um produto brasileiro. Devido a este fato, o movimento bossa-novista procurou uma aproximação com o "povo". Mas os vários processos e projetos envolvendo esta "aliança" entre a produção desses jovens e a do "povo" fracassaram, porque os compositores da classe média insistiam em fazer esta comunhão sob seu prisma; aquilo que Tinhorão chamou de "imposição autoritária" do estilo bossa nova. Este fato fez com que estes artistas abandonassem a experiência e seguissem outros vieses, como nas gerações seguintes de compositores da bossa nova.

A breve introdução sobre bossa nova serve para demonstrar que os critérios evocados por seus proponentes não residem apenas na letra, mas, principalmente, no suporte musical das canções. O propósito não é abordar a dicotomia entre samba e bossa nova, até porque, a meu ver, ela simplesmente não existe; bossa nova e samba não são gêneros antagônicos; apenas estilos diversos. É importante salientar que não se deve apenas olhar a estrutura musical e, de forma determinista, alegar que a utilização de outros gêneros, por parte do compositor, pode ser considerada "abandono" de identidade. A bossa nova, por meio de vários intérpretes, também desenvolveu uma linguagem singular e brasileira, com a evocação de elementos da cultura negra. Na verdade, a variedade de gêneros musicais deve ser estudada dentro de sua relação com o intérprete e este com o mercado. Deve-se observar de que forma a indústria cultural coopta, utiliza e manipula a produção cultural. Nos dias atuais, com a "explosão" do gênero *axémusic*, que em muitos casos faz referência aos elementos negros nas letras e nas estruturas musicais, não são traduzidos, como na obra de Nei Lopes ou mesmo naquela que se poderia chamar segunda geração da bossa nova, os elementos de afirmação de identidade. Neste último caso, a produção se apresenta inserida num discurso preestabelecido e elaborado pelos meios de comunicação de massa, mostrando apenas uma imagem caricatural do elemento negro.

A conclusão a que pretendo chegar na discussão bossa nova/samba é que o samba de fato, pelas origens e pela história, evoca elementos que são mais veementes para caracterizar as identidades negra e carioca, bem como para se apresentar como porta-voz da brasilidade. Todavia, é importante saber que, em se tratando de identidade, não é apenas um elemento que vai se apresentar como original e verdadeiro. Existem, como no caso da bossa nova, outras formas de linguagem de afirmação de uma nacionalidade. O samba apenas se apresenta como um elemento que reforça esta linguagem.

Mas, voltando à revolução promovida pelo grupo Fundo de Quintal, é importante salientar que a diferença fundamental em relação ao samba oriundo do Cacique de Ramos reside no fato de este último representar, tal como a bossa nova, um cunho ideológico tanto nas letras quanto na estrutura. O primeiro movimento tratou inicialmente de retratar, pelo menos em parte, um Rio de Janeiro "branco", da Zona Sul e das classes mais favorecidas. O segundo movimento, por sua vez, iniciou uma busca de resgate e afirmação promovendo uma revolução dentro da própria tradição musical brasileira.

Esta revolução foi possível devido à criação nos anos 1960 do bloco carnavalesco Cacique de Ramos, pelos irmãos Bira e Ubirany (presidente e vice-presidente respectivamente). As rodas de samba começaram, na verdade, a partir de 1974, nas reuniões de quarta-feira. Destes encontros eventuais, surgiu o Grupo Fundo de Quintal, com a formação inicial de Bira, Ubirany, Sereno, Jorge Aragão, Neoci, Almir Guineto e Sombrinha. A partir daí, vários outros freqüentadores do Cacique despontaram no mercado musical. As inovações consistiram em substituir alguns elementos tradicionais do samba e na incorporação de outros como o tantã, repique-de-mão e o banjo na afinação do cavaquinho.[20] Diz Nei Lopes:

> "O grande lance é que eles vestiram o samba tradicional com uma nova roupagem rítmica, introduzindo instrumentos como banjo, tantã e repique-de-mão no lugar dos instrumentos convencionais. A nova instrumentação trouxe dinâmica diferente ao velho ritmo. E o tipo de reunião informal que deu nascimento e nome ao grupo (nos fundos do velho quintal do Cacique), passou a designar uma forma muito procura-

da de diversão popular, os 'pagodes de fundo de quintal' ou, simplesmente, os 'fundos de quintal' daí até a apropriação pela indústria cultural foi um pulo. Então 'pagode' passou a rotular um suposto novo gênero musical, sujeito a todo tipo de diluição – à qual o grupo, passando por várias formações mas mantendo a estrutura básica, vem procurando resistir."[21]

O segundo movimento foi erroneamente denominado de pagode. Acontece que este termo não é em si o sinônimo de gênero musical; na verdade, tratou-se de uma cooptação da indústria cultural. Utilizado na linguagem musical brasileira e na portuguesa desde o final do século XIX,[22] o termo *pagode* significa reunião, e não um gênero musical como a mídia leva a população a acreditar.[23]

A explosão deste movimento ocorreu em 1986, com Zeca Pagodinho, Almir Guineto e Jovelina Pérola Negra. O movimento se manteve até aproximadamente 1988, quando a indústria cultural direcionou os investimentos para outros gêneros comerciais de música, como a lambada e o sertanejo.

Em 1992, novos grupos despontariam no cenário musical, agora sob o rótulo de pagode, mas com uma roupagem que se distanciaria do samba feito pelo Fundo de Quintal. Embora a estrutura permanecesse parecida, a forma e o conteúdo destes grupos se aproximariam mais do pop romântico. "O que, então, a indústria do lazer chama, hoje, de 'pagode' é o samba sem síncopas, de melodias e harmonias primárias e letras infantilmente erotizadas, com arranjos sempre previsíveis."[24]

Foi neste contexto de discussão entre cultura de massa e samba de raiz, principalmente nos anos 1970, que a música de Nei Lopes chegou ao mercado. Os principais sucessos foram gravados por Beth Carvalho, Alcione, Zezé Mota, Roberto Ribeiro e Clara Nunes. A partir de então, sua obra, inclusive a literária, passou a circular neste ambiente em clara contraposição aos meios de comunicação de massa. O samba de raiz não é propriamente um gênero musical; esta expressão é utilizada para criar uma espécie de rótulo que identifique o samba apresentado como "verdadeiro", mais próximo das origens e estruturas tradicionais. Designa principalmente uma diferenciação em relação ao "pagode", inventado pela indústria cultural numa tentativa de distanciar o gênero samba como um todo do estilo que se apresenta na mídia.

A canção de Nei Lopes, para mim, está diretamente relacionada à conotação "samba de raiz", embora eu acredite ser este termo mais uma diferenciação do que uma característica propriamente dita do samba.

Notas

[1] MORIN, Edgard. *Cultura de massas no século XX*. Rio de Janeiro: Forense, 1969.

[2] MORIN, Edgard, ob. cit., 1969.

[3] BARROS, Orlando de. "Custódio Mesquita, um compositor romântico: o entretenimento, a canção sentimental e a política no tempo de Vargas". Tese de doutorado, São Paulo, USP, 1995. Ver também ECO, Umberto. "A cultura de massa no banco dos réus". In: *Apocalípticos e integrados*. São Paulo: Perspectiva, 1979.

[4] ORTIZ, Renato. *A moderna tradição brasileira*. São Paulo: Brasiliense, 1988.

[5] Idem, ibidem. Ver também BARROS, Orlando de, ob. cit., p. 5 e SODRÉ, Muniz. *A comunicação do grotesco: um ensaio sobre a cultura de massa no Brasil*. Petrópolis: Vozes, 1971, p. 24. Estes autores consideram a cultura de massa no Brasil como fenômeno que desponta em uma época anterior ao surgimento da televisão, nos anos 1930, durante o período Vargas, a partir da "Era do rádio".

[6] CARVALHO, Luiz Fernando Medeiros de. *Ismael Silva: samba e resistência*. Rio de Janeiro: José Olympio, 1980.

[7] BOSI, Alfredo. "Plural, mas não caótico". In: *Cultura brasileira: temas e situações*. São Paulo: Ática, 1987.

[8] BOSI, Alfredo, ob. cit., p. 11.

[9] SODRÉ, Muniz, ob. cit., p. 22.

[10] LOPES, Nei. *Guimbaustrilho e outros mistérios suburbanos*. Rio de Janeiro: Dantes, 2001, p. 177.

[11] SODRÉ, Muniz, ob. cit., p. 35.

[12] TINHORÃO, José Ramos. *História social da música popular brasileira*. São Paulo: Ed. 34, 1998, p. 344.

[13] TINHORÃO, José Ramos, ob. cit., p. 345.

[14] LOPES, Nei. "A propósito do samba de raiz", Jornal *Direitos Já*, nº 52, novembro/dezembro(1999) e janeiro (2000).

[15] Depoimento em 30/8/2001.

[16] Jornal *Direitos Já* (AMAR-SOMBRÁS), nº 57, janeiro/fevereiro/março (2001).

[17] Idem, ibidem.

[18] Idem, ibidem.

[19] TINHORÃO, José Ramos, ob. cit., 1998.
[20] GALINSKY, Philip. "Co-Option, Cultural Resistance, and Afro-Brazilian Identity: A History of the Pagode Samba Movement in Rio de Janeiro". In: *Latin American Music Review*, vol. 17, n. 2, outono/inverno, 1996. Ver também jornal *Direitos Já* (AMAR-SOMBRÁS), nº 60, dezembro (2001) e janeiro/fevereiro (2002).
[21] LOPES, Nei, ob. cit., p. 197.
[22] LOPES, Nei, ob. cit., 1999.
[23] GALINSKY, Philip, ob. cit., 1996.
[24] LOPES, Nei, ob. cit., 1999.

5. Canção popular e a representação na obra de Nei Lopes

> *Nem reis, nem barões*
> *comprarão a consciência,*
> *de quem faz arder*
> *a chama da resistência.*
> (Zé Luiz/Nei Lopes)

A diversidade dentro do samba é evidente. As influências, vivências e origens de seus agentes determinam, em parte, suas características. Por outro lado, a relação com o mercado e o intérprete delimita outras formas. Por fim, é importante ressaltar que, desde 1917, data marcante para este gênero, até os dias atuais, o samba sofreu uma série de transformações em sua estrutura musical e, além dessas transformações evolutivas na música, existe uma diferença que sempre deve ser acentuada em se tratando de canção popular, pois, a título de exemplo, podemos observar o samba em seu estilo singular que figura como a maior forma de expressão de identidade: o partido-alto. Existe uma diferença ampla entre a música gravada e a cantada em um terreiro ou quadra de escola de samba. O caráter espontâneo da criação e da improvisação do "partido" não pode ser, em hipótese alguma, reproduzido de forma equivalente no estúdio. Embora as gravações tentem levar esta atmosfera para os discos, o resultado é apenas uma forma caricatural do ambiente no qual o sambista exerce a sua criação. Quando a canção popular atinge o disco e, conseqüentemente, o mercado, ela sofre, em sua estrutura, transformações que a adequarão às novas formas tecnológicas. Mesmo que esta música não atinja, em grandes proporções, os meios de comunicação de massa, as mudanças virão. Não pretendo entrar na discussão do mérito se as questões são favoráveis ou não à difusão do gênero ou à sua descaracterização; a única observação é que o sambista preservará, ao máximo, a estrutura tradicional do samba, como uma forma de manter sua identidade e sua referência à africanidade deste gênero.

A canção de Nei Lopes, em sua construção, reflete um emaranhado de estilos que distingo de três formas: o partido-alto – estilo mais importante para este trabalho, pelo caráter identitário implícito em suas estruturas; samba sincopado e o de breque, que são canções cujo estilo não se enquadram especificamente em nenhuma tendência mais singularizante dentro do gênero samba, ou seja, aquela forma mais tradicional de fazê-lo, e, por fim, "outros" estilos, com parcerias mais recentes, que possuem uma particularidade em sua obra e mesmo na canção popular brasileira de forma geral.

Partido-alto

Falar de samba não significa, como já dito, fixar-se em uma única forma de gênero. Subdividindo-se em vários estilos, encontra até mesmo em determinados contextos um certo grau de polarização, que se acentua com o antagonismo dos temas propostos: trata-se, como exemplo, do samba propriamente dito e do samba-canção. Segundo Rafael José de Menezes Bastos, o antagonismo no samba acirrará uma disputa a partir dos anos 1950, deslocando o conflito para o plano da etnicidade, com o samba-canção sendo acusado de branqueamento. "Com a bossa nova, na década de 1960, a polêmica seguirá novos rumos e a dicotomia novo/velho se torna uma importante baliza. Aqui, a questão das relações entre os papéis sexuais assume grande relevância."[1] A discussão samba/bossa nova será examinada adiante. Desejo afirmar, a princípio, a partir do exemplo citado, que o samba é um gênero que se subdivide em vários estilos, o que vem reforçar a idéia de sua multiplicidade de linguagens.

A canção, como dito anteriormente, é política, essencialmente campo de discurso, seja por colher as falas comuns das relações sociais, desviar a atenção das massas, produzir modelos de comportamentos, seja por elevar a voz dos grupos socialmente excluídos do sistema. A música é política no momento em que passa a expressar um conteúdo ideológico.²

Beatriz Borges, ao analisar o samba-canção, assevera que os sentimentos e valores que despontam nas produções deste gênero permitem observá-los como um bloco de valores que revelam uma coletividade. Uma comunidade é um grupo de indivíduos ligados entre si por interesses, valores e sentimentos comuns. Portanto, o convívio entre seus membros marca a produção do samba-canção, assim como a vida dos compositores em sua classe.

> "Assim, sem tentar ainda discutir a genialidade de um ou de dois ou quem sabe de todos os mestres do samba, cuja produção está nos interessando, penso num sistema simbólico de letras e canções, perdendo de vista o criador como um eu individual e vendo-o mais como um ser de classe (até de uma classe de compositores). E sua produção, em meio a outras do mesmo gênero, pode ser vista como uma criação coletiva."³

Embora os autores acima trabalhem a temática romântica – o primeiro, a produção de Custódio Mesquita, e o segundo, o samba-canção –, devemos concordar com os aspectos discursivos que debatem. A canção é, de fato, um discurso e também o resultado de vivências, situações cotidianas, sentimentos comunitários e familiaridade. Por isso, nesse contexto se enquadra a canção de Nei Lopes, tanto no que se refere ao discurso identitário enquanto negro e carioca, como também em relação ao compromisso com as temáticas românticas. Para autores como Sulamita Vieira, a canção vista como um discurso ou uma linguagem leva consigo a força da transformação, traduz idéias, sentimentos e viabiliza comunicações, pois atua na produção e na reprodução de valores e símbolos incorporados pela sociedade.⁴ A canção de Nei Lopes é tratada neste trabalho sob este viés. Pretendo mostrar como Nei reproduz e constrói os valores e símbolos mencionados por autores como Sulamita Vieira.

As temáticas das canções de Nei Lopes são as mais variadas e, dessas, merece um pequeno destaque a romântica, que não pode ser tratada como uma produção "separada" dos demais temas: ela tem de ser observada dentro de um contexto social, no qual a análise dos papéis de seus atores deve ser levada em conta, pois é nesta relação entre homem e mulher que observamos nas entrelinhas aspectos de nossa cultura. A música romântica demonstra, em grande parte, uma relação social e ao mesmo tempo expressa seus valores. É importante ressaltar ainda que, em muitos casos, a temática das canções românticas não expressa apenas os símbolos de seus grupos sociais, mas também uma nacionalidade. Se tomarmos como exemplo *Garota de Ipanema*, de Tom Jobim e Vinícius de Morais, e *Fez bobagem*, de Assis Valente, podemos notar, por um lado, diferenças extremas dentro de uma mesma temática, e, por outro, uma convergência no que se refere à relação homem/mulher em nossa sociedade.

Garota de Ipanema faz parte do repertório da bossa nova e sua temática nos conduz a uma visão masculina em relação a uma mulher. Em primeiro lugar, a bossa nova – como veremos mais à frente – é uma canção com fortes ligações com o ambiente mais elitizado, possuindo um certo distanciamento das camadas populares. Isso pode ser observado nas temáticas e na própria estrutura da canção, pelo menos genericamente. A canção expressa a visão de seu ator principal observando sua amada. Ao mesmo tempo em que a descreve com seu "caminhar" e seu "corpo dourado", ele a situa, em *locus*, a caminho do mar. Na verdade, a canção como um todo simboliza a Zona Sul carioca, que até os dias atuais e em maior intensidade na década de 1960, no auge da bossa nova, era o referencial da elite carioca. Portanto, trata-se de uma visão do homem a respeito da mulher, mas, neste caso, é uma relação "branca", intraclasses e de Zona Sul, envolvendo características pertinentes a este grupo social. O homem, na canção *Garota de Ipanema*, assume uma fala em contraposição à sua própria "superioridade" em relação à mulher no meio social, ou seja, uma inversão de papéis. Parafraseando a canção de Sinhô, descerá da nobreza demonstrando toda a sua sentimentalidade e permitindo-se falar de suas dores e angústias, contrariando todo aquele ideal de masculinidade que permeia nossa cultura. A que conclusão se pode chegar nesta análise? *Garota de*

Ipanema, por sua estrutura musical e temática, demonstra uma particularidade da relação homem/mulher em determinado grupo social, mas, ao mesmo tempo em que particulariza uma questão, demonstra genericamente um aspecto da cultura brasileira como um todo.

Na letra de *Fez bobagem*, o *locus* em que os atores se situam é referenciado na favela; a alusão ao tratamento de "moreno" ao parceiro demonstra um dos aspectos da vivência das camadas populares. Outra característica desta canção é a sua particularidade, pois, nela, o sujeito da ação não é o homem, mas a mulher, exemplo muito raro na canção popular brasileira. A estrutura da canção, os elementos simbólicos e seu discurso revelam traços que a situam no cotidiano das camadas menos abastadas. A canção expressa, tal qual *Garota de Ipanema*, uma relação intraclasse, mas, neste caso, negra e mestiça, favelada e além disso, é possível observar até mesmo traços do simbolismo de negritude em sua letra como o requebrar. O discurso parte de um sujeito feminino, não contrariando a "lógica" de nossa cultura, na qual a mulher se coloca no "direito" de revelar seus sentimentos; portanto, embora a fala se contraponha à canção *Garota de Ipanema*, ela singulariza a relação de uma determinada classe social e também de uma cultura nacional.

Para uma melhor compreensão da discussão, podemos observar as afirmações de Luiz Fernando Medeiros de Carvalho e Ruben George Oliven. Segundo Luiz de Carvalho, uma das regularidades temáticas mais evidentes nas letras do samba é o cantar do sexo e do amor de um ponto de vista masculino. O sambista descreve, em suas canções, relações sociais que definem o "ser homem" e o "ser mulher", incluindo, neste caso, o "ser mulher" em um modelo tripartido feminino.[5] Para Oliven, a música popular brasileira constitui uma manifestação cultural muito importante na análise das representações masculinas sobre as relações entre os sexos no Brasil, pois a maior parte dos compositores é homem. Na música popular brasileira, o homem se permite falar sobre seus sentimentos em relação à mulher. Se nos discursos públicos a imagem do homem normalmente se projeta acima da mulher, na música ocorre uma inversão nos papéis, o homem confessa suas angústias, medos, dor, fraqueza e desejo. Normalmente, o ser masculino construído nas canções é uma criatura frágil e indefesa, que parece ter sofrido perdas irreparáveis.[6]

A respeito dos exemplos acima, é possível ilustrar melhor minha discussão sobre a temática romântica, pois, independentemente dos temas abordados, a canção é de certa maneira explícita ou implicitamente o discurso de uma classe ou grupo social. Uma canção brasileira que aborda a relação homem/mulher não fala apenas de uma classe, mas também de uma cultura; portanto, a música romântica é também uma forma de se revelar a brasilidade.

O samba brasileiro, em sua estrutura rítmica, apresenta o elemento de maior identificação com a população: o compasso binário. Este é a própria pulsação, o jeito de andar e a cadência. O samba encontra sua melhor forma de expressão no estilo partido-alto. Não interessa aqui entrar no mérito genérico da definição sobre partido-alto. Para um melhor entendimento, podemos observar a definição do próprio Nei Lopes, que, em seu livro *O negro no Rio de Janeiro e a sua tradição musical*, polemiza o tema. Portanto, entendo aqui o samba partido-alto a partir de sua própria definição:

"Partido-alto. No passado, espécie de samba instrumental e ocasionalmente vocal (feito para dançar e cantar), constante de uma parte isolada, chamada 'chula' (que dava a ele também o nome de samba-raiado ou chula-raiada) e de um refrão (que o diferenciava do samba corrido). Modernamente, espécie de samba cantado de uma parte coral (refrão ou 'primeira') e uma parte solada com versos improvisados ou do repertório tradicional, os quais podem ou não se referir ao assunto do refrão. Sob essa rubrica se incluem, hoje, várias formas de sambas rurais, as antigas chulas, os antigos sambas corridos (aos quais se acrescenta o solo), os refrões de pernada (batucada ou samba duro), bem como os chamados 'partidos cortados', em que a parte solada é uma quadra e o refrão é intercalado (raiado) entre cada verso dela."[7]

É importante lembrar que as maiores influências de Nei Lopes vêm deste gênero, tendo como grande referência os partidos de Aluízio Machado. Para ele, o partido-alto é uma forma mais difícil de se fazer samba, considerando-o um gênero que somente pode ser feito por "bambas", inclusive com regras bem claras em sua concepção.

> "Comecei a fazer partido-alto me espelhando no Aluízio Machado. E os sambas dolentes, os que tocaram mais de perto foram os do Dauro do Salgueiro. Os dois são meus parceiros e amigos mas, infelizmente, o grande público não os conhece como deveria."[8]

Em relação à definição de Nei Lopes sobre partido-alto, Carlos Sandroni faz uma importante observação. O partido-alto, diz Sandroni, não é uma forma de samba que se canta em desfile; ele é sempre cantado em roda e, além disso, o "partido" possui uma peculiaridade que reside na evocação da tradição como caráter de autenticidade do samba. "Donga fala de sua infância como o 'tempo do samba verdadeiro, o samba do partido-alto'; e Carneiro diz que o 'partido-alto que tanto delicia os veteranos do samba não se executa para o grande público [...] Os antigos relembram assim os 'velhos tempos' da chegada do samba ao Rio de Janeiro."[9] Candeia afirmaria que partido-alto é a melhor forma de expressão do samba, "o partido-alto é a expressão mais autêntica do samba [...] samba de partido-alto em algumas formas existe uma grande semelhança com a música nordestina, com os repentistas nordestinos, porque o samba de partido também tem aquela forma da improvisação. A improvisação que vai nascendo não só sobre o tema e o refrão, mas também sobre o ambiente, sobre um clima que vai se criando aos poucos".[10]

Nos terreiros, o partido ganhava uma linguagem singular: a improvisação e a espontaneidade revelavam a criação não só dos sambistas, como de uma classe e negritude, afirmando-se por meio de uma linguagem única e diferenciadora. O partido-alto formou no Rio de Janeiro uma linhagem de compositores da qual Nei Lopes é um dos atuais grandes expoentes. Seus adeptos construíram a sua base calcada em sotaques africanos, ditados populares, provérbios, nostalgia e conselhos, revelando o lado espontâneo da criação popular.

É comum, nas gravações de samba, a presença de um "coro", normalmente composto por um grupo de mulheres, denominado "pastoras", herdeiras de uma tradição das escolas de samba em seus primórdios, quando, no carnaval, eram as difusoras do samba-enredo. Ultimamente, com a chegada ao mercado brasileiro de gravações e de grupos de Velha Guarda, como da Mangueira[11] e da Portela[12], tem-se tornado constante a participação destes grupos em shows e nas gravações de sambistas como Zeca Pagodinho. É importante lembrar que a utilização do "coro" não é um fato novo em si, nem nas gravações de Nei Lopes, mas pode-se notar que, com o advento das Velhas Guardas, estas formas estão mais valorizadas.

Nas gravações de Nei Lopes, o "coro" aparece principalmente nos "partidos", onde, inclusive, é fundamental. A estrutura de formação deste "coro" foge aos padrões eruditos e técnicos de um coral. Sua origem remonta às tradições populares e religiosas. As vozes seguem um movimento espontâneo, embora dentro dos padrões musicais mais populares, e não seguem uma estrutura "rígida". As vozes se organizam em "terças". Algo semelhante, a título de exemplo, pode ser encontrado nas gravações de músicas de duplas caipiras.

Em seus partidos, normalmente circundam a canção, seu tema e a voz principal, um grupo de falas como gritos, risos, comentários que soam meio que longínquos. Isso confere uma forma espontânea à gravação. Ao se ouvir, tem-se a impressão de algo como se fosse gravado em uma reunião ocorrida no terreiro de um subúrbio. Este recurso cria uma atmosfera em torno de sua canção que só faz reforçar seu caráter de afirmação de uma classe popular da qual é representante.

Samba sincopado e de breque

As estruturas harmônica e musical do samba, se comparadas com outros gêneros como choro, bossa nova e jazz, são, de certa forma, simples. A diversidade do samba está em seu próprio ritmo, na forma como é feito. Pode-se dizer que o samba é um gênero musical que se subdivide em vários outros estilos. É difícil determinar, de forma exata, as modalidades do samba. Temos samba-canção, partido-alto, samba de breque, samba sincopado e outros, além de uma série de artistas da MPB que elaboram canções com raízes do samba, mas que não se enquadram especificamente nos gêneros citados acima. Como exemplos, citamos Djavan, Chico Buarque de Hollanda, João Bosco, entre outros.

Em 1999, Nei Lopes lançou o álbum "Sincopando o breque". O objetivo era resgatar a modalidade, que estava um pouco esquecida no cenário musical.

> "Recuperar um estilo em extinção foi a idéia. Depois de Miguel Gustavo, só ficou o Billy Blanco, que anda meio sumido. Estou falando de autores como eu. O 'Sincopando' é um disco de autor."[13]

Como ele próprio define, "o samba sincopado é aquele samba de fraseado acentuadamente gingado e divisões rítmicas ziguezagueantes, tão ao gosto do ícone João Gilberto, por exemplo. Muito presente na obra de mestres como Geraldo Pereira (*Bolinha de papel*), Jota Cascata (*Minha palhoça*), Noel Rosa (*Gago apaixonado*), Jaime Silva (*O pato*) etc., suas letras lembram verdadeiras crônicas da vida urbana carioca".[14] Já o samba de breque, diz Nei Lopes, resultaria da exacerbação de ginga, ritmo, humor, gerando, a partir do samba sincopado, o samba de breque. Não é de interesse deste trabalho polemizar a respeito de definições, origens e características de uma outra modalidade de samba. Tanto o samba sincopado como o de breque e demais estilos são de origem extremamente discutíveis e, portanto, não caberia, aqui, apenas uma simples abordagem.[15]

Aquilo que se entende por "raiz" do samba, elemento primordial na expressão dos grupos subalternos e na construção de sua identidade, reside principalmente na forma de se fazê-lo. A retirada de instrumentos como pandeiro, cavaco e violão de sete cordas evidencia os principais sintomas de descaracterização do samba. No caso do álbum em referência, estes instrumentos estão suprimidos ou aparecem timidamente nas gravações, cedendo lugar a piano, bateria e instrumentos de sopros. A idéia do próprio Nei Lopes era fazer um álbum que relembrasse o ambiente da gafieira, remontasse aquela atmosfera orquestral de metais, inspirada em instrumentações, como na Orquestra Tabajara. Cláudio Jorge, que é parceiro de Nei Lopes e produtor executivo desse disco, argumenta:

"Acho um equívoco pensar que o samba, para ter valor, tem que se apresentar sempre no formato de cavaquinho, pandeiro, surdo e violão, que são instrumentos básicos de sua execução. Veja as gravações da década de 1950. Samba era gravado com orquestra, do mesmo jeito que outros gêneros. As gravações do Ismael Silva, por exemplo, são com orquestra e com solo instrumental. O samba é um universo de muitas expressões, de muita variedade."[16]

A respeito desta declaração, é importante se fazer uma observação: a princípio, devemos concordar com a idéia de que o samba é universo de muitas expressões, mas também, ao falarmos das gravações do samba, devemos observar o distanciamento do samba gravado em relação ao executado em um terreiro ou roda de samba. As gravações, de uma forma geral, em particular do samba, ao serem transplantadas para o disco, inevitavelmente estão inseridas, mesmo que em proporções menores, em uma lógica de mercado. Não pretendo, com isso, radicalizar esta discussão, como faz Tinhorão. Este autor encara como decadente o período da música popular compreendido entre o final dos anos 1940 e o início de 1950, com o "aboleramento" do samba-canção, o bloqueio criado pelo mercado em torno das "músicas de morro", abrindo espaço somente para o samba-enredo, e, por fim, a diluição dos sons rurais em arranjos de orquestra, como no caso do baião.[17] Da mesma forma que não se pode negar a multiplicidade de linguagens do samba, em igual sentido não se nega também a relação híbrida que estabelece com o mercado.

A pergunta que se faz então é onde estariam os elementos identitários nesta obra? A simples supressão de elementos rítmicos e harmônicos não implica necessariamente, neste caso específico, a perda da identidade. As gravações seguem um ritmo regido pela bateria de Wilson das Neves, que, no tipo de samba proposto, torna-se fundamental, embora este samba possa ser feito também dentro da estrutura tradicional, como na gravação de *Malandro JB* e *Baile no Elite*, por João Nogueira. Como já dito, a produção executiva deste álbum e os arranjos foram feitos por Cláudio Jorge, que, além da parceria com Nei, se ocupa também, no caso de alguns shows e gravações, da parte instrumental. No que se refere à sua preocupação neste aspecto, diz:

"Tive uma preocupação que hoje já nem é mais uma preocupação, já é uma atitude natural, não acredito neste papo de samba moderno, de dar modernidade ao samba. O samba, como já disse numa letra do meu disco 'Coisa de chefe', vai se modernizando conforme ele quer, ele é que vai gerando esta modernidade e o sambista é quem vai compondo e produzindo as coisas. Eu me lembro de uma frase que o Alceu Valença falou uma vez, que ele não era contra os teclados, ele talvez fosse contra o que era feito com os teclados, a idéia dele era a seguinte: se a gente pegasse quarenta teclados, distribuísse eles pelas congadas do Brasil e voltasse tempos depois para ver qual era a música que estava saindo desses teclados, com certeza, iria sair uma música brasileira eletrônica, não iria sair uma música americana."[18]

O que prepondera nas canções de "Sincopando o breque" são os elementos identitários utilizados nos temas dos sambas, como a crônica diária, a cidade, as ruas, o subúrbio, os tipos populares e a sátira, conforme é discutido, de forma mais profunda, em algumas canções que serão analisadas especificamente. No conjunto de sua produção, este álbum é considerado pelo próprio Nei Lopes como o mais representativo de sua obra quanto à identidade carioca.

O olhar de *flâneur*, tão comum nas crônicas sociais, está mais presente nestas músicas, fato que acaba reforçando a idéia de que se pode reinventar ou recodificar, dentro da própria tradição, sem perder a identidade e a "autenticidade". O samba de breque e o sincopado revelam um lado do compositor que observa o cotidiano e dele extrai suas imagens.

O espaço urbano, cotidianamente, reconstrói seus significados por meio de várias formas de apropriação, que são construídas a partir do discurso sobre o espaço elaborado a partir do ato de caminhar.[19] A análise deste álbum como um todo reflete o olhar sobre a cidade em seus vários aspectos e momentos, os tipos humanos, sociais, a crônica diária revelada pelos atores urbanos dos quais Nei se apropria, como o cidadão comum que "pega" o trem, freqüenta a gafieira e transita pelas ruas de uma cidade que se apresenta nas canções como real e "construída". Portanto, a partir da argumentação de Osmundo de Araújo Pinho e de nossa observação, "Sincopando o breque" pode ser entendido como a reconstrução de significados cotidianos, o olhar de *flâneur*. O autor, ao passear pelas ruas do Rio de Janeiro, por sua cidade, colhe os fatos, procura, ao mesmo tempo em que demonstra a dimensão do lugar, revelar o próprio significado do espaço.

Novas parcerias e os outros estilos

Nos últimos anos, suas canções têm, além das tendências mais tradicionais de samba, seguido também por outros vieses. Uma das mais significativas para o estudo neste trabalho é com o compositor Guinga e o maestro Moacir Santos. Nei Lopes encara esta tendência mais no sentido de afirmação, ou seja, o fato de "fugir" ao que se poderia chamar de uma "tradição". Indagado sobre a perda de sua "raiz" por estar seguindo outras tendências, ele responde:

> "Eu parto do seguinte argumento – e isso é uma discussão antiga, eu já embarquei nessa concepção, eu já vi isso, mas eu revi esse pensamento –, o samba pra ser bom tem que ser com cavaquinho, pandeiro e violão? O que acontece se você só faz samba com cavaquinho, pandeiro e violão? Você reduz o universo criativo ao extremo. Se você não pode sair dessa fórmula aqui, você vai desgastar e vai encher o saco com esse troço. Você consegue ouvir um grupo de choro tipo Época de Ouro tocando aquelas mesmas coisas que Jacob do Bandolim tocava há não sei quantos anos e da mesma forma? Não pode e é uma coisa imobilizante, então a gente vê, por exemplo, no choro hoje uma rapaziada buscando formas novas, buscando sonoridades novas, sem que isso deixe de ser música brasileira. O que foi a bossa nova, por exemplo? A bossa nova, que na época todo mundo achou, eu próprio achei uma sacanagem porque ela fez um negócio canalha, a ideologia da bossa nova é canalha: 'vamos tirar esses conteúdos negros, essa polirritmia, essa porrada de pandeiros e tamborins, porque o músico americano não sabe, ele não entende, ele não consegue tocar, então a gente tem que ter uma música que o músico americano toque, então vamos simplificar isso e vamos aproximar até um pouco da música cubana com a qual eles têm um pouco mais de afinidade'; foi isso que fizeram e deu certo. Hoje a música brasileira mais

conhecida no mundo é a bossa nova, foi uma coisa que deu certo, mas partiu de uma premissa e de uma intenção canalha, uma intenção de entregar o ouro para o bandido, tirar os conteúdos de africanidade desta música para poder ser palatável e poder ser consumível. O que eu quero não é isso, não quero fazer uma música para americano entender, não quero fazer música para americano tocar, agora não quero que minha música fique chata, quero que a minha música ouse também, explore a capacidade polirrítimica que ela tem [...] a minha bronca contra esse negócio do samba de raiz é exatamente isso [...] porque isso fica [...] reduz, torna o samba uma coisa imobilizada e eu acho que permite uma manipulação, mas evidentemente que não vou levar meu samba para o pop, que é isso que a indústria internacional do disco está querendo."[20]

O fato de se fazer uma canção em outro gênero implica utilizar uma nova linguagem no sentido de atingir os mesmos objetivos. Este é o caso de Nei Lopes; até porque as parcerias com o maestro Moacir Santos e o violonista Guinga, embora Nei delas muito se orgulhe, devem ser observadas, no meu entendimento, sob um viés mercadológico: o relacionamento destes artistas com o mercado. O rótulo "samba de raiz", tal como já expliquei, funciona no sentido de se buscar uma afirmação frente à indústria fonográfica e aos descaminhos da canção popular nestes tempos de modernidade. A questão é: até que ponto a produção musical é concebida de forma a atender às exigências do mercado? A negação da identidade no samba acontece no momento em que há sua diluição no sentido de se produzir uma canção "pop" moldada para a vendagem. Nei Lopes encara sua inserção em uma nova tendência não como um retrocesso ou uma concessão perante um mercado. Pelo contrário, até porque discos como os de Guinga e Santos talvez enfrentem, diante do mercado, até mais obstáculos que os enfrentados por uma gravação de samba independente.

A participação no álbum *Ouro Negro* (Moacir Santos) surgiu a partir de um convite dos músicos Mário Adnet e Zé Nogueira. As letras das canções foram feitas sobre melodias já existentes e algumas com títulos criados anteriormente em inglês. As letras criadas por Nei não guardam qualquer relação com as originais em inglês, portanto não são versões. As letras foram elaboradas por Nei Lopes a partir de anotações deixadas pelo maestro. Uma espécie de autobiografia falando sobre sua espiritualidade. Foi este o ponto de partida tomado para escrever as canções. Todas as letras fazem referência a estes propósitos; a única canção que segue o "espírito" da letra original é *Orfeu: Turbilhão de Carnaval*.

O que se pode ver é uma referência e, antes de tudo, uma tendência já demonstrada no álbum comemorativo de 300 anos da morte de Zumbi. Nota-se um Nei mais ligado às raízes africanas, no sentido de buscar o passado, a tradição, a identidade negra. Os elementos africanos aparecem na linguagem e aqui especificamente na referência religiosa presente em sua obra musicada, mas não com muita intensidade. Aliás, sobre religião, diz Nei Lopes:

> "Sou iniciado na tradição dos orixás desde 1977. Hoje me dedico a um culto vitalista, doméstico, tendo por base a tradição cubana de Ifá, o orixá da sabedoria e do conhecimento. Tenho meus orixás aqui em casa e os cultuo sem nenhum aparato público. Tudo é feito aqui, entre, por exemplo, a minha pessoa e um oficiante do culto, um sacerdote. Como se você, católico, tivesse um altar em casa e o padre fosse aí rezar uma missa só pra você e seus familiares. Como os senhores de engenho ou os ricaços urbanos de antigamente."[21]

Mesmo sendo composições feitas em outros ritmos, como bossa nova, os aspectos identitários nas canções gravadas neste álbum, cujas letras foram feitas por Nei Lopes, se fazem presentes na africanidade, na linguagem de seus ancestrais negros e na religiosidade.

A parceria com o violonista e compositor Guinga iniciou-se por intermédio do produtor musical Paulo Albuquerque. A primeira parceria foi a partir de uma melodia feita pelo Guinga, que recebeu a letra de Nei e o título de "Parsifal".

O instrumentista, cantor e compositor Guinga (Carlos Althier de Sousa Lemos Escobar), filho do sargento da Aeronáutica Althier da Silva Escobar e de Inalda Figueiredo de Souza Lemos, nasceu no Rio de Janeiro em 10 de junho de 1950, no bairro de Madureira (Zona Norte da cidade). Até os 20 anos, viveu em Jacarepaguá (Zona Oeste). Em seguida, mudou-se para a Tijuca (Zona Norte). Posteriormente, para Copacabana (Zona Sul) e há 17 anos reside no Leblon, também Zona Sul.

Sua maior influência musical foi dentro da própria casa, onde sua mãe, que era cantora amadora, fazia serestas diariamente. Seu tio materno, Cláudio Lemos, foi cantor de rádio, tendo gravado alguns discos, embora não tenha alcançado muito sucesso.

A estréia ocorreu por volta dos 17 anos de idade, com a música *Sou só solidão*, no Segundo Festival Internacional da Canção de 1967. Nessa canção, interpretada por Luiz Carlos Clay, Guinga assina a autoria da letra e da música. Aos 20 anos, começou profissionalmente a atuar como músico, acompanhando Alaíde Costa e, posteriormente, trabalhou com João Nogueira, Beth Carvalho, Cartola e outros artistas ligados ao samba.

Suas primeiras composições gravadas foram *Conversa com o coração* e *Maldição de Ravel*, lançadas em disco pelo MPB-4, em 1973. Nesse mesmo ano, Clara Nunes gravou a canção *Punhal*. Em 1979, Elis Regina gravou no disco "Elis, essa mulher" sua música *Bolero de Satã*. Todas foram feitas em parceria com Paulo César Pinheiro.

Lançou seu primeiro disco, "Simples e absurdo", no ano de 1991, pelo selo Velas, com participações de Chico Buarque e Leny Andrade, entre outros. Posteriormente, lançou mais quatro álbuns: "Delírio carioca" (1993), "Cheio de dedos" (1996), "Suíte Leopoldina" (1999), "Cine Baronesa" (2001), "Noturno Carioca" (2003) e "Graffiando Vento" (2004), que alternam faixas instrumentais e cantadas.

Nei Lopes fez algumas músicas em parceria com Guinga e, em seu último álbum "De letra e música", teve também sua participação na faixa *Sonho de uma noite de verão* (Reginaldo Bessa e Nei Lopes). As características das canções com esta nova parceria seguem a mesma idéia desenvolvida por Nei em sua obra. A referência ao subúrbio, a sátira e a crônica são freqüentes. Aliás, na obra do próprio Guinga observa-se a presença dos elementos identitários do carioca suburbano, dos quais Nei Lopes também se utiliza, embora sua audição possa levar ao entendimento de um outro estilo, mais próximo da bossa nova. A vivência do compositor Guinga se assemelha à de Nei Lopes, embora em épocas e lugares diferentes. Há um compartilhamento por ambas as partes da mesma ambientação do subúrbio, que, por sua vez, se reflete em sua obra, como atesta na declaração a seguir:

> "No subúrbio tinha isso, você conhecia as pessoas da rua. Por exemplo, João Nogueira eu conheci na rua antes de ele gravar a primeira música dele. Eu já conhecia o João da noite do subúrbio, de 'bater' violão nas esquinas, de jogar futebol na praia, ir ao baile junto, essa coisa do subúrbio, a convivência artística se misturava com o cotidiano da sua vida. Você entrava na Caixa Econômica para pagar uma conta, estava o João Nogueira, que foi vitrinista da Caixa, lá dentro. Você ia jogar um jogo de time intercolegial, de repente você jogava contra um sambista que depois se tornaria uma eminência do samba. Então tive a oportunidade de conhecer o Candeia, compositor da Portela, que era meu vizinho de bairro; Pixinguinha morou em Jacarepaguá, eu o conheci."[22]

Todas essas ambientações descritas por Guinga acabam criando um imaginário que, num misto de realidade e mitificação, incorporam essa gênese da criação. Não pretendo entrar no mérito de uma análise mais aprofundada da obra deste compositor. Apenas, genericamente falando, procuro demonstrar a convergência de idéias e pensamentos em relação ao objeto deste livro.

O gênero musical composto por Guinga não se enquadra especificamente em determinada classificação, com elementos de *jazz*, bossa nova e do próprio samba. Embora tenha atuado com sambistas tradicionais do panorama brasileiro, sua formação do ponto de vista musical foi sob outro viés. Estudou violão clássico durante cinco anos com o professor Jodacil Damasceno, que também deu aula a grandes nomes do cenário brasileiro, como Rafael Rabelo e Hélio Delmiro. As canções que ouvia eram na maior parte *jazz*, bossa nova e, em menor proporção, o samba. Mas o fator que influencia sua obra é a referência ao subúrbio e a convivência gerada por seu viver. É neste ponto que há um encontro entre as canções de Nei Lopes e Guinga, embora com outra linguagem.

> "Aos 16 anos, fiquei conhecendo o Catone, compositor da Portela, e Candeia, eu freqüentava muito a casa do Candeia. Ali eu conheci todas

estas eminências do samba, inclusive conheci João da Baiana, conheci Donga, dentro da casa do Candeia, Zé Kéti, Martinho da Vila, Cristina Buarque de Hollanda, aí conheci muita gente da Velha Guarda da Portela, tive a oportunidade de trabalhar acompanhando Alvarenga que é autor do primeiro samba-enredo da Portela, trabalhei com ele numa roda de samba durante dois meses; o subúrbio tem isso. Outro dia, conversando com o Paulinho da Viola, eu fiquei sabendo que o universo que habitava a juventude dele foi o mesmo que o meu. A tia do Paulinho da Viola morava em frente ao campo do Nova América, entre Vila Valqueire e o Largo do Campinho. Eu ia aos domingos ver o Nova América jogar e o Paulinho era fã desse time também. Conversando com o Paulinho a gente descobriu personagens que habitaram a nossa infância e a nossa adolescência."[23]

Embora Guinga, Nei Lopes e os sambistas das décadas de 1930 e 1940 tenham em seus produtos finais resultados diferentes, canções estruturadas sob outros prismas, a base, o conteúdo e o propósito se assemelham. Trata-se de uma junção de valores recolhidos desse mundo popular, no intuito de construir com base em um "modelo" de carioca traçado a partir do olhar de *flâneur* desses artistas.

"Na realidade, pra cidade morar dentro de você, você não precisa morar na cidade, você pode estar em Nova York e Madureira estar dentro de você. Eu amo o Rio de Janeiro, sou apaixonado pelo Rio, então eu me sinto carioca mesmo, vivi os dois extremos da cidade. Fui nascido e criado no subúrbio, já vim pra cá homem feito, pra Zona Sul, então me sinto carioca mesmo, porque eu vivo e vivi os dois extremos da cidade, eu tenho o mapa do Rio em minhas mãos [...] faço questão de estar sempre andando dentro da cidade [...] eu tenho uma paixão pelo Rio de Janeiro e pelos personagens que habitam o Rio de Janeiro e eu me considero um personagem do Rio e eu decantando a minha cidade com essa paixão que eu decanto e tento trazer pra dentro da minha arte esse folclore urbano e suburbano carioca, dito isso da Zona Sul também, trazendo esse modo 'vivênio', essa maneira de ser dos personagens cariocas, eu pintando isso na minha música, estou dando uma contribuição cultural. Você tem que representar sua aldeia, negócio da aldeia que Picasso falava, tanto mais universal será o artista quanto mais ele representar sua aldeia; isso é verdade."[24]

A declaração de Guinga caracteriza a busca desse carioca, esse ser múltiplo, transeunte de uma cidade multicultural. Entre esses extremos citados na declaração acima, podem-se encontrar variáveis das mais diversas na personalidade carioca: a dicotomia Zona Sul/Zona Norte apenas separa em pares distantes esses universos, mas não dá conta dessa infinidade de perfis que é o carioca; por isso, como foi dito anteriormente, o carioca é um "ser" de múltiplas faces e o samba de Nei Lopes é apenas uma dentre várias formas de expressar essa identidade, não podendo, com isso, obviamente, desprezar outras experiências e linguagens identitárias.

Representação na obra de Nei Lopes

Além do que foi tratado a respeito de suas canções, como a afirmação de uma identidade e a crítica constante à chamada supervalorização da modernidade e de seus valores, Nei Lopes utiliza também em suas canções, em particular nos partidos e em seus sambas sincopados e de breque, um recurso em voga desde os anos 1920 nas músicas e na crônica literária: a vertente humorística.

Mônica Velloso,[25] ao analisar a produção de um grupo de intelectuais do Rio de Janeiro, de fins do século XIX, como Lima Barreto, José do Patrocínio Filho e outros, procura mostrar como o imaginário humorístico carioca é articulado a partir de sua reflexão com a nossa modernidade. Para a autora, este grupo satiriza uma das vertentes mais expressivas de nossa tradição cultural: a que associa tristeza e etnia. Este grupo irá satirizar essa associação, diz Mônica Velloso, vinculando-a à visão romântica, compreendida como passadista.

Estes intelectuais discutem algumas questões importantes da modernidade por meio da sátira: a automação do trabalho humano, a uniformização do tempo e o predomínio do valor do mercado. A rua também será o *locus* onde irão buscar a chave da inspiração para o desenvolvimento de suas temáticas. "Na vida social carioca, esse espaço é a arena de conflitos, local do trabalho ambulante, do convívio social, da ajuda mútua e troca de informações. Desde o início do século que as ruas já aparecem como temática inspiradora da literatura carioca."[26] Segundo Mônica Velloso, procuram ainda construir uma outra memória em contraposição à oficial. Esse processo de reinvenção é que vincula esse grupo às demandas de uma sociedade emergente que se apresenta como moderna.

Da Matta,[27] em discussão a respeito do jogo do bicho, demonstra a relação entre o surgimento desta modalidade de jogo, o contexto e sua relação com a formação da identidade carioca. O humor aparecia como a voz do povo para satirizar as dificuldades do dia-a-dia, os desmandos dos governantes e até a sua exclusão social. Nei Lopes recolhe no cotidiano, na rua, nas conversas com os amigos e nos enredos em torno do samba elementos de inspiração para as suas canções. Sua música, portanto, por meio da vertente humorística, faz uma crítica da modernidade por um lado e, por outro, reconstrói um Brasil que ficou para trás.

Antes de entrar no exame das canções, é necessário discorrer sobre a forma como as analiso. Uma canção deve ser observada como um todo enquanto resultado da união de suas partes. São duas coisas simultâneas: a palavra e seu suporte musical. O essencial na canção popular e, principalmente, no samba, é o ritmo. Esse pulsar é o referencial na construção da identidade na canção brasileira. O ritmo tem sua relevância no papel simbólico que assume enquanto ícone de brasilidade ou mesmo de uma particularidade de um grupo como o carioca e o baiano. O samba, especificamente, possui uma ligação muito forte com ritmos de caráter religioso, que são os elementos principais de sua afirmação negra, por meio da referência à religiosidade popular e à ancestralidade africana.

Nas análises das canções, existe, por parte dos autores, uma tendência em se fixar somente em sua parte poética, negligenciando, assim, sua estrutura musical, mesmo porque esta última é um elemento de grande importância no estudo da canção popular, principalmente em se tratando de critérios identitários. A música possui "vozes" que se articulam e se apresentam na forma de se cantar, tocar, nos arranjos, nos instrumentos e nos mais variados recursos. A canção possui um conteúdo ideológico e, por isso, é importante também uma análise no sentido reflexivo, e não apenas por seu caráter dionisíaco, ou seja, voltado apenas para a diversão.

Do ponto de vista metodológico e científico, a canção poderá ser analisada, mas, para isso, são necessários alguns princípios, como a definição de seus autores, intenções e natureza poética. Analisar o caráter intrínseco da canção (data, gravação e gravadora), este é o protocolo que muitas vezes é revelado pelo sucesso que ela faz, pois, a partir daí, pode-se observar a relação existente entre a sua criação e o mercado em que se insere. É necessário também ouvi-la, decompô-la, ver o seu caráter poético e como este é reforçado por sua parte instrumental, seu gênero; localizá-la em seu tempo histórico, observar os elementos da canção e a relação com o que ela representa, observar a temática (do que se trata a canção) e o estilo (formas de construção com a linguagem do autor).[28]

Uma canção é um discurso por natureza. Os temas desenvolvidos situam-se num determinado tempo histórico, o que é fundamental em sua representação. A música pode representar um determinado momento, portar-se como exteriorização das camadas populares, engrossar o coro de suas reivindicações e anseios. Sua postura em um contexto histórico-social pode assumir o caráter consolador quando encobre uma realidade, induzindo à não-reflexão das classes ou, por outro lado, assumir a atitude de denúncia dos problemas sociais, expondo a realidade muitas vezes não-percebida pelas próprias massas. Nesse aspecto, o intérprete e o momento histórico terão grande importância no papel desempenhado pela canção popular. Ademais, a canção popular estabelece diálogos com diversos grupos sociais. Assim, os intérpretes, aqueles que serão seus difusores, imprimem uma voz peculiar à canção, de modo que ela acaba assumindo o discurso que seus proponentes almejam. O exemplo de Carlos Sandroni, ao analisar o samba *Pelo telefone* pode ilustrar melhor esta afirmação. *Pelo telefone* possui uma letra que se poderia dizer oficial, gravada por Donga em 1917, mas, além dessa, existe uma versão anônima, que é a mais conhecida e a mais empregada até os dias atuais em apresentações informais.

Versão anônima
O chefe da polícia,
Pelo telefone,
Manda me avisar
Que na Carioca
Tem uma roleta
Para se jogar.

Segundo o autor, a versão anônima deste samba, que cita o "chefe da polícia", e não o da "folia", faz parte não da letra oficial, mas da não-oficial, denominada por ele de histórica. A canção estabelece um diálogo de uma maneira muito peculiar com o "chefe da polícia" e com a redação do jornal *A Noite*, constituindo uma resposta aos discursos de grupos que naquele momento ocupavam uma sólida posição no panorama social do Rio de Janeiro, pois estes já possuíam a capacidade institucional de se fazerem ouvir. "Com *Pelo telefone* e a entrada do samba na música popular, novos personagens descobriam uma forma igualmente nova de participar desse diálogo, e espalhavam seus discursos pelos quatro cantos do Rio de Janeiro – e logo pelo país inteiro."[29]

A estrutura musical reforça a linguagem poética da canção; os substratos necessários para aquilo que o autor procura expressar se encontram no suporte instrumental, incluindo-se também a forma interpretativa da voz do cantor e os demais arranjos de cordas, vozes, percussão e outros. A gravação de uma determinada canção pode assumir em conjunturas diferentes os mais diversos significados; por isso em alguns casos há, por parte da classe dominante, a cooptação de gêneros ou canções populares para simbolizar um determinado momento, funcionando, assim, como objeto de manobra das classes populares. A canção de Milton Nascimento e Wagner Tiso intitulada *Coração de estudante* pode ser tomada como exemplo dessa apropriação. Amplamente utilizada pela mídia, esta música acabou por simbolizar o período da morte do ex-presidente do Brasil Tancredo Neves e o início do período histórico brasileiro chamado "Nova República", criando uma atmosfera no país de esperança e resignação para as massas. Por outro lado, setores da população procuram utilizar outras canções como suporte para as suas reivindicações e criar, a partir de músicas que à primeira vista parecem descompromissadas dos seus interesses, instrumentos com os quais irão intermediar seus diálogos com as classes dominantes. Canções como *Pra não dizer que não falei das flores*, de Geraldo Vandré, e *O bêbado e a equilibrista*, de João Bosco e Aldir Blanc, ilustram este último exemplo. A obra de Nei Lopes também passou por essa situação: *Senhora liberdade* foi, muitas vezes, confundida como referência à abertura política promovida pela anistia do governo militar e *Fidelidade partidária* também recebeu uma conotação política, sendo utilizada até mesmo em comícios, quando, na verdade, segundo palavras dos próprios autores, a intenção inicial não foi essa.

A interpretação da canção feita pelo artista é fundamental para o seu processo de afirmação identitária. O intérprete, na verdade, possui uma vida própria que é resultado de sua vivência e de sua história pessoal. Por isso, ele confere à canção sua própria forma de conceber o que pretende apresentar. Além do mais, existe uma sintonia do público com o intérprete; por isso o suporte musical irá depender daquilo que o cantor propõe como arte e da relação entre compositor, público, intérprete e mercado.

As músicas de Nei Lopes foram gravadas por diversos intérpretes. Mas podemos exemplificar algumas de suas canções em que é nítida a identificação com a negritude, como as gravações de Roberto Ribeiro, Alcione e Clara Nunes. Por outro lado, Zeca Pagodinho, Fundo de Quintal e Beth Carvalho expressam mais um caráter identitário carioca de sua obra.

Portanto, partindo desta discussão, farei uma análise mais profunda sobre os aspectos identitários nas canções de Nei Lopes e darei maior ênfase às suas próprias gravações. Não se está levando em conta, neste caso, a importância para a carreira do autor ou mesmo o fato de serem as mais conhecidas. Nei Lopes compôs, com os mais variados parceiros, aproximadamente quinhentas canções, tendo sido mais de 250 gravadas. Por isso, analiso aqui aquelas que, a meu ver, são as mais relevantes para este trabalho.

Candongueiro
(Wilson Moreira/Nei Lopes)

Eu vou-me embora pra Minas Gerais agora
E vou pela estrada afora
Tocando o meu candongueiro

 A letra desta canção foi elaborada por Nei Lopes e depois Wilson Moreira compôs a melodia. Segundo Wilson Moreira, a idéia inicial era fazer uma música com um ritmo meio "calangueado", em vista da própria letra. Mas, na gravação, em 1981, do disco "A arte negra de Wilson Moreira e Nei Lopes" ela se apresenta como um jongo de andamento um pouco mais acelerado. O efeito das vozes ao fundo e a interpretação de Wilson Moreira, que inicia a canção, se apresentam como elementos singulares dentro de sua estrutura musical. Nota-se a presença de um cavaquinho como principal instrumento de acompanhamento e, ao fundo, a percussão liderada pelo som de um atabaque. O refrão inicial é cantado por um grupo de vozes, o que remete à lembrança dos sambas tocados nas grandes rodas, como se fosse um grande coral. Isto dá à música um tom de negritude, transmitindo a idéia de se estar cantando em um terreiro ou senzala, como na época da escravidão.

 A referência negra aparece neste jongo como um meio de resistência e união entre os negros, simbolizando os fatores que os levaram no tempo da escravidão a se manterem unidos e a preservarem suas tradições. Ao mesmo tempo denuncia a situação marginalizada do negro após a Abolição da Escravatura: "Não tive e não tenho escola."

 O candongueiro é um dos instrumentos básicos para se tocar o jongo. Aliás, a respeito deste gênero, Nelson da Nóbrega Fernandes, citando Marília T. B. da Silva, Arthur Oliveira Filho e o historiador José Honório Rodrigues, argumenta que a palavra *jongo* vem do quimbundo, língua dos bantos de Angola, cujo significado é designado como uma festa de canto e dança de roda. No Brasil, este gênero predomina no Sudeste, principalmente nas áreas onde os bantos foram levados em maioria durante o período da escravidão. Na cidade do Rio de Janeiro, os bantos se concentraram e, diz Fernandes, para o historiador Arthur Oliveira Filho, algumas características da "psicologia carioca" podem ser atribuídas a eles, como a malícia, o gosto pelas festas e a vivacidade. Além do mais, o vocabulário do jongo, prossegue Fernandes, contém uma considerável gama de palavras do quimbundo. Os instrumentos utilizados para tocar o jongo são *tambu, caxambu, ingoma, ingome, angoma, puíta e cuíca*. Predominam, neste gênero, os instrumentos de percussão, inclusive os tambores são construídos segundo técnicas relacionadas com a própria etnia. A pele utilizada pelos bantos é pregada diretamente no cilindro dos tambores, segundo Fernandes, técnica similar à empregada pelo sambista Bide para criar o surdo. Na Bahia, a técnica é feita, segundo a tradição iorubá, fixando as peles no cilindro por meio de cordas e cunhas de madeira. Fernandes lembra também que, nessa região, o jongo não é reconhecido por esse nome.[30]

O jongo, segundo a definição de Nei Lopes, é uma dança afro-brasileira cujo nome se origina do *umbundo*, língua dos *Ovimbundos*, povo banto de Angola, falada ao sul do rio *Cuanza*. No que se refere ao nome, podemos observar que existe uma concordância com as citações de Fernandes e a própria definição de Nei, com exceção da palavra *bambu*, não relacionada por ele. As demais são de origem banta, embora ambos os autores não se tenham referido ao caxambu e ao próprio candongueiro, instrumentos típicos do jongo.[31]

Na canção focalizada, a referência africana é muito forte não só aos aspectos da "raiz", mas também à história do negro. Além disso, um ponto a se observar é a simbologia desse instrumento para o autor de sua letra. Por meio de conversas com o pai de Silvano da Silva, seu colega de faculdade, soube que o nome desse instrumento, conforme relata, deriva do fato de ele fazer "candonga", fazer intriga. Então, o candongueiro é "intrigante" porque, na época da escravidão, em razão de seu som muito alto e agudo, era possível descobrir onde os negros estavam reunidos.[32] Nei Lopes compôs a letra desta canção, musicada por Wilson Moreira, como uma homenagem ao pai deste seu colega, que, na época, era uma pessoa já idosa. O candongueiro aparece nesta música como um referencial não somente à negritude e à tradição, como também à própria ancestralidade, elementos muito representativos, do ponto de vista simbólico, na obra de Nei Lopes.

As idéias desenvolvidas nesta canção remetem ao negro que veio do cativeiro e procura se afirmar quanto à origem (de Angola) e à resistência cultural na língua (capiongo, saracotear, quitanda) e na própria música. As palavras, de cunho africanista, utilizadas por Nei Lopes nesta e em outras canções, são normalmente de origem banta. De forma consciente ou não, seu uso revela a busca por uma africanidade e uma negritude, mas, antes disso, por uma identidade não somente negra, mas banta. Para melhor exemplificar esta relação entre língua e identidade, podemos observar a argumentação de Stuart Hall, que, ao citar o trabalho do lingüista estrutural Ferdinand Saussure, assevera que o indivíduo não é autor das afirmações que faz e dos significados que expressa na língua. Além do mais, a língua não é um sistema individual, mas social; pois, ao se falar uma língua, não se está expressando somente pensamentos interiores e originais, mas ativando uma série de significados que estão embutidos na língua e nos sistemas culturais da sociedade. Outra perspectiva que Hall discute é o significado das palavras: este não é fixo, mas surge nas relações de similaridade e diferença que as palavras adquirem com outras no interior do código da língua. "Eu sei quem 'eu' sou em relação ao 'outro' (por exemplo, minha mãe) que eu não posso ser. Como diria Lacan, a identidade, como o inconsciente, 'está estruturada como a língua."[33]

Outra referência à africanidade é a simbologia do ancestral, remontando aos primórdios das civilizações tribais africanas, em que a figura do ancião adquire uma representatividade que se contrapõe à visão ocidental, pelo menos nas sociedades ditas "civilizadas". Esta referência é constante na obra de Nei Lopes e se apresenta como fator de fundamental importância na construção que ele faz da identidade negra.

Nos versos desta canção, a música negra aparece como uma criação espontânea, um meio que o negro utiliza para se afirmar contra a opressão da qual foi vítima. Aí, o negro passa também a ser sujeito da história que resiste por intermédio de sua cultura, seja na escravidão – "só não bate quando o açoite quer mandar ele bater" –, seja na relação capitalista – "isso aqui não é quitanda pra pagar e receber".

Samba do Irajá
(Nei Lopes)

Tenho impressa no meu rosto
E no peito, lado oposto ao direito, uma saudade.

Gravada inicialmente por Roberto Ribeiro, em 1976, a canção como um todo expressa sua obra em um de seus aspectos mais importantes: a idealização e a exaltação do subúrbio. A razão e o momento em que foi feita – "dificuldade existencial"– acabam por criar uma certa dimensão em seus versos, em que se confundem a imagem nostálgica do bairro de Irajá e a de seu pai. A primeira parte, na gravação de Nei Lopes, no álbum "A arte negra de Wilson Moreira e Nei Lopes" (1981), com arranjo de Rogério Rossini, inicia-se lentamente, com a presença mais marcante do violão e do pandeiro, tendo ao fundo o som de um afoxé.

De cadência mais lenta, lembra o samba-canção da década de 1940. Apresentado pelo autor como uma de suas obras mais importantes, com uma temática romântica, representa em sua cadência aquilo que seria o próprio modo de vida do subúrbio: tranqüilidade e vagarosidade. Na segunda parte, há uma aceleração do ritmo, com a incorporação de outros instrumentos. Nei Lopes faz um jogo com as palavras em que a "saudade" incorpora a forma de uma pessoa que chega, aconchega-se e depois se vai. A "Moda do caranguejo" e "Pinião, Pinião" eram músicas cantadas por seu pai. Nesta canção, não há a utilização de um coro, como ocorre na maior parte de sua produção.

Os versos iniciais da segunda parte fazem referência à "sombra da mangueira". Reside nesta expressão implicitamente o caráter desse passado mítico que permeia toda a obra de Nei Lopes, pois o próprio bairro do Irajá, na época de sua infância, era ainda o que se poderia chamar de zona rural. Esta vivência, numa época em que o subúrbio estava se formando, aliada à referência da figura de seu pai, que, quando ele nasceu, já possuía uma idade um pouco avançada, compõem o substrato de sua criação, assumindo uma identidade suburbana e idealizada.

Coisa da antiga
(Wilson Moreira/Nei Lopes)

Na tina, (Vovó lavou vovó lavou)
A roupa que Mamãe vestiu quando foi batizada.

Pode-se dizer que *Coisa da antiga* é um dos mais importantes sambas de Nei Lopes. Tudo começou com um convite recebido por Wilson Moreira do produtor e diretor musical da gravadora Odeon, Renato Corrêa, que precisava de uma música que "substituísse" o sucesso *Contos de areia*, de Clara Nunes. O refrão foi composto por Wilson Moreira e inicialmente chamava-se *Tina, barril e bica*. O restante da música foi escrito por Nei Lopes. Conta Wilson Moreira que:

> "A Clara estava vindo de um sucesso, *Contos de areia*, ia fazer outro disco e ainda não tinham achado uma música à altura para enfrentar aquele sucesso. O nome não era *Coisa da antiga*, era *Tina, barril e bica*, coisas que existiam antigamente. A idéia toda, a sacada todinha, porque eu vivi isso, a minha mãe lavou muita roupa em tina, a minha mãe passou muita roupa a ferro de carvão. Tinha um senhor lá em Realengo que me chamava e me dava um dinheiro pra eu apanhar água pra ele naquele barril que a gente tinha, com aquele aro do lado. Eu ia pra ele no bicão, aí isso tudo vinha na minha mente."[34]

Gravado pela dupla em 1981, no disco "A arte negra de Wilson Moreira e Nei Lopes", trata-se de um partido-alto, na letra. Nei procura mostrar a relação passado/presente, tão emblemática em sua obra quanto a crítica dos valores da modernidade. Apesar de admitir as "vantagens tecnológicas" e se utilizar delas, Nei mostra que certos valores da vida moderna deixam de lado a essência do ser humano. Mesmo nas condições difíceis que as pessoas viviam, principalmente os menos abastados, apesar de "soprando um ferro de carvão", tempos atrás, os valores da sociedade eram mais solidários, pois "tinha-se mais amizade e mais consideração".

O advento do mundo moderno trouxe inovações mas não conseguiu manter os valores essenciais do homem, como a honra e o respeito entre as pessoas. A "palavra de um mero cidadão", à qual Nei se refere, representa toda esta construção simbólica em torno da figura de um passado mítico que permeia suas canções. É importante lembrar que, às vezes, uma simples citação como esta revela um caráter implícito de seu próprio significado. A "palavra" empenhada, na cultura brasileira, é uma instituição, símbolo de condutas e relações sociais e, mais do que isso, de uma brasilidade.

Na segunda parte da canção, há uma referência ao passado do negro no Brasil. Nei Lopes sintetiza a escravidão como uma forma que aniquila a negritude e sua identidade:

"[...] da escravidão é que vêm os incontáveis traumas que até hoje martirizam gerações e gerações de descendentes de africanos. Porque a escravidão era, sob todos os aspectos, algo extremamente desumano e cruel; tanto pelas torturas físicas e psicológicas quanto pela dureza do regime de trabalho; tanto pelo aviltamento moral insidioso, minando a vontade do escravo, quanto pela intenção deliberada de fazê-lo perder seus laços familiares, de amizade, religiosos, sua identidade enfim."[35]

Nesta citação, é possível observar em que ponto o passado escravo se apresenta, na obra de Nei Lopes, como um fator de aniquilamento do negro e, antes disso, de sua cultura e identidade.

Foi a única canção de Nei Lopes que teve problemas com a censura, na época da Ditadura Militar (1964-1984). A última parte do refrão, inclusive, teve de ser alterada: onde se dizia "disse, afinal, que o que é liberdade ninguém mais hoje liga..." trocou-se a palavra "liberdade" pela expressão "de verdade".

Goiabada cascão
(Wilson Moreira/Nei Lopes)

Goiabada cascão em caixa
É coisa fina, sinhá, que ninguém mais acha!

Originalmente interpretada por Beth Carvalho, *Goiabada cascão* foi gravada por Nei Lopes e Wilson Moreira em 1981 no disco "A arte negra de Wilson Moreira e Nei Lopes". A idéia inicial foi de Nei Lopes, que compôs a letra, musicada por Wilson Moreira a partir de um dito espirituoso do jornalista Sérgio Cabral, seu velho amigo. O intuito inicial da canção foi homenagear pessoas que detinham algum talento e que são difíceis de se encontrar atualmente, tais como jogadores de futebol, músicos etc. Na verdade, uma metáfora; neste partido-alto, a goiabada em caixa seria a referência a um tempo, uma época, algo que se perdeu e foi deixado para trás. Trata-se de um diálogo que Nei Lopes procura estabelecer entre temas do passado e do presente. A Festa da Penha foi, por um longo período no século XX, uma referência às manifestações culturais das classes menos favorecidas no Rio de Janeiro. Era o local onde se lançavam as canções que mais tarde se transformariam em grandes sucessos, como os sambas de Sinhô. A respeito da festa, observa Orlando de Barros:

> "Porém, muito antes que Madureira, e desde data ainda mais recuada, a Penha, particularmente, representou um papel especialíssimo na cultura carioca, com efeito importante para a canção, quanto ao processo de criação e divulgação, constituindo-se em verdadeiro teste de recepção para saber se a aprovação popular respaldava a edição e a gravação e, depois, a transmissão radiofônica, do que os compositores apresentavam ao público. Dava-se na Penha um verdadeiro movimento popular, especificamente forte no começo do século, fazendo um contraste com a reforma urbana, que tanto havia mandado do centro uma população numerosa para os subúrbios."[36]

Então, a Festa da Penha se apresenta como símbolo de manifestação popular que se perdeu diante da própria modernidade e dos anos de globalização que se seguiram. A partir daí, a unificação de hábitos e costumes deixou para trás todo um legado cultural realizado pelas camadas populares. Afinal, atualmente, a indústria cultural transnacional e a globalização procuram fazer com que as pessoas somente consumam produtos por elas legitimados, como, por exemplo, *hip-hop, fast-food* etc.

A gravação de Nei Lopes e Wilson Moreira para este partido-alto pontua vozes do coro que a acompanha e comentários do próprio intérprete, criando uma atmosfera de espontaneidade e improviso. A referência aos ícones das raízes do samba se coloca como elementos de sua preservação; o samba de partido-alto "batido na mão" com "a faca no prato" (mais tarde, seria trocado pelo reco-reco) faz uma simbologia ao mais representativo na identidade destes grupos: o apego às formas primárias do samba tocado nos terreiros e na Festa da Penha.

A modernidade e a transformação da cidade, com a remoção das vilas e a construção de prédios, ultrapassaram a região central, chegando ao subúrbio, às vilas operárias e aos conjuntos habitacionais. As vilas aparecem na canção popular como referência aos símbolos do Rio de Janeiro suburbano, das cadeiras na calçada, que cedem lugar aos prédios e, mais popularmente, aos conjuntos habitacionais. Quando Nei Loes afirma ser um apartamento conjugado "mais apertado do que barracão", está fazendo uma crítica aos planejadores urbanos e à forma como concebem seus projetos.

Nosso nome, resistência
(Nei Lopes/Zé Luís/Sereno)

Olha nosso povo aí
Conjugando no presente
O verbo resistir.

Samba-enredo feito para a escola de samba Quilombo. Entrou na concorrência para representar o enredo da escola em 1983, numa época em que a Quilombo já estava passando por momentos difíceis e esta foi uma tentativa de procurar reagrupar a escola, o que não aconteceu. Segundo Nei Lopes, a canção nem chegou a ser apresentada na escola e ficou mais conhecida quando foi gravada por Alcione no disco homônimo.

Em 1989, *Nosso nome, resistência* foi gravada no álbum "Canto banto", de Nei Lopes, em homenagem aos 300 anos da morte de Zumbi dos Palmares. Nessa obra, há uma diferenciação no contexto de suas canções. Trata-se de uma gravação direcionada especificamente à questão negra, seguindo, neste caso, uma tendência de sua construção literária e não-musical, de elaboração e afirmação da identidade negra. O princípio da canção revela um desejo de afirmação da negritude, demonstrando que o *"nosso povo"*, no caso o negro, mantém sua resistência. Mesmo passando por um processo de opressão e humilhação, mostra-se presente na história.

A canção faz referência aos ancestrais, afirma que o negro tem história e exalta suas singularidades como a "mandinga", o "dengo da nega mina", os movimentos em que os negros foram sujeitos ativos na história brasileira ou aqueles dos quais participaram. Apesar de afirmar o negro no presente, o autor busca, no imaginário do passado, alento para as lutas contra a opressão nos dias atuais. Nei conclama a olhar o "nosso" povo, que desponta para participar da história, demonstrando que a preservação das culturas africanas (fundos de quintal, candomblés, blocos, jongos, afoxés) é também uma forma de resistência à dominação cultural.

Pega no pilão
(Wilson Moreira/Nei Lopes)

Meu avô fez ouro nascer do chão
Semeou cana e café
Plantou uma nação.

Partido-alto gravado no álbum "Canto Banto". É uma contraposição ao discurso oficial dominante. O negro aparece aqui como participante da construção do Brasil, embora em condição subalterna, exigindo o reconhecimento de sua inegável contribuição. O discurso deste samba se direciona, por um lado, ao negro, por intermédio da apologia aos ancestrais, e, por outro, à figura do avô e à figura da avó (uma constante em sua obra), à não-aceitação de sua resignação. A este propósito, como já mencionado neste trabalho, os "velhos", para Nei Lopes, têm uma grande importância dentro da identidade do samba: "[...] pois sucede que, um dia, um sábio africano afirmou que cada velho que morre é como uma biblioteca que se incendeia. E essa tirada genial é a expressão de todo posicionamento que as culturas tradicionais da África Negra têm em relação ao idoso."[37] "A idéia de velhice", prossegue Nei, "na maior parte das línguas africanas, não possui o sentido depreciativo que lhe é dado nas línguas ocidentais". Na África, "velho" é tratado como ancião, sábio, pessoa detentora de experiência.[38] Daí a referência à figura do avô, não propriamente por um lado familiar, mas por sua simbologia na construção da identidade negra.

> Foi-se o tempo de mãe-preta e pai-joão
> Tempo de docilidade
> E resignação.

Nesta parte da canção, a crítica se refere à resignação do negro. A expressão *"pai-joão"*, também mencionada no samba *Coisa da antiga*, se refere a uma fala popular traduzindo um determinado tipo de situação em que o sujeito é uma pessoa fraca e submissa. A canção reivindica igualdade de condições em relação ao branco. Portanto, Nei Lopes procura tocar na auto-estima do negro quando afirma que este tempo de docilidade do negro passou; agora seria a hora de cobrar as dívidas da escravidão. Na gravação desta canção, a interpretação dada pelo próprio Nei ao verso *"quer paçoca, tem que pegar no pilão"* demonstra uma entonação de forma diferenciada; o cantor parece dar uma voz mais eloqüente a esta parte, como um instrumento verbal diferenciador do refrão das demais partes da canção; e isto é um recurso que confere à música o tom de uma reivindicação. O próprio Nei Lopes confirma esta hipótese, salientando que, em suas canções, procura dar uma interpretação de acordo com a letra e seu propósito. Além disso, Nei possui uma vivência de teatro, pelo fato de, em sua juventude ter escrito peças e também ter atuado, juntamente com seu irmão, no Grêmio Pau-Ferro, do qual seu pai foi um dos fundadores e que funciona até os dias atuais.

> *Eu não falo gringo*
> (João Nogueira/Nei Lopes)
>
> Eu aposto um "eu te gosto"
> Contra dez "I love you".

Nesta canção, cuja primeira parte tem música e letra de João Nogueira, há uma temática constante no samba: a busca de uma identidade nacional que se expressa por uma língua "verdadeiramente" brasileira. Como afirma Nei:

"Estou sempre de pé atrás contra isso tudo que vem de fora. Primeiro, acabam com a língua, impondo outra que a gente nem sabe bem qual é. Depois, botam a mesma música para o mundo todo. Finalmente acabam com a moral e os bons costumes, com o respeito de filho pra pai e tudo mais. E, aí, quando está tudo 'como o diabo gosta', vem uma tropa de *marines* pra tomar conta."[39]

> Às vezes sinto carinho
> Por esse velhinho
> Chamado Tio Sam
> Só não gosto é da prosopopéia
> Que armou na Coréia e no Vietnã.

O samba sempre se colocou como o porta-voz da língua "popular" falada, em contraposição ao português escrito e culto oficializado pela classe dominante por meio de suas instituições.[40] O português coloquial é sempre utilizado quando se procura afirmar uma brasilidade, como em *Não tem tradução*, de Noel, na polêmica vivida por Carmem Miranda[41] (*Disseram que eu voltei americanizada*) e em muitas outras canções brasileiras. Este partido-alto retrata a americanização e seu uso como fator de alienação. O problema da crítica de Nei não está simplesmente na adoção de uma língua estrangeira no cotidiano, uma vez que até mesmo a definição de língua brasileira é complexa, devido a infinidades de influências sofridas, principalmente a africana.

"Imaginem os leitores uma criança, na classe de alfabetização, que vê escrito 'up' e tem que ter 'ápi'; que enxerga Honda e tem que falar 'ronda' [...] aqui elas entram (as palavras estrangeiras) sem pedir licença e o nosso pessoal não se dá ao trabalho nem de mastigá-las e salivá-las, colocando-as ao nosso jeito, para engoli-las depois."[42]

A questão está no uso de uma língua de forma indiscriminada. Além do mais trata-se do inglês, idioma oficial dos Estados Unidos, que atualmente se apresenta como o nosso novo colonizador. O desajuste é antes de tudo cultural; por isso, para afirmar sua brasilidade, usam-se o idioma e a referência à comida brasileira e ao vestuário.

Em *A neta da madame Roquefort*, samba de breque registrado inicialmente por Graça Biot e gravado no álbum "Sincopando o breque", em 1999, a temática desenvolvida segue a mesma linha do samba anteriormente analisado. Há, porém, na música a oposição elite/popular. A saída da rua do Chichorro[43] para morar no morro e o falar francês criam a idéia de erudição, fator diferenciador em relação ao "povo". A oposição Zona Sul (discoteca)/Norte (gafieira), onde o Arpoador, localidade na praia de Copacabana, aparece como uma vivência idealizada pelo estrangeirismo e pelo distanciamento das camadas populares.

A sátira de Nei Lopes mostra que a "Madame" se "aproxima" do Brasil quando chega à gafieira,[44] pois neste lugar, símbolo do popular, ela é "bem brasileira no modo de ser". Assim, o autor procura demonstrar que a brasilidade está no jeito de ser das pessoas, que somente poderá ser encontrada nos ambientes populares, pois, na elite, ela é maquiada e afrancesada, como no caso da canção. Isto significa que o sujeito da canção, a "Madame", circula por ambientes diversos, mas se comporta de maneira diferente em cada um, adequando seu comportamento de forma distinta.

Por fim, Nei Lopes conclui, com a canção, que o processo de invasão cultural destruidor da nacionalidade apresenta um caráter irreversível no momento em que é transmitido ao longo das gerações. É importante observar que a canção retrata um momento histórico brasileiro em que a dominação da língua francesa cede lugar à inglesa (por meio dos Estados Unidos). A analogia entre a avó e a neta demonstra como esta imposição cultural se deu em um curso histórico brasileiro: a avó, em um primeiro momento, em princípios do século XX (francesa) e a neta em seu final (inglesa).

Boteco do Arlindo
(Maria do Zeça/Nei Lopes)

Gripe cura com limão
Jurubeba é pra azia

Do jeito que a coisa vai
O Boteco do Arlindo
Vira drogaria.

Boteco do Arlindo foi composto a partir de versos iniciais criados pelo irmão "Zeca", já falecido. Neste partido-alto, gravado por João Nogueira, é desenvolvida a crônica diária da cidade, o papel do popular e da tradição em sua constituição. Nei recorta alguns *flashes* do cotidiano, a gíria, a familiaridade e os laços estabelecidos dentro dos botequins que expressam uma das faces da vivência popular carioca.

Os botequins possuem uma importância considerável na cultura carioca. Carlos Sandroni faz uma analogia entre as alterações do samba e seu universo de criação. No grupo "17", de estilo "antigo", que tinha como participantes Donga e Sinhô, as músicas eram mais associadas à casa de "Tia Ciata". No grupo "37", estilo "novo", de Ismael Silva, as músicas eram associadas aos bares e botequins: "[...] quanto ao botequim, ele é para o Rio de Janeiro o que o 'pub' é para Londres ou o 'café' para Paris: antes de tudo, um ponto de encontro, um lugar de sociabilidade."[45] Os botequins, diz Sandroni, são lugares abertos socialmente, tal como não foi a casa da "Tia Ciata", onde, por exemplo, os brancos que a freqüentavam eram normalmente pessoas mais "selecionadas" para também tomar parte daquele ambiente. O fator diferencial na analogia reside no fato de que no botequim podem conviver pessoas das mais diferentes origens, profissões e posição social. Então, é neste lugar que a capacidade de circulação do samba irá aumentar vertiginosamente.

O vendedor de ilusões
(Nei Lopes)

Aconselhado pelos tios Belizário, Teodoro e Januário
Lá do Morro da Matriz,
Fui procurar seu Cipriano Apolinário, mandingueiro
                                                  [centenário,
Curandeiro de raiz.
É que eu andava com a moral bem abatida.

Gravado em 1999, no álbum "Sincopando o breque", *O vendedor de ilusões* é um samba que apresenta, além da ironia e da crônica, o lado "flâneur" de Nei Lopes. O ator representado no samba é uma figura típica carioca. Paralelamente, este ator faz um caminho que desenha um itinerário suburbano, saindo do morro da Matriz e chegando à Vila de Cava, na Baixada Fluminense. Esta música é fruto de histórias do cotidiano recolhidas por seu autor. Indagado sobre a forma como foi concebida, responde: "Sobre um fato narrado pelo falecido Gil, malandro do Cais e do Império Serrano, sacaneando o irmão dele",[46] diz Nei.

> Então, o velho nego mina Cipriano foi logo receitando
> Aquele monte de raiz:
> Marapuama, catuaba, cipó-chumbo, gengibre, simaruba,
> Baunilha e guaraná
> Pau de resposta, cravo, salva, amendoim, noz-de-cola e
> [um bocadinho
> De pimenta pra encerrar
> (Um verdadeiro coquetel da medicina popular).

Nos últimos versos da canção, os elementos populares como o trem, bairros da Zona Norte, o "coquetel da medicina popular", a referência africana como o "nego mina Cipriano", o imaginário da identidade de um passado carioca de gravata-borboleta e o salto carrapeta, nota-se que Nei idealiza um carioca, uma vez que, embora narre uma história em primeira pessoa, como se fosse o próprio personagem, este momento por ele mencionado, em que o indivíduo se alinha neste tipo de vestuário, não foi por ele vivido. Nesta e em outras canções, o vestuário será uma constante, principalmente em seus sambas de breque. Isto pode ser encarado apenas como uma diferenciação e uma singularização dos indivíduos que constroem seus critérios identitários. Também fica caracterizado que o carioca que Nei Lopes constrói simbolicamente é algo que se perdeu dentro de um processo histórico e que ele procura resgatar em suas canções.

Com algumas peculiaridades em sua estrutura musical, o álbum, com arranjos do violonista e parceiro Cláudio Jorge e do saxofonista Humberto

Araújo, possui nova roupagem em sua formà e alguns elementos mais tradicionais do samba até então feito por Nei Lopes estão suprimidos; sua voz, na interpretação, estabelece um diálogo com instrumentos de sopro e piano que percorrem toda a canção. Trata-se de um estilo de samba executado nas antigas gafieiras, recriando todo aquele ambiente.

Esculacho
(Wilson Moreira/Nei Lopes)

Tá um esculacho, tá um esculacho
Todo mundo querendo "dar volta", compadre!
Sai de baixo

Uma das canções da época em que Wilson Moreira e Nei Lopes compuseram sob "encomenda" para ilustrar reportagens em um quadro do programa Fantástico, na Rede Globo, em fins dos anos 1970. Trata-se de um partido-alto, com letra de Nei Lopes musicada por Wilson Moreira, e que, embora interpretado na TV por Elza Soares, teve sua primeira gravação em disco na voz do cantor Roberto Capri. Esta música foi gravada também pela mesma dupla, em 1985, no álbum "O partido muito alto de Wilson Moreira e Nei Lopes". O tema da música não é recorrente em suas canções. A malandragem sempre figurou como um fator preponderante na identidade do carioca. No caso de sua obra, são raros os momentos em que este tema é desenvolvido, pelo menos no sentido estrito do termo. No caso, trata-se de uma visão negativa da malandragem, no sentido de se levar vantagem. A crítica de Nei Lopes é também uma referência à brasilidade, pois a identidade normalmente é afirmada a partir de critérios que seus expoentes consideram como positivos; então, o "jeitinho" brasileiro, a "esperteza" no sentido de "levar vantagem" em tudo é também uma referência ao brasileiro incorporada no imaginário popular. Nei Lopes critica esta posição ao abordar tais características como um fator negativo. O malandro descrito na obra de Nei Lopes em nenhum momento remonta ao tipo como o descrito por Wilson Batista. Seria analogicamente mais próximo daquele caracterizado por Noel Rosa. Isto significa que Nei Lopes está mais preocupado em afirmar uma brasilidade que valorize o papel do sambista e do negro nesta construção.

> Meu compadre Nicanor
> Foi chamar um doutor
> Para ver minha pressão
> O doutor morto de pena
> Me deu Cibalena e cobrou um milhão.

Esta música foi composta em um momento de crise mais aguda no modelo econômico brasileiro, no final dos anos 1970, quando a inflação começava a subir, as constantes crises com o petróleo ocorridas na década e os sinais de esgotamento do modelo econômico brasileiro, da substituição de importações, já se faziam presentes. O *Esculacho* é uma representação disso. Além do mais, observando o caráter latente desta canção e estabelecendo uma analogia com outras, tais como *Coisa da antiga*, pode-se notar uma clara crítica aos novos costumes. Ao se referir aos dias de hoje, em que está "todo mundo querendo dar volta" (passar o outro para trás), Nei Lopes está criticando não somente o momento atual vivido, mas também o resultado de um processo que se incorpora à sociedade brasileira desde os primeiros anos republicanos, a modernidade.

Analisando esta canção sob o ponto de vista estético e musical, observa-se que na forma em que foi gravada por Wilson Moreira e Nei Lopes é criada em estúdio uma atmosfera popular, como se fosse uma gravação em uma roda de samba, com gritos, comentários, risos e improvisos. Isto demonstra como este caráter espontâneo traduz a própria popularidade do samba.

> *Fidelidade partidária*
> (Wilson Moreira/Nei Lopes)
>
> Minha tia-avó Rosária, partideira centenária,
> Perguntou pra mim:
> "Meu neto, o que é fidelidade partidária?"

Partido-alto composto em 1985, com letra de Nei Lopes e música de Wilson Moreira. O momento político no qual esta música foi composta é representativo. Trata-se da transição do período militar para a "Nova República". A conotação política é, na verdade, uma forma de afirmar os traços característicos de nossa cultura. Os elementos da identidade nacional estão presentes na roupa, na comida e na referência ao partido-alto. Ao mesmo tempo, Nei Lopes faz uma crítica aos costumes "desabonadores" de nossa boa conduta brasileira, como a propina e a política de interesses.

É importante lembrar que, para os compositores, esta música não teve inicialmente qualquer conotação política, tampouco ligação com o momento histórico. Mesmo não tendo sido intenção dos autores, esta canção possui uma simbologia política muito forte; "fidelidade partidária" é um trocadilho que, segundo Nei Lopes, se deu entre partido-alto e partido político, criando uma atmosfera confusa entre fidelidade ao partido político e a um estilo de samba.

> "Isso aí foi uma brincadeira surgida com meu amigo Rogério Rossini, maestro, que produziu os dois discos meus com o Wilson. Ele era uma pessoa muito engraçada e aí começou este negócio de 'fidelidade partidária'. É uma discussão política em torno dos políticos por não poderem se candidatar fora da legenda e tal. A gente brincando falou: 'fidelidade partidária é você ser fiel ao partido-alto'. Aí comecei a escrever, fiz também uma letra e dei para o Wilson e o Wilson musicou; é um jogo de palavras."[47]

Gravada em 1985, no álbum "O partido muito alto de Wilson Moreira e Nei Lopes", em *Fidelidade partidária* os cantores dialogam com o coro num contraponto em que aqueles perguntam e este responde. As vozes de fundo criam uma atmosfera de espontaneidade, como se a música estivesse sendo improvisada e gravada ao vivo. Um fato digno de destaque é a participação do cantor Evandro Mesquita, que não possui qualquer ligação com o mundo do samba e que, no momento da gravação, fazia parte de um grupo de *rock* que estava não somente no auge, como também era um dos representantes da ascensão deste estilo nos anos de 1980 dentro do cenário musical brasileiro. Esta foi uma jogada de *marketing* da gravadora, com o consentimento tanto de Evandro Mesquita como de Wilson Moreira, cujo resultado, porém, não agradou a Nei Lopes.

> *Gostoso veneno*
> (Wilson Moreira/Nei Lopes)
>
> Este amor me envenena
> Mas todo amor sempre vale a pena.

Lançado pela cantora Alcione e gravada pela própria dupla que a compôs, no álbum "A arte negra de Wilson Moreira e Nei Lopes" em 1981, este samba, de temática romântica, revela traços característicos nas canções de Nei Lopes.

O que parece ser apenas descompromissadamente uma canção romântica, apresenta um traço característico do samba desde seus primórdios: o uso de provérbios populares. Este é um fator indicativo da presença do ambiente popular. Os provérbios e ditados, como nos versos "se a vida é curta e o mundo é pequeno", são uma maneira que o povo encontra para pensar a sua existência; trata-se de uma filosofia popular. Além do mais, o provérbio tem uma referência na tradição, na ancestralidade, pois remonta ao papel das figuras dos velhos nas sociedades africanas. Mesmo na canção romântica de Nei Lopes, as identidades negra e popular se fazem presentes por meio dos usos desses artifícios, demonstrando que a própria relação amorosa entre homem e mulher nesta canção é, na verdade, uma vivência de atores de uma classe popular.

> *Mocotó do Tião*
> (Wilson Moreira/Nei Lopes)
>
> Eu convidei, você tem que ir (se divertir)
> No Mocotó do Tião na estação de Acari.

Partido-alto com letra de Nei Lopes e música de Wilson Moreira. De estrutura simples, esta canção revela um aspecto importante no subúrbio ou mesmo na sociedade carioca de forma geral. Faz uma alusão aos cafés no Rio de Janeiro da *belle époque*, ponto de reunião de pessoas comuns, políticos, empresários e demais cidadãos, lugares onde surgiriam debates e trocas de vivências. A intensa vida boêmia que se caracterizou nos cafés e, mais tarde, nos botequins simbolizou um aspecto particular na cultura carioca: a cultura de rua, os personagens dos bairros, os tipos comuns e os atores do dia-a-dia. Além dos bares e botequins, no Rio de Janeiro se formou uma cultura de rua em torno do trabalho informal dos vendedores ambulantes e camelôs. Os sambistas buscaram nesses lugares imagens que se tornaram enredos de suas canções. Portanto, estes símbolos passam a ser utilizados como referência, em contraponto à cultura elitista dos circuitos fechados e salões.

Mocotó do Tião foi gravada no álbum "O partido muito alto de Wilson Moreira e Nei Lopes", em 1985. Seguindo a estrutura dos partidos gravados por Nei Lopes já mencionados em outras análises, nesta canção, de forma satírica, os autores colocam em lados opostos o mundo popular das classes desfavorecidas e o mundo culto das elites. Utilizam ainda um recurso no qual inserem dentro do universo suburbano carioca o mundo elitista, como o cidadão de "gravata", diplomatas, personalidades do mundo artístico e o "luxo", fazendo desses elementos um reclame para destacar este aspecto do mundo popular. A sátira deste partido-alto demonstra, por um lado, o universo da elite para mostrar os valores do mundo popular que se contrapõem a este, pois o sujeito da canção é, na verdade, o "mocotó" feito por um cidadão comum, o "Tião".

Morrendo de saudade
(Wilson Moreira/Nei Lopes)

Estou morrendo de saudade
De um tempo feliz que passou
E eu não vi

Samba cujos versos iniciais foram compostos por Wilson Moreira e o restante da letra finalizado por Nei Lopes. Gravado por Beth Carvalho, em 1981, no álbum "Na fonte". O estilo deste samba se aproxima do samba-canção, cadenciado e com andamento lento, em que a interpretação confere um tom melancólico, reforçando a idéia da letra, principalmente por meio do solo do bandolim feito na introdução. Há uma relativa mudança em seu ritmo entre primeira e segunda partes; a música começa cadenciada e, além do solo inicial, o violão de sete cordas se destaca numa espécie de contraponto com o vocal. Especificamente nesta canção (analiso segundo uma interpretação de outro artista) mas genericamente falando, sua estrutura musical segue a mesma encontrada nas gravações de Nei Lopes. As referências ao subúrbio, à vida em casa, à samambaia na varanda, aos pássaros, a um mundo que a modernidade encobriu; tudo isso aparece, de forma latente, na canção. Segue, assim, uma tendência já observada na própria canção suburbana, conforme afirma Orlando de Barros, "o predominante da poética da canção suburbana é mesmo o bucólico, o pacífico, o nostálgico, o familiar, a pureza, a tranqüilidade. A canção suburbana é diversionista e consoladora".[48]

> *Sapopemba e Maxambomba*
> (Nei Lopes/Wilson Moreira)
>
> Tairetá hoje é Paracambi
> E a vizinha Japeri
> Um dia se chamou Belém (final do meu trem)

Samba, com letra de Nei Lopes e música de Wilson Moreira, gravado por Zeca Pagodinho no álbum "Zeca Pagodinho", em 1998. Este samba não traz nenhum elemento em sua estrutura musical que influencie na mensagem ou em sua constituição. Há uma busca na memória urbana do subúrbio carioca. A letra faz uma viagem no tempo e mostra as mudanças na periferia carioca em decorrência da modernidade na cidade do Rio de Janeiro. A idéia de buscar o passado e reconstruí-lo, na obra de Nei Lopes, é uma constante; o porquê dessa característica já foi mencionado ao longo deste trabalho e se reforça quando ele declara: "[...] tudo tem um propósito. Mas eu curto muito é lembrar coisas que já não existem mais. Ou então sacanear a babaquice que anda por aí".⁴⁹ Em suas obras literária e musical, Nei Lopes procura sempre fazer uma reconstituição das ruas por onde passam seus personagens, sejam os criados em seu imaginário, sejamos reais, como a biografia que escreveu sobre Zé Kéti.

O interesse pelo Rio de Janeiro de outrora é marcante em suas obras musical e literária. Nei tenta, por meio desse recurso, reforçar a constante busca pela recuperação de uma identidade perdida e também criticar indiretamente a modernidade, como se pode notar nos versos desta música, quando assevera que atualmente a *"velha"* Baixada está *"levantada"* com o progresso. Trata-se de um recurso, um subterfúgio, mostrar o novo que traz apenas uma fachada, mas que perde o original, o espontâneo dos próprios nomes dos lugares. Nei Lopes retrata dois personagens importantes na história da Baixada Fluminense, como ele próprio explica.⁵⁰ Joãozinho da Goméia (João Alves Torres Filho), babalorixá baiano nascido em 1914 e radicado em Duque de Caxias desde 1946, que foi uma personalidade popular da Baixada em sua época, tal como Tenório Cavalcanti. Joãozinho morreu em 1971, como diz a canção, foi *oló* – quer dizer, ir embora (*lo*) – expressão retirada do *iorubá*.

Nos últimos versos, Nei Lopes utiliza expressões populares como *"fechou a tampa"*, *"foi oló"* e *"tá tudo 'Olinda'"*. São recursos que procuram dar uma caracterização à sua obra. A fala popular é muito significativa no universo da canção e atua como um elemento de afirmação de identidade das classes que representa. A forma que a língua culta e oficial assume nos morros, subúrbios, bares e terreiros reflete sua singularidade; ali, a língua recebe uma identidade própria, pois o povo recria a forma de falar, incorporando elementos novos e antigos. O mais importante, neste caso, na obra de Nei Lopes, é a incorporação das línguas africanas à língua do Brasil. Estes recursos são amplamente utilizados pelo compositor, fato que reforça a afirmação das identidades negra e carioca.

Senhora liberdade
(Nei Lopes/Wilson Moreira)

Abre as asas sobre mim
Oh, Senhora Liberdade!

Samba com música de Wilson Moreira e letra de Nei Lopes. Esta canção tem uma particularidade e reforça a idéia de a temática romântica envolver também questões sociais e, neste caso, identitárias. Segundo Nei Lopes,

> "A história é interessante porque, conversando com o Wilson, eu falei: 'vamos fazer um samba assim tipo cadeia', porque eu conheci alguns que falam de problemas penais. Eu me lembro de um que o cara cantava lá no Irajá: 'não sou o réu mas a justiça me condena, que culpa cabe a mim, que mal eu fiz a essa pequena, isso são coisas de rapaz, seu doutor, se eu errei, ela errou mais.' Era uma época que 'nego' era preso por sedução, artigo 217. Aí nós fizemos o samba como uma evocação, uma lembrança daqueles sambas cantados dentro do sistema penal. Inclusive é uma tradição que há pouco tempo eu soube que tem também no *blues*, chamado *prison blues*. Mas pessoas começaram a achar que isso era música da anistia...".[51]

O próprio Wilson Moreira, que foi agente penitenciário, conta que, ao ser executada esta música no rádio, um dos detentos o abraçou. Seu título inicial era *Violenta emoção*, começando, inclusive, a partir dos versos "violenta emoção...". A música foi apresentada a Zezé Mota – que a gravou – em uma feijoada na casa de Sérgio Cabral, e depois foi levada para estúdio, onde seu título e sua ordem foram alterados pelo produtor musical João de Aquino.

A particularidade desta canção reside no fato de ela ter adquirido uma conotação política, embora seus autores afirmem que ela não foi composta com este fim. A alusão ao hino da República e o momento histórico em que ela foi elaborada e gravada contribuem para esta apropriação política. Isto se explica pelo fato de que a composição foge ao controle de quem a compõe, assume uma própria identidade e o momento histórico em que a música aparece contribui significativamente para esse processo. Em 1981, Nei Lopes e Wilson Moreira gravam *Senhora liberdade* no álbum "A arte negra de Wilson Moreira e Nei Lopes". Este período coincidiu com o momento de abertura política pelo qual o Brasil estava passando. A interpretação de Nei Lopes e Wilson Moreira cria uma atmosfera de melancolia em torno da voz de seus intérpretes e do coro que a acompanha; portanto, esta característica cria um ambiente de identificação com a própria voz e o clamor do povo pela mudança que se fazia necessária no país naquele e em outros momentos que se seguiram.

> *Malandros maneiros*
> (Zé Luiz/Nei Lopes)
>
> São eles, velhos malandros maneiros,
> Que têm São Jorge Guerreiro
> Como fiel protetor

Partido-alto com música e letra da primeira parte compostas por Zé Luiz e o restante por Nei Lopes, esta canção começou a ser feita por Zé Luiz no dia 23 de abril, na Escola de Samba Império Serrano, na hora em que seu filho estava nascendo. Segundo Zé Luiz, esta canção não é propriamente uma homenagem aos bicheiros, mas aos "apontadores", os ditos "aranhas", aqueles que escrevem as apostas. Foi também uma homenagem a São Jorge, devido à ligação simbólica deste santo com a malandragem, conforme relata:

> "Mas como São Jorge tinha uma ligação muito forte com a malandragem, com bicheiro, aquela coisa que a gente via quando era garoto, o bom malandro tinha que ter um São Jorge de ouro no peito, então eu criei toda essa imagem junto com esse acontecimento do meu filho ter nascido no dia 23 de abril, dia de São Jorge, que é uma data carioca."[52]

A canção foi gravada por Roberto Ribeiro no álbum "Corrente de aço", em 1985, com participação de Nei Lopes. Antes de entrar na análise desta canção, é necessário examinar em particular a questão da representatividade do jogo do bicho na sociedade carioca.

Segundo Roberto da Matta,[53] o jogo do bicho foi inventado na cidade do Rio de Janeiro em 1890, momento que se caracterizou pelo advento da República e pelo crescimento do individualismo liberal em todo o país, passando de uma sociedade aristocrática, escravocrata e hierárquica para uma nação que se representava como igualitária, com cidadãos livres e direitos iguais. O advento da República traz mais do que um novo regime político, pois há uma mudança profunda também no quadro social brasileiro.

No período de sua criação, a cidade se viu numa profunda reviravolta democrática. Além disso, como dito anteriormente, não houve mudança dos papéis desempenhados por elite e massa; a cidade viu crescer, juntamente com a República, um funcionalismo público corrupto e eleições fraudulentas. "Enquanto as elites golpeiam a sociedade brasileira com a Proclamação da República, o povo interpreta o desfecho à sua maneira, com uma piada: 'que bicho deu?', pergunta alguém. Outro responde malandramente: 'Deu Deodoro.'"[54]

Roberto da Matta conclui afirmando que as massas populares passaram a tratar a República da forma que lhes era conveniente, a partir de um resultado do jogo do bicho. Se são impotentes dos pontos de vista jurídico, intelectual e político, elas revelam, ao usar deste artifício, uma notável capacidade de reagir, a seu modo, aos mandos e desmandos das elites republicanas. Como se pode observar, o surgimento do jogo do bicho e a constituição do samba aconteceram em um período marcante para a construção da identidade nacional. Esta é, do ponto de vista simbólico, uma das mais importantes canções de Nei Lopes.

A malandragem não é um tema freqüente no trabalho de Nei; são poucas as referências e, em alguns casos, se apresenta como um aspecto negativo, como na canção *Esculacho*. Seu parceiro nesta música, Zé Luiz, assevera que a referência à figura do malandro e ao próprio carioca nas canções que faz com Nei Lopes e outros parceiros remete àquela idéia de malandro no sentido de ser uma pessoa que supera as dificuldades do dia-a-dia com esperteza, não de alguém que procura "levar vantagem". Mas, no sentido de poder lidar com as situações do cotidiano, esse malandro encarna a identidade do próprio carioca, como se pode observar no depoimento de Zé Luiz quando pretende passar a idéia de carioca em sua música:

"A sátira, essa boa malandragem, do carioca malandro, do cara que dá jeito sem prejudicar ninguém, o 171 bem comportado, o carioca que eu conheci e que o Nei também conheceu, o bom malandro que a gente teve na escola, teve mil referências de noites, noitadas e violões, tanta gente que passou pela gente que deu esse ensinamento, essa visão que a gente tem do carioca e da música carioca."⁵⁵

Na declaração de Zé Luiz, podemos ter a idéia do carioca idealizado e construído em um passado que se perdeu. Nesta canção, o "apontador" do jogo do bicho é um tipo popular presente na sociedade carioca. Durante muitas décadas e mesmo com o enfraquecimento do jogo do bicho nos últimos anos, com a repressão e o surgimento de outras modalidades, como loterias governamentais e das TVs, o jogo do bicho foi uma constante na vivência das camadas populares e do próprio Nei.

"O jogo do bicho, como todo mundo sabe, nasceu aqui, na Vila, para se tornar uma instituição nacional [...] Muito já se escreveu sobre ele, desde os tempos de Lima Barreto. Mas eu convivi muito de perto com o assunto, pois tive apontador ('aranha') na família e nasci de um ventre bem chegado a um 'invertido e cercado.'"⁵⁶

O jogo do bicho identifica-se em particular com o samba por estar incorporado a uma série de significados do cotidiano carioca. Na referência às crenças populares e aos costumes, os "apontadores" são personagens das ruas e sua relação com os apostadores teatralizam o ambiente urbano de uma cidade. A ligação do jogo do bicho é muito mais forte com as classes mais baixas e, juntamente com o samba, compõe este amálgama de diversidades que é o universo popular.

>Avestruz, águia, burro, cavalo,
>Elefante, galo, macaco e leão.
>Borboleta, cachorro, coelho,
>Carneiro, camelo, veado e pavão...
>Eu sonhei que você, na floresta,
>Estava numa festa mas me viu, correu.
>Fiz a fé no malandro da esquina
>E tu nem imagina o bicho que deu.

A construção deste partido-alto, principalmente nas três últimas partes, foi elaborada por Nei Lopes, que criou letra e música dos versos para serem cantados em diálogo por dois "versadores" ou "partideiros", o que acontece na própria gravação de Roberto Ribeiro. O termo "versador" se refere, no mundo do samba e nas rodas, àquele indivíduo que improvisa entre um refrão e outro. O "partideiro" também possui significado semelhante: são palavras que assumem seus devidos significados dentro de uma determinada conjuntura.

A gravação desta canção, embora feita por outro cantor, possui o mesmo suporte musical dado às gravações individuais de Nei Lopes. Cantando em diálogo, os cantores procuram recriar uma atmosfera de espontaneidade e popularidade, acompanhados por um coro e vozes que se misturam ao ambiente de gravação. Esta característica do partido-alto, já discutida neste trabalho, não é uma inovação em Nei Lopes; de forma geral, nas gravações de samba, é um recurso muito utilizado e, nos "partidos", é quase indispensável. Analiso as proposições estéticas do suporte musical deste estilo de canção, no sentido de identificar a forma como estes elementos se apresentam como simbologia na construção da identidade.

Baile no Elite
(João Nogueira/Nei Lopes)

Fui a um baile no Elite, atendendo a um convite
Do Manoel Garçon (Meu Deus do Céu, que baile bom!)

Em *Baile no Elite*, percebe-se a figura do cidadão comum, com um aspecto meio "malandreado" em seu jeito de agir e de vestir. Na verdade, este samba de breque, gravado inicialmente por João Nogueira e, mais tarde, em 1999, pelo próprio Nei Lopes no álbum "Sincopando o breque", retrata um momento em que o cidadão comum do povo busca uma forma de fuga das dificuldades do cotidiano como o desemprego, a violência e a falta de perspectiva. Cria-se, assim, a necessidade neste indivíduo de se desligar um pouco de sua realidade. O personagem principal desta canção recria, por meio de um sonho, toda uma atmosfera de determinada época perdida no passado carioca, o *glamour* da Orquestra Tabajara, o tempo do terno de linho S-120 e de personalidades peculiares do mundo musical da cidade do Rio de Janeiro.

A Gafieira Elite, além de ser um ponto tradicional na vida carioca, é representativa na constituição dos valores populares, centro de referência da malandragem e do viver da cidade que as músicas de Nei Lopes procuram retratar. As gafieiras aparecem com uma certa freqüência na canção popular brasileira, mas é no estilo samba sincopado e de breque que o *locus* da malandragem e dos personagens cariocas se ambienta com mais freqüência. Simbolicamente, a gafieira representa um baluarte da própria identidade carioca.

Além da simbologia que a gafieira, não só a Elite como as demais, possui, existe a proximidade deste ambiente com o próprio Nei. Dois de seus irmãos, já falecidos, foram músicos de gafieiras: Jorge (Gimbo), trombonista, e Zeca, cantor. Portanto, houve, por parte de Nei Lopes, uma vivência muito grande desse universo, que era trazido para a sua casa. Além disso, conviveu com vários músicos de gafieira e freqüentou o ambiente, embora não fosse de forma assídua. Inclusive os personagens da canção, como Manuel Garçon, Trajano, Mário Jorge etc., são todos reais.

A construção deste samba de breque resulta num imaginário vivido em uma época perdida no tempo; seu personagem principal faz parte de uma atmosfera do passado carioca, seu vestuário, sua atitude corporal, a presença da orquestra e os músicos recriam este espaço por onde transita. A linguagem popular do personagem que toma "traçado", baila no "puladinho" e no "cruzado" é marcante na construção desta identidade carioca. A importância do papel da gafieira neste processo pode ser vista na própria gravação, pois, em estúdio, a canção é acompanhada por um naipe de metais que procura recriar o próprio ambiente da gafieira.

Ao povo em forma de arte
(Wilson Moreira/Nei Lopes)

Quilombo
Pesquisou suas raízes

> E os momentos mais felizes
> De uma raça singular

Este samba foi criado em 1978 para o enredo do Grêmio Recreativo Arte Negra Escola de Samba Quilombo. Gravado inicialmente por Candeia e, mais tarde, em 1980, registrado no álbum "A arte negra de Wilson Moreira e Nei Lopes". Trata-se de uma canção feita a partir de uma sinopse fornecida pela escola, dentro dos padrões estilísticos de um tipo de samba-enredo que valorizava mais o conteúdo e a forma musical, cujo aspecto mais importante não estava apenas no refrão como atualmente, mas em sua estrutura como um todo. Trata-se de um samba mais cadenciado. Mesmo que na gravação apareça um maior número de instrumentos de percussão, como toda gravação de samba-enredo, a estrutura estética desta canção é uma forma de busca de identidade no sentido de resgatar o samba-enredo "legítimo", tal como era concebido até os anos 1970, quando este estilo passou por profundas transformações, descaracterizando-se e perdendo sua cadência. Devido ao tempo cronometrado dos desfiles e o excessivo número de participantes, os sambas-enredo dos dias atuais possuem um andamento muito acelerado, rimas e letras fáceis. No entanto, muitos sambistas reivindicam o resgate de um dos elementos mais representativos do ponto de vista simbólico dentro dessa manifestação da cultura negra, que é o samba-enredo tradicional.

A afirmação da identidade negra nesta canção está além de suas concepções estética e musical, como já analisado. A poética traça um perfil da história negra reivindicando seu quinhão dentro da história universal, situando o negro como construtor de um processo de criação cultural destruído pela colonização européia nos países africanos.

> Por isto o Quilombo desfila
> Devolvendo em seu estandarte
> A história de suas origens
> Ao povo, em forma de arte.

A simbologia dos últimos versos desse samba (criados a partir de uma proposta do falecido poeta Solano Trindade, desenvolvida, no enredo, por sua filha Raquel): "devolver ao povo negro sua história, em forma de arte") é marcante na afirmação da identidade negra. Quando afirma que em toda a cultura nacional e até mesmo nas ciências houve influência do negro, Nei Lopes quer demonstrar que o negro não foi mero objeto, mas sim sujeito da história universal. No caso especial do negro brasileiro, a determinação em afirmar sua cultura e sua identidade, segundo a canção, aconteceu de maneira tão intensa que, mesmo sob total repressão – "lutou, viveu, morreu e se integrou" –, ele não abandonou suas raízes. O título do enredo sugere a arte como veículo de exteriorização dessa identidade, mostrando a origem negra ao povo, na forma de sua arte.

Malandro JB, samba de breque gravado por João Nogueira no disco "Espelho" em 1977, possui um suporte musical baseado na estrutura do samba mais tradicional. A idéia deste samba, segundo Nei Lopes, foi demonstrar seu descontentamento com as escolas de samba e os rumos que estavam tomando, em que a tradição, a coletividade, o sentido de comunidade e a ligação com as raízes africanas perderam espaço para a suntuosidade do carnaval-espetáculo. O samba deixara de ser da comunidade para ser objeto de usurpação do turismo e dos meios de comunicação. Seguindo a peculiaridade deste estilo, a voz de João Nogueira segue um tom de recitação, como se estivesse falando; a voz é gingada, seguindo uma atitude corporal típica[57] de um determinado carioca, mais malandreado.

O carioca descrito na música é também resultado da construção mítica feita por Nei Lopes; a rua e os espaços por onde transita são, na verdade, o teatro urbano, onde o ator, neste caso o personagem principal da canção, tem no vestuário o fator de maior singularização. A roupa possui a característica de identificar o indivíduo diante de um emaranhado de pessoas; além disso, a referência ao chinelo-charlote, ao chapéu copanorte e ao blusão de vual identifica não somente o próprio carioca, como o situa em seu tempo na história e em seu espaço na própria cidade, uma vez que, em se tratando de ser o carioca um "ser" múltiplo, resultado de inúmeras transformações socioeconômicas e da própria disparidade de seu território, é necessária esta particularização em sua construção identitária.

Nesta canção, há uma referência à malandragem, como já dito, fato não muito presente na obra de Nei Lopes. Ao se falar de "malandro", é necessário fazer algumas observações: primordialmente, é necessário desvincular a idéia de malandro da idéia de carioca, pois, da mesma forma que não existe uma unicidade carioca, o mesmo se pode dizer em relação ao malandro. O carioca que Nei Lopes descreve em sua obra é um tipo quase não vivido por ele, mas presenciado. Quando criança, ele chegou a conviver com este carioca e uma de suas lembranças mais marcantes, inclusive no depoimento de seu parceiro Zé Luiz sobre a música *Malandros maneiros*, está naquela idéia da indumentária e da religiosidade do "bom" malandro, que seria aquele que carrega uma medalha de São Jorge pendurada no peito. Portanto, o que pretendo, ao fazer esta observação, é afirmar e reforçar a seguinte idéia: ao se analisar a construção da identidade carioca, é preciso observar sua multiplicidade e também a idéia de similaridade entre malandro e carioca, fato que não existe, principalmente na obra de Nei Lopes. Ao se definir a identidade carioca, seja no mundo do samba em geral ou mesmo em determinado sambista, é preciso procurar não confundir malandragem, em seu sentido ilícito, com um indivíduo que apenas busca uma particularidade pela indumentária e pela atitude corporal típica.

O protagonista descrito em *Malandro JB* tem o seu habitat nos lugares populares como a gafieira, que se apresenta simbolicamente como ícone da identidade carioca e popular. O ator faz um roteiro particular e segue lugares tradicionais do ambiente popular carioca, mas não somente isso: ele traz em sua indumentária a medalha de São Jorge, cujo simbolismo é muito forte, conforme abordado anteriormente. Mas um fato que também deve ser levado em conta é que Nei Lopes, ao citar esta referência, fala em um sincretismo religioso, remetendo este "ser" não somente ao universo carioca, mas também ao nacional. Isto significa dizer que o carioca descrito por Nei é também um referencial de brasilidade.

> Mas eu de sambista, tive que ser jornalista
> Pra me valorizar
> (passei no tal vestibular)

Esta canção, além da crítica aos rumos das escolas de samba, faz uma separação entre mundo erudito e popular. Na primeira parte, há uma descrição de um tipo de carioca malandro, seu ambiente, seu modo de ser e suas situações do cotidiano que o singularizam dentro de seu universo. Na segunda parte, há uma ruptura, na qual Nei Lopes procura mostrar o distanciamento das camadas populares em relação à erudição da academia. A crítica à desvalorização do músico, em especial do sambista, remonta à dicotomia dos anos 1930/1940 entre trabalhador/malandro, em que o reconhecimento do artista somente se tornava possível quando associado ao trabalho (não incluindo aí o músico como trabalhador), no caso o jornalismo.

De forma satirizada, nesta canção, Nei Lopes procura situar o ambiente atual das escolas de samba e a cooptação por parte das classes mais favorecidas desta manifestação popular. Vale observar que, quando o ator é convidado para julgar samba-enredo, depara-se no meio da quadra com um "camarada" apresentando um aspecto de "jeitão de Ipanema" e "artista de cinema". Em primeiro lugar, o bairro de Ipanema, situado na Zona Sul carioca, sempre simbolizou o *locus* das classes abastadas, principalmente na referência daquele primeiro grupo da bossa nova, citado por Tinhorão e Nei Lopes, cujas canções se alinhavam com sol, amor, mar etc. Em segundo lugar, além de ser da Zona Sul carioca, o cidadão que tenta suborná-lo é um artista de cinema; as várias críticas que Nei Lopes faz às escolas de samba residem no fato de estas comunidades desvalorizarem seus próprios componentes para ceder lugar a modelos, atores e jogadores de futebol que não vivenciam o dia-a-dia dessas comunidades. Por fim, existe a atuação dos cartolas transformando as escolas de samba em um mero "balcão de negócios". Esta simbologia, utilizada como recurso por Nei Lopes, faz coro a várias críticas de autores e depoentes já mencionados neste livro em relação à inserção da classe média carioca neste ambiente a partir da década de 1960, atribuindo a este fato a responsabilidade pelos caminhos que as escolas de samba iriam tomar futuramente. Embora, até esta década, compor samba-enredo não fosse uma atividade rentável, período em que se viam ainda compositores serem fiéis à sua agremiação, o que se viu a partir da década de 1970 foi um quadro de acirradas disputas que agora fugiam à esfera da magia de se representar uma escola para a do "fabuloso" mundo do capital. Assistimos, nas décadas subseqüentes, à migração de compositores, intérpretes e outros membros para escolas que lhes ofereciam um maior rendimento. Com essa situação, acabou – ou há uma contribuição para eliminar – o grande elo de ligação que era estabelecido dentro da comunidade. Tudo o que as escolas representaram, ao longo de seus anos de existência, perdera sentido; agora seria a época da Escola de Samba S.A., na qual os "bambas" não teriam mais vez. Esta é a principal crítica de Nei Lopes e, como estratégia, utiliza, nesta canção, os próprios caracteres identitários de seu ambiente popular carioca para delinear sua crítica, empregando uma linguagem "inventada" pelas camadas populares, como a expressão "boi-com-abóbora", que se refere a um samba considerado malfeito.

Camarão com chuchu
(Nei Lopes)

Camarão tá caro pra chuchu.
Camarão tá caro pra chuchu.

Este samba foi gravado em 1985 por Jovelina Pérola Negra, no álbum "Pérola Negra". Nei Lopes satiriza a carestia, o aumento do custo de vida e a dificuldade de sobrevivência enfrentada pelas camadas populares. A interpretação de Jovelina confere a esta canção um caráter acentuadamente popular, devido à sua própria representatividade dentro do panorama musical brasileiro e aos recursos estéticos musicais que utiliza, como um coro que dialoga com sua voz acentuada. A interpretação da canção reforça o seu caráter identitário e o seu caráter crítico.

A maré hoje não tá pra peixe
Não tá pra sardinha, nem pra baiacu
Quanto mais pra camarão
Camarão tá caro pra chuchu.

Por meio da linguagem metafórica da canção popular, o cidadão comum pode expressar ironicamente sua condição de excluído, denunciando suas dificuldades e os rumos da economia. Expressões como "a maré não tá pra peixe", "caro pra chuchu" e "cana e limão" revelam um mundo popular e situam o sujeito da canção dentro de seu *locus*. Além disso, o recurso mais utilizado por Nei na construção do "ser" carioca idealizado e situado dentro de um passado é aquele que evoca não somente o subúrbio, mas também o tipo de carioca que o habitou. Segundo Nei Lopes, na antiga Freguesia do Irajá, a comunicação de seus moradores com a cidade se dava pelo mar. Onde atualmente está o bairro de Cordovil e a Estrada do Porto Velho, até a primeira metade do século XX era o caminho para o porto de Maria Angu.[58] Conta-nos Brasil Gerson que, de fato, o meio de transporte para a Zona Norte da cidade era feito pelo mar, principalmente nos séculos XVI e XVII, quando surgiram vários pontos de paradas de embarcações nas regiões de Inhaúma, Penha, Irajá, Pavuna e no famoso porto de Maria Angu. Tinham como ponto de partida a Cancela dos Jesuítas, hoje conhecida como Largo da Cancela, situado no bairro de São Cristóvão, na Zona Norte da cidade.[59] Portanto, os lugares e costumes retratados na canção são de uma época em que fica difícil de se caracterizar seu tempo exatamente; são recursos que se apresentam como singularizadores do carioca descrito por Nei.

> O dinheiro que eu tinha no bolso
> Pra fazer almoço, meu irmão
> Só deu mesmo praquilo de sempre
> Mais a cana e o limão

Como nas outras canções, nesta aparece um elemento novo muito importante na simbologia da construção da identidade, além das características já mencionadas ao longo deste trabalho, como fator de afirmação de identidade: a questão da alimentação. A simbologia que a comida representa na construção da identidade é de enorme relevância. Quando Nei Lopes menciona em suas crônicas ou canções o feijão, mocotó e a moqueca, certamente não está se referindo apenas a pratos tipicamente populares. Implicitamente, neste aspecto se insere uma questão identitária; geralmente, os traços de singularização de um grupo estão na roupa, na fala e no jeito de ser. No caso do samba, a alusão à culinária é a mais importante referência africana. Há sempre uma analogia feita a partir da alimentação, como o "molho" da canção, o "tempero" do brasileiro ou uma música "apimentada". Além disso, existe um referencial no modo de fazer a comida. Os traços da brasilidade se encontram nestes aspectos, em que muitas vezes existe uma associação entre comida e etnia.

No caso do camarão com chuchu, trata-se de um prato tradicional da cozinha carioca e até mesmo brasileira. O maior retrato desta simbologia envolvendo a questão da culinária, em nível de comparação, pode ser observado na música gravada por Carmem Miranda, na década de 1940, chamada *Disseram que eu voltei americanizada*, de Vicente Paiva e Luiz Peixoto, na qual, para se defender das acusações que na época lhe eram feitas, de estar abandonando suas "raízes" brasileiras, passa a utilizar vários recursos por meio da canção, tentando afirmar sua brasilidade. Analisando a letra da canção, pode-se notar um contraponto, em que nos primeiros versos é citada a acusação de negação de brasilidade:

> "Disseram que eu voltei americanizada, com o burro do dinheiro, que estou muito rica, que não suporto mais o breque do pandeiro e fico arrepiada ouvindo uma cuíca. Disseram que com as mãos estou preocupada e corre por aí que sei certo zunzum, que já não tenho molho, ritmo, nem nada e dos balangandãs, já não existe mais nenhum."

Observa-se que há uma forma de defesa na qual a cantora enumera, pela letra, os ataques sofridos, e até mesmo os elementos simbólicos são especificamente correlatos ao samba. Há também um referencial simbólico de brasilidade, inclusive no que se refere à comida, quando afirma que a mesma perdeu o "molho". Em contrapartida, na segunda parte da canção, em que procura responder às críticas, busca em outros elementos simbólicos os meios de afirmação de sua identidade brasileira:

> "Mas pra cima de mim pra que tanto veneno, eu posso lá ficar americanizada, eu que nasci com o samba e vivo no terreiro, tocando à noite

inteira a mesma batucada, nas rodas de malandro a minha preferida, eu digo mesmo eu te amo e nunca *I love you*, enquanto houver Brasil, na hora da comida, eu sou do camarão ensopadinho com chuchu."

O que se pode notar nos últimos versos é a forma como a brasilidade se apresenta em fortes símbolos, ligando o samba, a língua e a comida, além das citações, como o terreiro e batucada, típicos da negritude, por isso podemos estar de acordo com o próprio relato de Nei Lopes:

"[...] a roupa é um traço de identificação, a fala é um traço de identificação e a culinária também, não digo nem que esses pratos que estão em meu cardápio musical sejam traços distintivos de carioquice; são traços distintivos de brasilidade."[60]

Portanto, os critérios identitários da canção interpretada por Carmem Miranda se apresentam com bastante veemência em sua interpretação, quando a canção se encerra, de forma enfática, citando a culinária.

No fundo do Rio
(Guinga/Nei Lopes)

Nasci no fundo do Rio, sou um peixe arredio
Caranguejo e siri (Acari, Bariri)

Letra de Nei Lopes sobre melodia elaborada pelo violonista Guinga. Antes de analisar esta canção, é importante lembrar que a sua letra foi totalmente alterada em relação à anterior. A primeira fazia uma referência de cunho africanista, inclusive inovando na própria forma de escrever de Nei Lopes, com referência à Bahia e à cultura nagô.

A caracterização desta canção, quanto ao estilo, apresenta alguns problemas. Guinga, autor da melodia, classifica-a como samba. Não é do meu interesse entrar no mérito da evolução ou das mudanças nos padrões rítmicos do samba, ou seja, tratar especificamente da teorização estrutural da canção popular brasileira. Pretendo apenas ressaltar que, nesta parceria, a linguagem das composições tem uma peculiaridade, pois o estilo musical do compositor Guinga é considerado uma forma revolucionária dentro da música brasileira. Esta canção pode ser entendida como samba, desde que se levem em conta a multiplicidade deste gênero e as diversas formas e estilos como ele é concebido.

O importante, em se tratando de afirmação de identidade, é observar os recursos utilizados para o suporte da canção e a relação que os intérpretes fazem, além da forma como se situam no mercado. Enfim, observar o modo pelo qual o mercado se apropria ou não deste gênero de canção. A música elaborada por Guinga, vista sob este aspecto mercadológico, não é um estilo que se contrapõe ao tradicional ou mesmo o resultado de um gênero de canção popular cooptado e diluído pelo mercado, mas uma forma singular de também definir o carioca por meio uma linguagem própria.

Esta canção foi gravada por Guinga em seu álbum "Cine Baronesa", com participação de Nei Lopes na interpretação e com o jornalista Sérgio Cabral fazendo, no decorrer da canção, o recitativo de um texto também escrito por Nei. Os versos iniciais apresentam um ator que circula numa cidade "construída" no subúrbio de Acari, Andaraí, Ramos e Penha. Um ser malandreado que "pisa no barro", trabalha duro, mas também "tira sarro" e não se deixa afastar de sua religiosidade na tradicional Festa da Penha.

O personagem da canção define seus critérios identitários por meio de símbolos da cidade carioca como o "pagode" cantado no bar e o "seu Manoel", nome que representa dono de bar ou padaria no imaginário carioca; são inúmeros os sambas e crônicas em que aparecem estas referências. Além disso, seus versos descrevem um Rio de Janeiro mais atual, onde o transporte alternativo de "vans" e "kombis" começa a se incorporar ao cotidiano da cidade, criando novas vivências e situações, fatos que influenciam na definição do "ser" carioca.

A canção *No fundo do Rio* se constitui em três partes distintas. Na primeira parte, reaparece uma construção idealizada, aquela idéia já desenvolvida por Nei Lopes sobre o carioca. A segunda procura escapar um pouco de sua tendência de construção identitária, pois a temática da canção apresenta uma característica de transição; e a terceira é uma espécie de produto final do carioca a partir da inclusão de novos elementos no cenário carioca como o "funkeiro", que vai para o "Largo do Tanque", lugar que não tem "alemão", que, na linguagem popular, se refere a algum "inimigo". Portanto, o habitat e a vivência do personagem expressos em suas linguagens trazem para o mundo urbano do carioca construído por Nei Lopes novos personagens de uma cidade em constante transformação.

A letra da canção apresenta uma característica nova, com abordagens e temas não muito freqüentes. Nei Lopes, em determinada parte da canção, faz uma alusão ao mundo *funk* e ao universo que o circunda. Em seu livro *Guimbaustrilho e outros mistérios suburbanos* há um comentário sobre o gênero *funk*. Diz Nei Lopes que este funcionou durante determinado período como "válvula" de escape para as camadas marginalizadas da periferia, o que era visto pelas classes dominantes como uma ameaça, pois apresentava um potencial de violência. Posteriormente, o *funk* no Brasil passou por um processo de diluição, foi minado em sua "autenticidade negra", até chegar ao "asfalto" e à grande mídia. Isso contribuiu para que aquele movimento, que poderia ser objeto de exteriorização das camadas mais baixas e veículo de expressão de um identidade negra, fosse transformado em um discurso caricato e alienante. Igual processo pode ser, analogamente falando, observado na relação samba e pagode. Portanto, Nei Lopes não nega a autenticidade do *funk* como veículo de exteriorização das camadas marginalizadas. Sua crítica a este gênero se dá pelo fato de ele ter tomado caminhos que o distanciassem de sua origem e por sua apropriação pelo mercado, com as conseqüentes diluição e extirpação dos elementos simbólicos de negritude do *funk*. Então, esta última referência na canção, implicitamente, reforça a idéia da existência de outras linguagens identitárias, bem como uma multiplicidade do "ser" carioca, do qual Nei Lopes, neste caso, tenta dar conta.

Tia Eulália na xiba
(Cláudio Jorge/Nei Lopes)

Já meio cambaia de tanta batalha
Já meio grisalha de tanto sereno

No colo moreno escondendo a navalha
Chegou tia Eulália sondando o terreno

Música gravada em 1983 por Roberto Ribeiro no disco "Roberto Ribeiro". Trata-se de uma "xiba" com letra de Nei Lopes e melodia de Cláudio Jorge, sendo a primeira canção desta parceria. Sua análise, em particular, é feita no sentido de identificar um elemento presente em toda a sua obra, seja em menor ou maior proporção. Inicialmente, podemos observar somente a poética na canção, por ser elemento mais evidente. Trata-se da forma, ou seja, do meio como Nei Lopes constrói sua poética dentro de uma ótica literária.

Nei Lopes, durante o período em que cursava o ginasial, recebeu de seu padrinho um livro de Olavo Bilac. Foi a partir daí que se tornou leitor assíduo do poeta parnasiano, inclusive o tem como grande influência na construção poética rigorosa da maior parte de suas canções. Os fins e propósitos de sua canção estão sempre relacionados aos critérios identitários analisados neste trabalho. Há sempre uma construção mítica do passado carioca e mesmo negro. Mas, além destes aspectos identitários mencionados, outro fator de grande importância não pode ser negligenciado: trata-se da forma, no sentido poético, ou seja, a organização da temática obedecendo a critérios preestabelecidos, às vezes encarados como não muito espontâneos e mantenedores de uma certa rigidez em sua concepção.

"Eu acho que o parnasianismo deu o alicerce. Li muito mesmo, li muito porque eu gostava. Eu me lembro que quando cheguei ao curso científico, eu tinha uma colega que gostava de Carlos Drummond de Andrade. Um dia ela me mostrou lá uns poemas, aí eu falei: muito chato isso 'no meio do caminho havia uma pedra', cadê o ritmo, cadê a rima? Então não me agradava. Depois, mais tarde, que fui penetrar mais no conteúdo, mas poesia pra mim sempre foi a forma. Li ao mesmo tempo Olavo Bilac, Raimundo Corrêa e Alberto de Oliveira, esses poetas todos. E ao mesmo tempo que eu lia isso, eu ouvia muita música e ouvia muito samba; fica meio difícil a gente excluir uma coisa da outra: foram influências significativas e concomitantes. Eu acho sinceramente que a coisa da leitura da poesia forneceu a base do fazer, dividir direitinho, escandir [...]

Acho então que a habilidade de fazer o samba, acredito mesmo que foi de ouvir, porque ouvindo a gente exercita, mas torno a dizer que eu acho que a base está lá na leitura de Bilac."[61]

Na supracitada declaração de Nei Lopes, podemos observar que sua grande influência se encontra na própria vivência no ambiente do samba, mesmo porque, ao contrário de Olavo Bilac, que o influenciou apenas formalmente, sua produção apresenta-se mais compromissada com as causas sociais, com um olhar mais direcionado ao panorama socioeconômico brasileiro. Não existe aquele distanciamento em relação à própria realidade brasileira.

Por meio de uma breve audição de suas canções e da observação de algumas letras, é possível notar esta "forma", embora não siga padrões rígidos como os poetas parnasianos, nem se utilize de linguagem rebuscada. Por isso, a análise de *Tia Eulália na xiba* é feita pela observação de seus critérios identitários e pelo modo como Nei utiliza a "forma".

Observemos, nas duas últimas estrofes, as combinações poéticas e a forma como Nei Lopes coloca as rimas:

A voz Clementina já bastante **rouca (A)**
É uma coisa **louca** a sinhá Tia **Eulália (B)**
Cigarro de **palha** no canto da **boca (A)**
Não dorme de **touca** e nunca se **atrapalha (B)**
Ela é veterana na Guerra da **Itália (A)**
Mas ainda **estraçalha (A)** no **bolimbolacho (B)**
Quando bole **embaixo (B)**, tá com tudo em **riba (A)**
Quando cai na **xiba (A)**, a casa vem **abaixo (B)**

Os destaques na letra mostram a estrutura poética e a forma específica de Nei Lopes. As combinações "louca-boca", "palha-atrapalha", "Itália-estraçalha", "riba-xiba", "embaixo-abaixo" evidenciam uma influência representativa em sua música. Na primeira estrofe, identifica-se um sistema de rimas num jogo de combinações entre as palavras citadas, obedecendo ao esquema AB AB, sendo que, nos quatro últimos versos, aparece outro sistema de rimas entrelaçadas, seguindo um esquema AA BB AA B.

Ao observarmos novamente o mesmo trecho da canção, podemos destacar sua métrica:

A/ voz/ Cle/men/ti/na/ já/ bas/tan/te /rou/ca
É u/ma /coi/sa /lou/ca a/ si/nhá/ Ti/a Eu/lá/lia
Ci/ga/rro/ de/ pa/lha/ no/ can/to/ da/ bo/ca
Não/ dor/me/ de/ tou/ca e /nu/nca/ se a/tra/pa/lha

Ela/ é ve/te/ra/na/ na/ Gue/rra/ da/ I/tá/lia
Mas/ ain/da es/tra/ça/lha/ no/ bo/lim/bo/la/cho
Quan/do/ bo/le em/bai/xo/, tá/ com/ tu/do em/ ri/ba
Quan/do/ cai/ na/ xi/ba, a/ ca/sa/ vem/ a/bai/xo

Os dois trechos destacados apresentam, além do sistema de rimas descrito anteriormente, um conjunto de versos hendecassílabos, ou seja, separados segundo as normas literárias em 11 sílabas. Isto permite identificar que, do ponto de vista literário, esta música apresenta, em sua estrutura poética, características parnasianas tais quais os poemas de Bilac. Trata-se de uma canção composta sob um esquema de rima, métrica e forma, embora com aspectos modernistas, pois o vocabulário não é feito com uma linguagem rebuscada, mas popular, inclusive com termos africanistas.

Podemos notar como o homem do povo, às vezes, utiliza recursos considerados inibidores da espontaneidade da criação, recebe influências de autores reacionários, intelectuais tradicionais e discursos que se afastam totalmente do popular. É importante lembrar que esta não é, especificamente, uma característica de Nei Lopes; Cartola ouvia ópera, Candeia ouvia *jazz* e Wilson Moreira também demonstrou admiração por Louis Armstrong, o que, para alguns nacionalistas mais exacerbados ou defensores mais árduos do samba tradicional, representa algo inusitado. Na verdade, é um erro imaginar que as culturas não sejam híbridas, que não haja troca ou influências das mais diversas ou mesmo que um artista popular receba influências somente de seu ambiente e seu discurso sempre tome partido dos desfavorecidos.

A canção popular é um discurso, como já dito; então, ela pode simplesmente desviar a atenção das massas ou servir de instrumento para as suas reivindicações. Fato que não se pode negar é que o cidadão comum sofre várias influências, mas, em contrapartida, traduz, à sua maneira, seu modo de expressão e, ao fazê-lo, o artista popular está afirmando sua identidade. O autor Carlos Sandroni, ao analisar as alterações na estrutura musical do samba, assevera que a forma de acompanhar uma canção pela "batida" do violão gerou um prisma no qual desenvolveu seu trabalho. Observando as diferenças entre o samba do grupo de Donga e do grupo de Ismael Silva, descobriu que há uma divergência nos dois estilos, o que altera o significado do samba: "[...] e essa divergência como espero mostrar, dizia respeito não apenas a ritmos, instrumentos e versos, mas também a tipos humanos, trocas econômicas, festas, relações entre negros e brancos, concepções sobre o que é ser brasileiro."[62] Por isso, uma análise da canção deve ser feita não somente a partir de uma estrutura poética, mas também de seu suporte musical. O processo de criação de um artista popular envolve todas estas questões, sejam elas pensadas ou mesmo uma criação espontânea e inconsciente.

A canção em referência não foi elaborada para homenagear "Tia Eulália", uma figura tradicional da Escola de Samba Império Serrano, como já se disse. Mas tem como inspiradora uma outra, também real. Ao observar suas estruturas musical e poética, percebe-se que elas possuem um caráter latente na concepção de identidade na obra de Nei Lopes. Aquela idéia mítica que menciona ao se referir à ancestralidade, que no seu caso é construída com o intuito de afirmar seu caráter carioca ou negro, aparece na alusão ao seu irmão, que participou da Segunda Guerra Mundial, e à uma tia da mulher deste, pessoa idosa e vivida.

A singularidade da produção musical de Nei Lopes reside no fato de sua criação ser um gênero genuinamente popular, no qual a figura da espontaneidade se apresenta como estratégia de afirmação de identidade e também retrata um universo em igual sentido. A pergunta que se faz então é em que ponto a forma poética pode interferir neste processo? De fato, recorrer a um recurso estético, como a idéia parnasiana, parece destoar de sua produção, mas argumentar que uma poética baseada na forma não pode ser popular significa num grande erro. A forma se fazia presente desde o partido-alto, em sua constituição mais primitiva, no período da casa da "Tia Ciata". No próprio estudo feito por Nei Lopes, em seu livro *O negro no Rio de Janeiro e sua tradição musical*, há uma análise nesse sentido, mostrando como o "partido" apresenta suas rimas e métricas.

Do ponto de vista de seu suporte musical, podemos analisá-la na gravação de Roberto Ribeiro, mesmo porque esta canção foi regravada por vários outros artistas e um caso especial deve ser levado em conta: trata-se de sua interpretação por Elimar Santos, que, a nosso ver, na conjuntura da obra de Nei Lopes, representa significativamente uma outra inserção no universo de suas canções. Já o cantor Roberto Ribeiro – pela representatividade que possui quanto à identidade negra em sua obra como um todo e pela própria forma que as canções de Nei assumem em suas interpretações – se apresenta como um porta-voz, um elemento que reforça a afirmação de uma identidade negra.

A estrutura musical de *Tia Eulália na xiba* assemelha-se aos "partidos" de Nei Lopes, com a utilização dos mesmos recursos, como "coro", vozes e palmas, criando uma certa atmosfera espontânea, como no caso da canção *Candongueiro*. O reforço no refrão, com o uso de uma percussão de tambores semelhantes aos utilizados no jongo, o "coro" de vozes femininas e masculinas, as palmas e a própria forma cantada criam uma ambientação que nos remete à africanidade da canção. Portanto, este suporte musical é constituído de elementos e recursos que, tal qual a parte poética, atuam no sentido de reforçar a expressão de uma negritude. Isto vem confirmar que, tanto a letra como a estrutura musical, em conjunto, são elementos onde se pode identificar a expressão de uma identidade negra.

Notas

[1] BASTOS, Rafael José de Menezes. "A 'origem do samba como invenção do Brasil'", in: *RBCS*, nº 31, ano 11, 1996.

² BARROS, Orlando de. "Custódio Mesquita, um compositor romântico: o entretenimento, a canção sentimental e a política no tempo de Vargas". Tese de doutorado, São Paulo, USP, 1995.
³ BORGES, Beatriz. *Samba-canção: fratura e paixão*. Rio de Janeiro: Codecri, 1982, pp. 31-32.
⁴ VIEIRA, Sulamita. "Plasticidade da linguagem musical de Luiz Gonzaga", in: *Revista de Ciências Sociais*, vol. 30, nºs 1 e 2, 1999.
⁵ CARVALHO, Luiz Fernando Medeiros de. *Ismael Silva: samba e resistência*. Rio de Janeiro: José Olympio, 1980.
⁶ OLIVEN, Ruben George. "A sociedade brasileira no princípio deste século vista através da música popular brasileira", in: LOPES, Alexandre Herculano (Org.). *Entre Europa e África: a invenção do carioca*. Rio de Janeiro: Topbooks, 2000.
⁷ LOPES, Nei. *O negro no Rio de Janeiro e sua tradição musical*. Rio de Janeiro: Pallas, 1992, p. 51.
⁸ Depoimento em 30/8/2001.
⁹ SANDRONI, Carlos. *Feitiço decente: transformações do samba no Rio de Janeiro (1917-1933)*. Rio de Janeiro: Jorge Zahar/UFRJ, 2001, p. 104.
¹⁰ Candeia em depoimento no documentário dirigido por Leon Hirszman.
¹¹ "Velha Guarda da Mangueira e convidados" (NIKITA MUSIC – 1999).
¹² "Tudo azul" (EMI-MUSIC - 2000).
¹³ Depoimento em 30/8/2001.
¹⁴ "Sincopando o breque" (CPC-UMES – 1999).
¹⁵ Ver também a respeito do samba de breque: "[...] samba de caráter humorístico, sincopado, com paradas repentinas, nas quais o cantor introduz comentários falados, referentes ao tema que está sendo cantado. A palavra breque vem do inglês *break* (ruptura, interrupção, e designa também, em certas regiões, o freio do automóvel). O gênero, ao que consta, teria sido criado em 1936 por Moreira da Silva, numa interpretação de *Jogo proibido*, de Tancredo Silva." LOPES, Nei. *Sambeabá: o samba que não se aprende na escola*. Rio de Janeiro: Casa da Palavra/Folha Seca, 2003, p. 17.
¹⁶ Cláudio Jorge: depoimento em 13/2/2002.
¹⁷ Ver TINHORÃO, José Ramos. *História social da música popular brasileira*. São Paulo: Editora 34, 1998, pp. 308-309.
¹⁸ Cláudio Jorge: depoimento em 13/2/2002.
¹⁹ PINHO, Osmundo de Araújo. "'The Songs of Freedom': notas etnográficas sobre cultura negra global e práticas contraculturais locais", in: SANSONE, Livio e SANTOS, Jocélio Teles dos (Org). *Ritmos em trânsito: sócio-antropologia da música baiana*. São Paulo: Dynamis, 1997.
²⁰ Depoimento em 5/4/2002.
²¹ Depoimento em 30/8/2001.
²² Guinga: depoimento em 28/3/2002.
²³ Idem.

[24] Idem.
[25] VELLOSO, Mônica Pimenta. "A modernidade carioca na sua vertente humorística", *Estudos Históricos*, vol. 8, nº 16, Rio de Janeiro, 1995.
[26] VELLOSO, Mônica Pimenta. Ob. cit., p. 274.
[27] Ver a canção *Malandros maneiros* no presente capítulo.
[28] A técnica de análise de canções é desenvolvida na tese de doutoramento do historiador Orlando de Barros sobre a obra de Custódio Mesquita, relacionada e citada ao longo deste trabalho.
[29] SANDRONI, Carlos, ob. cit., p. 130.
[30] FERNANDES, Nelson da Nóbrega. *Escolas de samba: sujeitos celebrantes e objetos celebrados*. Rio de Janeiro: Arquivo Geral da Cidade do Rio de Janeiro, 2001.
[31] LOPES, Nei. *Dicionário banto do Brasil*. Prefeitura da Cidade do Rio de Janeiro: Rio de Janeiro, 1996. Ver também, do mesmo autor, *Bantos, malês e identidade negra*. Rio de Janeiro: Forense, 1988.
[32] Segundo definição de Nei Lopes, candongueiro quer dizer "aquele que faz candonga, intriga ou contrabando" ou pode ser definido como "pequeno tambor de jongo [...] o tambor, porque tem um som agudo e muito alto, denunciava o local secreto, onde o jongo se realizava; então, fazia candonga". Ver LOPES, Nei, ob. cit., p. 71.
[33] HALL, Stuart. *A identidade cultural na pós-modernidade*. 6ª ed. Rio de Janeiro: DP&A, 2001, pp. 40-41.
[34] Wilson Moreira: depoimento em 27/7/2001.
[35] LOPES, Nei. *Bantos, malês e identidade negra*. Rio de Janeiro: Forense, 1988, p. 47.
[36] BARROS, Orlando de. "O cancioneiro dos subúrbios", in: *América Latina: fragmentos de memória*. Maria Teresa Toríbio Brittes Lemos, Andrzej Dembicz, Luiz Henrique Nunes Bahia (Orgs.). Rio de Janeiro: 7 Letras, 2001, p. 141.
[37] LOPES, Nei. *Guimbaustrilho e outros mistérios suburbanos*. Rio de Janeiro: Dantes, 2001, p. 210.
[38] LOPES, Nei, ob. cit., 2001.
[39] *Jornal do Brasil*, 4/11/2001.
[40] Ver SODRÉ, Muniz. *Samba, o dono do corpo*. Rio de Janeiro: Mauad, 1998.
[41] *Disseram que voltei americanizada* (Luís Peixoto e Vicente Paiva). Gravada por Carmen Miranda, com Conjunto Odeon, em 2/9/1940, e lançada no mesmo ano, em disco Odeon.
[42] LOPES, Nei, ob. cit., p. 152.
[43] Embora localizada perto da região central da cidade, esta rua faz parte da Zona Norte; está situada no bairro do Catumbi.
[44] O nome "gafieira" provém de uma atitude preconceituosa das classes dominantes. Significaria um local freqüentado pelas camadas populares onde se cometem gafes.
[45] SANDRONI, Carlos, ob. cit., p. 111.
[46] Depoimento em 30/8/2001.
[47] Depoimento em 5/4/2002.

[48] BARROS, Orlando de, ob. cit., p. 147.
[49] Depoimento em 30/8/2001.
[50] LOPES, Nei, ob. cit., 2001.
[51] Depoimento em 5/4/2002.
[52] Zé Luiz: depoimento em 22/2/2002.
[53] MATTA, Roberto da e SOÁREZ, Elena. *Águias, burros e borboletas: um estudo antropológico do jogo do bicho.* Rio de Janeiro: Rocco, 1999.
[54] Idem, ibidem, p. 98.
[55] Zé Luiz: depoimento em 22/2/2002.
[56] LOPES, Nei, ob. cit., p. 43.
[57] "Atitude corporal típica" é uma expressão utilizada por Carlos Sandroni e designa a caracterização do malandro. Ver SANDRONI, Carlos, ob. cit., p. 169.
[58] LOPES, Nei, ob. cit., p. 107.
[59] GERSON, Brasil. *História das ruas do Rio.* Rio de Janeiro: Ed. Lacerda, 2000.
[60] Depoimento em 5/4/2002.
[61] Depoimento em 5/4/2002.
[62] SANDRONI, Carlos, ob. cit., p. 14.

Conclusão

*Mas nunca se esqueça
que do velho nasce o novo
e todo poder
só é real se vem do povo.*
(Zé Luiz/Nei Lopes)

A idéia central deste trabalho gira em torno da construção das identidades negra e carioca na obra de Nei Lopes. O objeto da pesquisa foi a análise de sua obra e a identificação dos caracteres que ele utiliza para construir aquilo que considera fator de afirmação de identidades negra e carioca. Nei Lopes é cantor e compositor e, além disso, desenvolve, paralelamente à sua carreira artística, função de pesquisador e produtor de textos, tendo as culturas negras como foco principal, fato que lhe confere uma característica peculiar em relação, por exemplo, aos demais sambistas. Muito já se escreveu sobre samba e seus representantes. O próprio Nei se inclui neste contexto, mas sua particularidade reside no fato de que a acessibilidade de sua produção, sendo ele autor de vários livros e artigos para revistas e jornais, cria uma certa facilidade na identificação de suas idéias, na comparação de seus discursos literários e artísticos em busca da afirmação de uma identidade negra e uma identidade carioca.

A construção da identidade nacional, na canção popular brasileira, acontece por vários vieses e expressões das mais variadas. Procurei mostrar neste trabalho que o samba não é a única, mas apenas uma delas. Embora este gênero encontre caráter particular neste processo, por possuir suas raízes na África, conjugando vários fatores socioeconômicos na história da sociedade brasileira, o samba acaba se apresentando como um veículo "naturalmente" portador de uma "autenticidade" que os demais gêneros e estilos, pelo menos genericamente, não apresentam.

Especificamente falando de samba e obra de Nei Lopes, encontramos neste emaranhado de discussões o estilo samba partido-alto, que, diante da referência dos sambistas e do próprio Nei Lopes, se apresenta como a mais "autêntica" forma de se fazer samba, devido ao seu caráter espontâneo de criação – os ambientes, situações, histórias, crônicas e vivências que representa. Tudo isso se conjuga nos mais diversos fatores.

Tendo em vista estes processos, a importância da canção popular na construção da identidade pode ser explicada por Rafael José de Menezes de Bastos. Para este autor, no momento em que a música popular aparece no mundo, não se manifesta individualmente nesta ou naquela determinada sociedade; aparece em bloco, envolvida num processo globalizante da modernidade recente em diversas sociedades, seja na Ásia, América ou Europa. A canção popular é um elemento de extrema relevância na construção do caráter identitário das nações modernas. Ela não é um novo tipo de música; trata-se de um signo arregimentador que recria e reinventa a canção, incorporando em si as músicas artísticas e folclóricas do passado.[1]

Diante dessa argumentação, as conclusões a que pretendo chegar neste trabalho circunscrevem-se a como o samba, uma das linguagens mais particulares da canção popular brasileira, se apresenta como veículo de exteriorização das camadas subalternas na afirmação de suas identidades e, neste particular, a canção de Nei Lopes; sua atuação como sujeito deste processo histórico-cultural de construção e/ou reconstrução do negro e carioca, individualizando-o neste universo díspare, em busca de singularização de uma classe ou indivíduo.

A construção da identidade nacional brasileira resulta de transformações socioeconômicas que se circunscrevem em um período histórico que remonta aos primórdios da colonização e se estende até a transição Império/República, quando a discussão a respeito do "ser" brasileiro surge mais efervescente. Carlos Sandroni assevera que "a etnomusicologia já nos ensinou suficientemente que, em matéria de estilo musical, é o convívio que conta, e não o sangue; ou melhor, o sangue só conta como índice de convívio".[2] O século XX gerou, em seus primórdios, um novo quadro social na cidade do Rio de Janeiro. As reformas urbanas e as migrações causadas por diversos fatores formaram, debaixo de olhares assustados das classes dominantes, um grupo de deserdados, pingentes, ambulantes e cidadãos comuns que iriam se encontrar nas esquinas, nos bondes e em terreiros, estabelecendo um processo de trocas culturais. As massas estavam despontando no cenário brasileiro e almejavam seu reconhecimento.

O samba, como resultado de múltiplos processos culturais, encontraria na voz destas camadas o veículo para a sua exteriorização; a crítica, sob a forma de crônicas musicadas ou literárias, encontraria na sátira a forma bem-humorada para falar de suas vicissitudes e, ao mesmo tempo em que denuncia, procura sua singularização e a afirmação de reconhecimento de sua identidade.

A construção de uma identidade é simbólica. O sujeito pega para si os elementos que julga verdadeiros; por isso não se pode afirmar sua autenticidade. Trata-se de um conceito que envolve pluralidades e as mais diversas maneiras de representação. O carioca, segundo a obra de Nei Lopes, é suburbano, mitificado, portador de linguagem singular, atitude corporal e indumentária típica. Paralelamente a esta construção, há uma delimitação também do elemento negro, que aparece no referencial ancestral africano, de lutas, resistência e religiosidade em comum.

A obra de Nei Lopes subdivide-se em duas vertentes principais: uma literária e outra musical, fluindo em tendências que, na verdade, não se opõem, mas se constroem paralelamente, convergindo em seus fins; por isso, apesar de separarmos estas produções neste trabalho, é importante ponderar que esta formulação foi adotada somente para um acesso mais nítido às suas idéias e, assim, definir melhor o objeto de estudo. Diante disso, pretendo demonstrar como Nei Lopes utiliza os elementos simbólicos na construção das identidades negra e carioca.

Os elementos constitutivos da identidade na canção popular brasileira não residem apenas na linguagem poética. Eles estão ainda na estrutura musical, nos instrumentos e recursos, enfim, na forma como a canção é cantada, tocada. A análise da canção de Nei Lopes, neste trabalho, segue essa ótica. Os elementos identitários são encontrados também na forma de concepção de uma canção e atende aos propósitos da criação. Isto pode ser amplamente exemplificado na discussão sobre o partido-alto e nas declarações citadas a respeito deste estilo. Outro exemplo de construção identitária, na canção, pode ser visto na relação entre autor e intérprete, pois este último confere a ela o suporte musical que atenda a seus interesses particulares, reforçando ou descaracterizando seu caráter identitário. Por isso, a linguagem musical é também de considerável importância na definição da identidade, pois, ao se discutir escola de samba, supressão ou substituição de instrumentos no samba e interpretação das canções, estamos discutindo não somente a música, mas o que é ser carioca, negro e também brasileiro.

Além da estrutura musical, outra parte também analisada na canção de Nei Lopes foi a sua poética. A música é uma forma de linguagem. Independentemente da temática, ela é discurso de uma classe e pode assumir um tom consolador ou denunciativo. Na obra de Nei Lopes, até mesmo na temática romântica, os elementos constitutivos de sua construção identitária se fazem presentes, pois ele utiliza a "fala" comum do cidadão suburbano, de suas vivências e relações sociais para compor o universo de seus atores. Paralelamente a isso, existe, dentro de sua obra musical, a maior referência aos caracteres identitários em temáticas desenvolvidas especificamente em crônicas, críticas e sátiras ao ambiente carioca do subúrbio, onde ele buscará elementos para compor suas letras.

A obra de Nei Lopes é fruto de uma construção identitária que envolve, além da canção em sua estrutura poética e musical, também a sua produção literária, alternando referências ao carioca suburbano e reflexões sobre a diáspora negra no Brasil. Nei Lopes vai, em sua obra literária, analisar o papel do elemento negro e sua contribuição para a afirmação e a construção de identidade. O negro, em Nei Lopes, é construído sob um viés que envolve não somente sua produção musical, mas também, em maior proporção, sua produção literária. Nei Lopes procura situar o negro dentro da diáspora, demonstrando sua criação e participação ativa na cultura brasileira, a crítica à sua situação marginal e a cooptação de sua produção por parte da cultura de massa.

Um fator interessante na abordagem que ele promove a respeito do negro é a singularização da identidade banto. Embora apareça de forma implícita em suas canções essa diferenciação étnica em relação às demais, Nei Lopes procura explicitamente em sua obra literária, como no caso dos livros *Bantos, malês e identidade negra* e *Dicionário banto do Brasil*, mostrar a importância dos bantos na formação brasileira; importância quase sempre minimizada em relação a outros grupos, como os iorubás. A referência banta em sua canção aparece principalmente na linguagem. A recorrência maior está no álbum "Canto Banto" e nas demais produções musicais. Palavras como *quitanda, ginga, Angana-Zâmbi, capiongo, saracotear* e muitas outras expressões aparecem sistematicamente em suas canções e crônicas literárias. Portanto, diante de tais evidências, podemos concluir que sua obra pode ser considerada como expressão de uma identidade negra, mas, antes disso, de uma identidade banto. A figura central de afirmação de identidade negra em sua obra está na ancestralidade, no passado africano e na escravidão brasileira. O negro em Nei Lopes é o carioca, é o brasileiro, mas tem, em particular, o pigmento e a referência à africanidade como um fator singularizador dentro da sociedade brasileira.

O ponto que frisei inicialmente neste trabalho, antes de entrar no mérito da discussão sobre identidade, foi a idéia de observar as classes populares e o negro como sujeitos no processo histórico nacional. A idéia foi situar o samba como resultado não de um determinismo econômico, mas de um processo de trocas culturais. A entrada do gênero no mercado e a oficialização das escolas de samba resultaram de processos de interações em que o negro, em particular, e as classes subalternas negociaram sua entrada no espaço hegemônico dos brancos. Este é o negro na obra de Nei Lopes, um sujeito ativo que vem construindo sua identidade ao longo dos séculos. Sua principal crítica reside na perda, por parte das instituições carnavalescas e do próprio samba, dos elementos pelos quais os negros se mostraram presentes na sociedade, como sujeitos ativos e portadores de um discurso que afirme sua existência dentro da história.

Nei Lopes busca nas raízes africanas estes elementos, nos quais a identidade reside. A este propósito, entra em questão o "samba de raiz", fonte de referência e delimitador do caráter identitário do gênero. Não se trata, como já mencionado, de um gênero ou mesmo de um estilo de samba, mas de um referencial diferenciador que procura situar dentro de uma lógica mercadológica o samba "puro", aquele elaborado dentro da receita "popular" e "africana", o samba que resulte de uma linguagem negra e subalterna; e represente ao mesmo tempo uma identidade, uma reação à usurpação e à diluição por parte do mercado da produção negra. De fato, o samba apresenta algumas particularidades que o distinguem de outras produções que se mostram como sendo do mesmo gênero, como, por exemplo, o pagode. É necessário que se teçam algumas considerações antes de se entrar nesse mérito.

Ao analisar o samba ou qualquer outro gênero de canção popular, deve-se discutir a relação produção/mercado, observar os intérpretes, arranjos, os elementos utilizados nas canções, enfim a canção deve ser vista dentro de seu momento histórico, suas vozes devem ser analisadas a partir de um prisma que tenha como referência sua posição dentro do mercado em uma cultura de massa. O samba, do ponto de vista de seu suporte musical, sofreu inúmeras transformações no decorrer do século XX. O ponto mais marcante nas mudanças é, sem dúvida, sua inserção no disco e no mercado. Existe, e este fato deve ser observado com acuidade, um distanciamento considerável entre a canção cantada em um bar, terreiro ou quadra de escola e a executada em disco. O processo de diluição da criação é inevitável por diversas razões, sejam elas técnicas, estruturais ou mesmo mercadológicas. De fato, o samba gravado descaracteriza-se de seu formato "original". Obviamente, os primórdios do samba executado no interior da Bahia, na casa da "Tia Ciata" ou embaixo da jaqueira da Portela, serão diluídos e, essa diluição será entendida pelo sambista como perda de sua identidade; por isso a discussão em torno da "raiz". Porque preservar os elementos africanos e populares no samba é uma forma de também preservar a identidade de quem o faz; a diluição do samba em função de outro gênero ou das exigências do mercado será entendida pelo sambista como uma descaracterização de uma cultura popular e mais: do que se pode definir como "ser" brasileiro.

A pergunta reside, a partir destas discussões, no seguinte aspecto: como se apresenta o "samba de raiz" neste processo? Trata-se de uma concepção, de pensar o samba, e não do estilo ou gênero propriamente dito. Devemos concordar que, de certa forma, como em alguns momentos afirma Nei Lopes, este conceito é excludente ou mesmo dúbio, pois acaba gerando uma idéia fixa em que alguns proponentes confundem sua linguagem, afirmando somente uma única forma de fazê-la ou mesmo excluindo o sambista, como se sua produção se restringisse apenas a um único gênero, confundindo qualquer proposta alternativa a este como sua descaracterização, ou seja, como perda de identidade.

Nenhuma cultura pode ser considerada homogênea, mas, no caso brasileiro, em decorrência de fatores históricos, econômicos e sociais, e do referencial cultural, o fato que mais a caracteriza são as acentuadas disparidades regionais ou mesmo locais. Da mesma forma, que não existe um único "tipo" brasileiro, pode-se afirmar que, em igual sentido, também não se caracteriza a unicidade carioca. Portanto, o samba não é a única forma de expressão de uma identidade brasileira, negra ou mesmo carioca; pode ser entendido como apenas uma delas. A canção popular criada pelos negros assumiu diversas faces no território brasileiro. Talvez a referência aos elementos do samba, como o carnaval, como protótipo de nacionalidade possa ser uma concepção oriunda da atuação dos grupos sociais que representa ou do Estado em sua construção.

Podemos observar, para ilustrar melhor o argumento, as nuanças do mundo do samba. Por se tratar de música de origem africana, que apresenta em suas estruturas fortes elementos simbólicos da negritude, é usada por diversos grupos e cada um pega para os seus propósitos os símbolos que melhor lhe convêm. O caso do Estado brasileiro, que na década de 1930 oficializou o carnaval, legitimando-o como uma festa negra e popular, utiliza deste recurso para passar uma idéia de Estado voltado às classes subalternas. Por outro lado, este reconhecimento pelo Estado atende aos interesses também dos próprios grupos populares que representa, pois estes exigem seu quinhão de participação na identidade nacional. Sua aceitação pelo Estado perpassa a utilização de seus símbolos e é nessa referência que as classes populares irão se identificar.

No jogo de trocas e interações entre Estado e indivíduo, o sambista será o mediador simbólico. Neste trabalho, portanto, a obra de Nei Lopes é vista sob este prisma em suas diversas manifestações: além de sambista, escritor de crônicas literárias e peças de teatro, pesquisador, diretor de entidade governamental ou sindical. Tudo isso o faz singular como intelectual orgânico nesta mediação.

Notas

[1] BASTOS, Rafael José de Menezes. "A 'origem do samba como invenção do Brasil", *RBCS*, nº 31, ano 11, 1996.

[2] SANDRONI, Carlos. *Feitiço decente: transformações do samba no Rio de Janeiro (1917-1933)*. Rio de Janeiro: Jorge Zahar/UFRJ, 2001.

Primeira comunhão em traje de sambista, 1952.

Nei e Dica, c. 1945.

Eli, Dona Tereza Firmeza, Lurdinha e Nei, 1962.

Eli (sobrinho), Lurdinha e Nei, passistas, carnaval, 1962.

Família reunida. Em pé: Dica (cavaquinhista, o mentor musical); Lozinho (cuiqueiro); Mavile (encadernador gráfico, incentivou o amor pelos livros); Tonga (pandeirista, o aglutinador nato); Gimbo (trombonista); Noco (o herói) e Zeca (o companheiro). Sentados: Nei, Namir (parceira de dança), Dona Eurydice, Quinha (irmã-mãe), Ernesto (violonista, o primeiro parceiro).

Noco (Cabo Dahyr) na Guerra da Itália, 1945.

O menino Nei, 1947.

Seu Luiz Braz Lopes com Nei, no aniversário de 6 anos do menino.

Iconografia 239

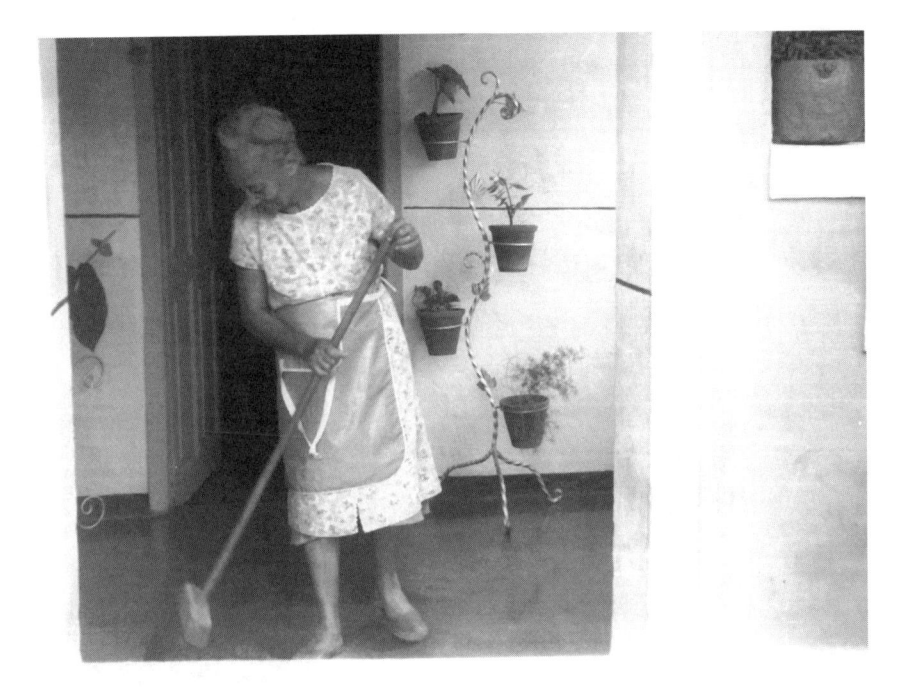

Dona Eurydice, rainha do lar, 1966.

Nei e família (irmãos, irmãs e primas) em várias situações e épocas. Irajá, 1940-1950.

Iconografia 241

Festa na roça, Irajá, anos 90: Nei, Tonga, Dica e Mavile.

Curtição caseira: Jorge (sobrinho) e Nei, à moda antiga, c. 1962.

Nei e Dona Eurydice, 1980 (foto Januário Garcia).

Aniversário, Irajá, c. 1980. Nei e Dona Eurydice. Na extrema esquerda, Dondon do Andaraí.

Nei e o filho Maurício, c. 1980.

O veterano Nei e a caloura Ilona sambando na Rio Branco. Passeata festiva do trote de 1963 do C.A.C.O, Faculdade Nacional de Direito.

Iconografia 245

Nelson Cavaquinho e Jair do Cavaco no aniversário de Dona Eurydice, 26.05.75 (foto Bira Soares).

Irajá, aniversário c. 1980. No alto à esquerda, no colo do tio Mavile, o inesquecível filho Maurício.

Iconografia 247

Sonia, Nei, o juiz de futebol Cabelada e outros amigos. Aniversário, Irajá, 1987.

Nei e Sonia em festa salgueirense no Museu da Cidade (foto Januário Garcia).

Wilson Moreira e Nei Lopes, Rádio JB, 1979 (foto Geraldo Viola/AJB)

Teatro Municipal, troféu Golfinho de Ouro. Nei entre Alcione e Zezé Motta, julho, 1989.

Reginaldo Bessa (primeiro parceiro profissional) e Nei. Renascença Clube, 1972.

O amigo escritor Joel Rufino dos Santos entrega a Nei o troféu Brahma Extra, série Grandes Compositores, Teatro João Teotônio, 1987.

Programa "Pagode", Rede Globo, setembro, 1987. O roteirista e apresentador Nei, Mart'nália, Elza Soares e Jovelina Pérola Negra.

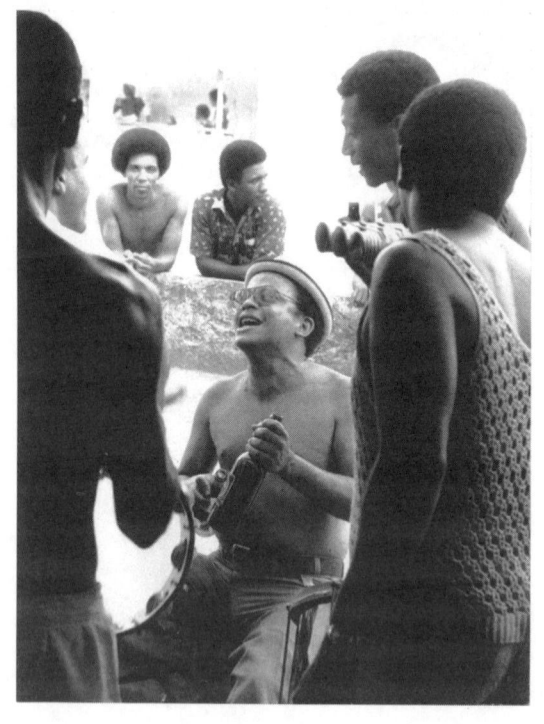

O "malandro" e seu chapéu, 1978 (foto Zé Ricardo).

G.R.A.N.E.S. Quilombo, 1978.

Quilombo: Nei e o irmão Zeca (fotos Zé Ricardo).

O saudoso cantor Roberto Ribeiro e Nei. Renascença Clube, Andaraí, 1985.

Alcione e Nei em estúdio. CD "De Letra & Música", 2000 (foto Bruno Veiga).

"Pagode", Rede Globo: Beth Carvalho, Zeca Pagodinho, Nei e Dona Ivone Lara, 1987 (foto Armando Gonçalves).

Salgueiro, Nei entre os colegas da Velha Guarda, pré-carnaval, 1984.

GRES Acadêmicos do Salgueiro, comissão de frente, 1985.

Salgueiro, roda de samba, 1974 (foto Antônio Domingos).

Salgueiro na avenida, Velha Guarda, 1984.

Show "Sincopando o Breque", Teatro João Caetano, 1999.

Logunedé: santo menino que velho respeita. Rio de Janeiro: Pallas, 2000.
"Música popular, repressão e resistência – uma cronologia", in: *Cativeiro & Liberdade*. Rio de Janeiro: IFCH-UERJ, 1989.
Novo dicionário banto do Brasil. Rio: Pallas, 2003.
"O canto banto de Quelé". In: *Rainha Quelé: Clementina de Jesus* (org. Heron Coelho). Valença, RJ, Prefeitura Municipal, 2001.
"O cidadão Olivério Ferreira...". In: *Xangô da Mangueira: recordações de um velho batuqueiro*. Rio: Cooperativa de Artistas Autônomos, CASA, 2005.
O negro no Rio de Janeiro e sua tradição musical. Rio de Janeiro: Pallas, 1992.
O samba na realidade: a utopia da ascensão social do sambista. Rio de Janeiro: Codecri, 1981.
"Onomástica palmarina", in: *Carta*, nº 13, Gabinete do Senador Darcy Ribeiro: Brasília, 1994.
"Pagode, o samba guerrilheiro do Rio", in: *Notas musicais cariocas*. João Batista M. Vargens (Org.). Petrópolis: Vozes, 1986.
Partido-alto, samba de bamba. Rio: Pallas, 2005.
"Rebouças, Teodoro e Juliano", in: *Revista do Patrimônio Histórico e Artístico Nacional*. Rio de Janeiro: IPHAN, 1997.
"Rio, Zona Norte. Dá até samba!", in: *Zona Norte: território da alma carioca*. Lúcia Rito (Org.). Rio de Janeiro: Norteshopping, 2001.
"Samba, palavra e dicionário", in: *Língua e transdisciplinaridade: rumos, conexões e sentidos*. C. C. Henriques e M. T. Gonçalves Pereira (Orgs.). São Paulo: Contexto, 2002.
"Sambangola: presença bantu na música do povo brasileiro", in: *Boletim do Centro de Memória*. Campinas: UNICAMP, 1991.
Sambeabá: o samba que não se aprende na escola. Rio de Janeiro: Casa da Palavra/Folha Seca, 2003.
"Sobrevivências e recriações bantas no Rio de Janeiro", in: *Estudos Afro-Asiáticos*, nº 15, 1998.
"Sujeito homem". In: *Terras de Palavras*: contos (org. Fernanda Felisberto). Rio: Pallas / Afirma, 2004.
Uma breve história do samba [publicado como encarte da coletânea de Cds "Apoteose ao Samba"], EMI: Rio de Janeiro, 1997.
"Uma família dedicada à abolição". In: *História Viva*, ano II, n° 16, Duetto Editorial: São Paulo, 2005.
Zé Kéti – samba sem senhor. Rio de Janeiro: Relume Dumará, 2000.

Livros prefaciados ou apresentados

BOTELHO, Denílson. *A pátria que quisera ter era um mito: o Rio de Janeiro e a militância literária de Lima Barreto* (Prêmio Carioca de Pesquisa). Rio de Janeiro: Secretaria Municipal das Culturas, 2002.

NASCIMENTO, Álvaro. *A ressaca da marujada: recrutamento e disciplina na Armada Imperial* (Prêmio Arquivo Nacional de Pesquisa, 1999). Rio de Janeiro: Arquivo Nacional, 2001.

PAULINO, Franco. *Padeirinho da Mangueira: retrato sincopado de um artista*. São Paulo, Hedra, 2005.

RODRIGUES, João Carlos. *O negro brasileiro e o cinema*. Rio de Janeiro: Pallas, 2001.

Ficha técnica das peças de teatro

CLEMENTINA
Autor: Nei Lopes
Direção: Emmanuel Santos
Coreografia: Valéria Monã
Direção musical: Jerônimo Sérgio
Atores convidados: Benner Simão, Valéria Monã e Wagner da Costa
Músicos: Jerônimo Sérgio, Alexandre Froes, Luiz Palumbo e Sérgio Zoroastro
Supervisão de cenografia: Mário Pereira
Supervisão de iluminação: Márcia Rosa
Supervisão de figurino: Filomena Mancuzo
Preparação vocal: João Carlos Lopes
Preparação corporal: Rubens Barbot
Coordenação: Maria Valéria
Produção: Leila Teles e Cleide Barcelos
Apoio: Equipe do Centro Cultural José Bonifácio
Fotografia: Paulo Santos
Filmagem: Glória e Latorraca
Camareira: Agueda Moura
Som: Marrom

O RANCHO DA SEREIA (DONA GAMBOA, SAÚDE)
Autor: Nei Lopes
Direção: Emmanuel Santos
Coreografia: Valéria Monã
Elenco: Alunos do Centro Cultural José Bonifácio
Atores convidados: Denis Gonçalves, Fernanda Maia, Zairo Ferraz e Valéria Monã
Participação especial: Tânia Amorim
Músicos: Álvaro Barcelos, Fernando Cerole, Lenildo Gomes, Luciane Menezes, Marcelo Menezes e Paulino Dias
Percussionista: Anderson Vilmar
Supervisão de cenografia: Biza Viana

Supervisão de iluminação: Jorginho de Carvalho
Supervisão de figurino: Biza Viana
Iluminação: Jorginho de Carvalho
Preparação de voz: João Venerotti
Preparação de corpo: Valéria Monã e Denis Gonçalves
Preparação de canto: Cláudio Padilha e Luciane Antunes
Preparação de dramaturgia: Genilda Maria
Produção: Ruth Almeida, Cleide Barcelos e Heloisa Stockler
Coordenação dos cursos: Maria Valéria
Apoio: Equipe do Centro Cultural José Bonifácio
Fotografia: Maurício Hora
Filmagem: Glória e Latorraca
Camareira: Agueda Moura
Som: Marrom

É ISSO AÍ, IRAJÁ
Autor: Nei Lopes
Direção geral: Ribamar Ribeiro
Música: Ruy Quaresma e Nei Lopes
Elenco: Companhia de Teatro e Música Galpão das Artes
Direção musical: Ricardo Moreno
Apoio: Senac Rio

SANDRONI, Carlos. *Feitiço decente: transformações do samba no Rio de Janeiro (1917-1933)*. Rio de Janeiro: Jorge Zahar/UFRJ, 2001.
SANSONE, Livio e SANTOS, Jocélio Teles dos (Orgs). *Ritmos em trânsito: sócio-antropologia da música baiana*. São Paulo: Dynamis, 1997.
SANTOS, Carlos Nelson F. dos. *A cidade como um jogo de cartas*. Niterói: EDUFF/SP, 1988.
SCAVONE, Lucila. *A dimensão política da comunicação de massa: um estudo exploratório do caso brasileiro*. Rio de Janeiro: Fundação Getúlio Vargas, 1975.
SILVA, Marília T. Barboza da e SANTOS, Lygia. *Paulo da Portela: traço de união entre duas culturas*. Rio de Janeiro: FUNARTE, 1989.
_____. OLIVEIRA FILHO, Arthur L. de. *Silas de Oliveira: do jongo ao samba-enredo*. Rio de Janeiro: FUNARTE, 1981.
SODRÉ, Muniz. *Samba, o dono do corpo*. Rio de Janeiro: Mauad, 1998.
_____. *A comunicação do grotesco: um ensaio sobre a cultura de massa no Brasil*. Petrópolis: Vozes, 1971.
TINHORÃO, José Ramos. *História social da música popular brasileira*. São Paulo: Ed. 34, 1998.
TRAVASSOS, Elizabeth. *Modernismo e música brasileira*. Rio de Janeiro: Jorge Zahar Editor, 2000.
TRIGO, Luciano. *Marques Rebelo: mosaico de um escritor*. Rio de Janeiro: Relume-Dumará, 1996.
VARGENS, João Batista M. *Candeia: luz da inspiração*. Rio de Janeiro: Martins Fontes/FUNARTE, 1987.
VASCONCELLOS, Gilberto e SUZUKI JR., Matinas – HGCB, III,. *O Brasil republicano, economia e cultura (1930/1964)*. Rio de Janeiro: Bertrand Brasil, 1995.
VELLOSO, Mônica Pimenta. *As tradições populares na "Belle Époque" carioca*. Rio de Janeiro: FUNARTE, 1988.
_____. "A modernidade carioca na sua vertente humorística", *Estudos Históricos*, vol. 8, nº 16. Rio de Janeiro, 1995.
_____. *Que cara tem o Brasil? As maneiras de pensar e sentir o nosso país*. Rio de Janeiro: Ediouro, 2000.
_____. "As tias baianas tomam conta do pedaço: espaço e identidade cultural no Rio de Janeiro", *Estudos Históricos*, vol. 3, nº 6. Rio de Janeiro, 1989.
VIANNA, Hermano. *O mistério do samba*. Rio de Janeiro: Jorge Zahar, 1995.
VIANNA, Letícia C. R. *Bezerra da Silva: produto do morro*. Rio de Janeiro: Jorge Zahar, 1988.
VIEIRA, Sulamita. "Plasticidade da linguagem musical de Luiz Gonzaga", *Revista de Ciências Sociais*, vol. 30, nºs 1 e 2, 1999.

Periódicos

Jornal *Direitos Já* (AMAR-SOMBRÁS), nº 42, setembro/outubro (1997).
_____. nº 46, setembro/outubro(1998).
_____. nº 47, novembro/dezembro(1998) e janeiro (1999).
_____. nº 52, novembro/dezembro(1999) e janeiro (2000).
_____. nº 55, julho/agosto/setembro (2000).
_____. nº 57, janeiro/fevereiro/março (2001).
_____. nº 58, abril/maio/junho (2001).
_____. nº 60, dezembro (2001) e janeiro/fevereiro (2002)
Jornal do Brasil – 3 de abril de 2001/26 de abril de 2001/4 de novembro de 2001.
Revista *Caros Amigos*, julho de 1999
Revista *Raça Brasil*, setembro de 1998/novembro de 1998/dezembro de 1998/junho de 1999/julho de 1999.
Revista *Veja*, 13 de julho de 1983.
Revista *Veredas*, nº 62, ano 6, fevereiro de 2001.

Vídeos

Partido-alto – Documentário dirigido por Leon Hirszman.

Programas de televisão

A vida é um show – Rede Brasil (2001).

Depoimentos para a realização deste livro

Wilson Moreira: 27/7/2001.
Nei Lopes: 30/8/2001, 5/4/2002 e 15/1/2003.
Jorge Coutinho: 26/9/2001.
Zé Luiz: 22/2/2002.
Cláudio Jorge: 13/3/2002.
Guinga: 28/3/2002.
Maurício Theodoro: 26/2/2003.

Principais obras de Nei Lopes

Discografia
"A arte negra de Wilson Moreira e Nei Lopes" – LP – EMI-ODEON – 1981.
"Negro mesmo" – LP – Lira/Continental – 1984.
"O partido muito alto de Wilson Moreira e Nei Lopes" – LP – EMI-ODEON – 1985.
"Canto banto 300 anos de Zumbi" – CD – Saci – 1996.
"Sincopando o breque" – CD – CPC – UMES – 1999.
"Raízes do samba" (coletânea) – CD – EMI Music - 2000.
"De letra & música" – CD – Velas – 2000.
"A música brasileira deste século por seus autores e intérpretes: Nei Lopes" (vol. 8, CD nº 8). SESC São Paulo, 2003
"Partido ao cubo" – CD – Fina Flor – 2004.

Participações, como intérprete, em discos coletivos ou de outros intérpretes principais
1974 – "Tem gente bamba na roda de samba" – Continental.
1977 – "Os melhores sambas-enredo de 1977" – RCA.
1984 – "Da cor do Brasil" – Alcione – RCA.
1984 – "Pagode de natal, a noite feliz dos bambas" – Coca Cola Refrescos.
1985 – "Roberto Ribeiro" – EMI.
1986 – "Mussum" – Continental.
1986 – "O mundo é verde-amarelo" – Top-Tape.
1987 – "Mart'nália" – 3M.
1988 – "Antologia do partido-alto" – EMI.
1989 – "Emoções fortes" – Ataulfo Alves Jr. – Atlantic.
1992 – "Carroussel" – Tião Neto – Niterói Discos.
1993 – "A batucada dos nossos tantãs" – Grupo Fundo de Quintal – RGE.
1996 – "Aldir Blanc, 50 anos" – Alma
1997 – "Casa de samba 2" – Polygram.

1997 – "Viva Noel: tributo a Noel Rosa (vol. 1)" – Ivan Lins – Velas.
1999 – "Um natal de samba" – Velas/Universal.
2001 – "Cine Baronesa" – Guinga – Caravelas.
2001 – "Coisa de chefe" – Cláudio Jorge – Caravelas.
2002 – "As inéditas de Pixinguinha" – Água de Moringa – Sony.
2003 – "Samba na medida" – Walter Alfaiate – CPC-UMES.
2003 – "Sentimento popular" – Quinteto em Branco e Preto – CPC – UMES.
2003 – "Samba pras crianças" – Vários – Biscoito Fino.
2004 – "Fundo de Quintal ao vivo convida" (CD-DVD) – Indie Records.
2005 – "Estava faltando você" – Nilze Carvalho – Fina Flor.

Livros e artigos publicados

171–Lapa-Irajá: casos e enredos do samba. Rio de Janeiro: Folha Seca, 1999.
"A África na música popular brasileira". In: *Brasil / África: como se o mar fosse mentira* (org. R. Chaves et alii). Maputo, Universidade Eduardo Mondlane, 2003.
"A encantadora música do Rio", in: *Guia amoroso do Rio*. Rio de Janeiro: Riotur, 2000.
"A presença africana na música popular brasileira". In: *Art Cultura*. Universidade Federal de Uberlândia, Instituto de História. Uberlândia, MG, n° 9, jul-dez, 2004.
"African religions in Brazil, negotiation and resistance: a look from within, in: *Journal of Black Studies*, Sage Publ., California, vol. 34, n° 6, 2004.
"Afro-brazilian music and identity", in: *Conexões, Michigan State University/African Diaspora Research Project*, vol. 5, 1993.
As línguas dos povos bantos e o português do Brasil. Rio de Janeiro: Revista do Patrimônio Histórico e Artístico Nacional, 1997.
Bantos, índios, ancestralidade e meio ambiente. Elisa Larkin Nascimento (Org.). Rio de Janeiro: SEAFRO, 1994.
Bantos, malês e identidade negra. Rio de Janeiro: Forense, 1988.
Dicionário banto do Brasil. Rio de Janeiro: Secretaria Municipal de Cultura, 1996.
Egungum, ancestralidade africana no Brasil (com Juana Elbein dos Santos). Salvador: SECNEB, 1982.
Enciclopédia brasileira da diáspora africana. São Paulo: Selo Negro, 2004.
"Futebol e música popular brasileira: do amadorismo à economia globalizada". In: *Futebol de muitas cores e sabores* (org. Júlio Garganta et alii). Portugal: Universidade do Porto/ Campo das Letras, 2004.
Guimbaustrilho e outros mistérios suburbanos. Rio de Janeiro: Dantes, 2001.
Incursões sobre a pele. Rio de Janeiro: Artium, 1996.
Ìrokò, o Deus. Árvore da tradição afro-brasileira. Rio de Janeiro: SEAFRO, 1994.
Islamismo e negritude (com João Batista M. Vargens). Rio de Janeiro: Centro de Estudos Árabes/UFRJ, 1982.
Kitábu: o livro do saber e do espírito negro-africanos. Rio de Janeiro: Senac-Rio, 2005.

Bibliografia

ADORNO, Theodor. *O fetichismo na música e a regressão da audição*. São Paulo: V. Civita, 1975.

ALENCAR, Edigar de. *Nosso Sinhô do samba*. Rio de Janeiro: FUNARTE, 1981.

ALMEIDA, Verônica Eloi de. "A televisão da sociedade do espetáculo". Monografia de bacharelado em Ciências Sociais. Rio de Janeiro, UERJ, 2000.

ALMIRANTE. *No tempo de Noel Rosa*. Rio de Janeiro: Livraria Francisco Alves, 1963.

ARGAN, Giulio Carlo. *História da arte como história da cidade*. São Paulo: Martins Fontes, 1988.

AUGRAS, Monique. *O Brasil do samba-enredo*. Rio de Janeiro: Ed. FGV, 1998.

BARROS, Luitgarde O. C. *et. alli* (1990). "Do largo de São Francisco ao Rocio: uma caminhada e muitas histórias do Rio de Janeiro". *História hoje: balanço e perspectivas/ IV Encontro Regional da ANPUH*. Rio de Janeiro: ANPUH, CNPq e FAPERJ.

BARROS, Orlando de. *O incêndio do teatro e outras encenações – história e semiologia no labirinto de um texto*. Rio de Janeiro: ADVIR, 1993.

_____. "A reassunção do divino". In: *Cartola: projeto Fita meus olhos*. Rio de Janeiro: UERJ – Departamento Cultural, 1998.

_____. BARBOZA, Marilena Ramos. "Romantismo e modernidade em Lima Barreto", 1989. Texto não-publicado apresentado em seminário realizado na Universidade do Estado do Rio de Janeiro.

_____. "Custódio Mesquita, um compositor romântico: o entretenimento, a canção sentimental e a política no tempo de Vargas". Tese de doutorado. São Paulo, USP, 1995.

_____. "O Cancioneiro dos Subúrbios". In: *América Latina: fragmentos de memória*. Maria Teresa Toríbio Brittes Lemos, Andrzej Dembicz, Luiz Henrique Nunes Bahia (Orgs.). Rio de Janeiro: 7 Letras, 2001.

_____. "Um debate sobre a índole do rádio nos tempos de Vargas: a 'pedagogia do ar' de Almirante", *Revista Maracanan*, nº 1, ano 1. Rio de Janeiro: UERJ – Programa de pós-graduação em História, 1999/2000.

BASTOS, Rafael José de Menezes. "A 'origem do samba como invenção do Brasil'". In: *Revista Brasileira de Ciências Sociais*, nº 31, ano 11, 1996.

BENJAMIM, Walter. *A obra de arte na época de suas técnicas de reprodução*. São Paulo: V. Civita, 1975.

BORGES, Beatriz. *Samba-canção: fratura e paixão*. Rio de Janeiro: Codecri, 1982.

BOSI, Alfredo. "Plural, mas não caótico". In: *Cultura brasileira: temas e situações*. São Paulo: Ática, 1987.

BROCA, Brito. *A vida literária no Brasil*. Rio de Janeiro: MEC, 1956.

CABRAL, Sérgio. *As escolas de samba do Rio de Janeiro*. Rio de Janeiro: Lumiar, 1996.

CANDEIA & ISNARD. *Escola de samba, árvore que esqueceu a raiz*. Rio de Janeiro: Lidador/SEEC, 1978.

CARVALHO, Luiz Fernando Medeiros de. *Ismael Silva: samba e resistência*. Rio de Janeiro: José Olympio, 1980.

CARVALHO, Maria Alice Rezende de. *Quatro vezes cidade*. São Paulo: Sette Letras, 1994.

COHN, Gabriel. *Comunicação e indústria cultural*. São Paulo: Nacional/Edusp, 1971.

COSTA, Flávio Moreira da. *Nelson Cavaquinho: enxugue os olhos e me dê um abraço*. Rio de Janeiro: Relume-Dumará, 2000.

COUTINHO, Carlos Nelson. *Cultura e sociedade no Brasil: ensaio sobre idéias e formas*. Rio de Janeiro: DP&A, 2000.

COUTINHO, Eduardo Granja. "Velhas histórias, memórias futuras: o sentido da tradição na obra de Paulinho da Viola". Tese de doutorado (UFRJ/ECO), Rio de Janeiro, 1999.

Dicionário de música Zahar. Rio de Janeiro: Zahar Editores, 1985.

DINIZ, Edinha. *Chiquinha Gonzaga: uma história de vida*. Rio de Janeiro: Rosa dos Tempos, 1999.

ECO, Humberto. "A cultura de massa no banco dos réus". In: *Apocalípticos e integrados*. São Paulo: Perspectiva, 1979.

Enciclopédia da música brasileira popular, erudita e folclórica. 2ª ed. São Paulo: Art Editora/Publifolha, 1998.

FERNANDES, Florestan. *A integração do negro na sociedade de classes*. São Paulo: Ática, 1978.

FERNANDES, Nelson da Nóbrega. *Escolas de samba: sujeitos celebrantes e objetos celebrados*. Rio de Janeiro: Arquivo Geral da Cidade do Rio de Janeiro, 2001.

_____. "O rapto ideológico da categoria subúrbio (1958-1945)". Dissertação de mestrado. Rio de Janeiro: UFRJ/PPGG, 1995.

FRY, Peter. *Para inglês ver: identidade e política na cultura brasileira*. Rio de Janeiro: Zahar, 1982.

GALINSKY, Philip. "Co-Option, Cultural Resistance, and Afro-Brazilian Identity: A History of the Pagode Samba Movement in Rio de Janeiro", *Latin American Music Review*, vol. 17, nº 2, 1996.

GALVÃO, Walnice Nogueira. *Saco de gatos*. Campinas: Duas Cidades, 1976.

GERSON, Brasil. *História das ruas do Rio: e da sua liderança na história política do Brasil*. Rio de Janeiro: Ed. Lacerda, 2000.

GILROY, Paul. *Atlântico negro*. São Paulo: Editora 34/CEAA, 2001.

GOFFMAN, Erving. *A representação do eu na vida cotidiana*. Petrópolis: Vozes, 1975.

GOMES, Tiago de Melo. "Estudos acadêmicos sobre a música popular brasileira: levantamento bibliográfico e comentário introdutório", *História: questões e debates*, nº 31. Curitiba: Editora da UFPR, 1999.

GRAMSCI, Antônio. *Os intelectuais e a organização da cultura*. Rio de Janeiro: Civilização Brasileira, 1989.

HALL, Stuart. *A identidade cultural na pós-modernidade*. 6ª ed. Rio de Janeiro: DP&A, 2001.

HOBSBAWN, Eric J. *História social do jazz*. Rio de Janeiro: Paz e Terra, 1991.

IANNI, Otávio. *Ensaios de sociologia da cultura*. Rio de Janeiro: Civilização Brasileira, 1989.

LEITE, Dante Moreira. *O caráter nacional brasileiro*. São Paulo: Pioneira, 1983.

LOPES, Alexandre Herculano, (Org.). *Europa e África: a invenção do carioca*. Rio de Janeiro: Topbooks, 2000.

LOPES, Nei. *O samba na realidade: a utopia da ascensão social do sambista*. Rio de Janeiro: Codecri, 1981.

_____. "Pagode, o samba guerrilheiro do Rio". In: *Notas musicais cariocas*. João Batista M. Vargens (Org.). Petrópolis: Vozes, 1986.

_____. *Bantos, malês e identidade negra*. Rio de Janeiro: Forense, 1988.

_____. "Música popular, repressão e resistência – uma cronologia". In: *Cativeiro & Liberdade*. Rio de Janeiro: IFCH-UERJ, 1989.

_____. *O negro no Rio de Janeiro e sua tradição musical*. Rio de Janeiro: Pallas, 1992.

_____. "Afro-brazilian Music and Identity". In: *Conexões, Michigan State University/African Diaspora Research Project*, vol. 5, abril, 1993.

_____. *Dicionário banto do Brasil*. Rio de Janeiro: Prefeitura da Cidade do Rio de Janeiro, 1996.

_____. *Incursões sobre a pele*. Rio de Janeiro: Artium, 1996.

_____. *As línguas dos povos bantos e o português do Brasil*. Rio de Janeiro: Revista do Patrimônio Histórico e Artístico Nacional, 1997.

_____. "Rebouças, Teodoro e Juliano", *Revista do Patrimônio Histórico e Artístico Nacional*. Rio de Janeiro: IPHAN, 1997.

_____. *Uma breve história do samba* [publicado como encarte da coletânea de Cds "Apoteose ao Samba"]. EMI: Rio de Janeiro, 1997.

_____. "Sobrevivências e recriações bantas no Rio de Janeiro", *Estudos Afro-Asiáticos*, nº 15, 1998.

_____. *171–Lapa-Irajá: casos e enredos do samba*. Rio de Janeiro: Folha Seca, 1999.

_____. *Logunedé: santo menino que velho respeita*. Rio de Janeiro: Pallas, 2000.

_____. *Zé Kéti – samba sem senhor*. Rio de Janeiro: Relume Dumará, 2000.

_____. *Guimbaustrilho e outros mistérios suburbanos*. Rio de Janeiro: Dantes, 2001.

_____. *Sambeabá: o samba que não se aprende na escola*. Rio de Janeiro: Casa da Palavra/Folha Seca, 2003.

MARQUES DOS SANTOS, Afonso Carlos. "Entre a destruição e a preservação: notas para um debate". In: Cléia Schiavo e Jaime Zettel (Orgs.). *Memória, cidade e cultura.* Rio de Janeiro: Eduerj, 1997.

MARTINS, J. B. *Antropologia da música brasileira.* São Paulo: Obelisco, 1988.

MATTA, Roberto da. *Carnavais, malandros e heróis.* Rio de Janeiro: Rocco, 1997.

_____. *O que faz o brasil, Brasil?* Rio de Janeiro: Rocco, 1986.

_____. e SOÁREZ, Elena. *Águias, burros e borboletas: um estudo antropológico do jogo do bicho.* Rio de Janeiro: Rocco, 1999.

MATOS, Cláudia Neiva de. *Acertei no milhar: malandragem no tempo de Getúlio.* São Paulo: Paz e Terra, 1982.

MATOS, Izilda Santos de. "História e música: pensando a cidade como territórios de Adoniran Barbosa", *História: questões e debates,* nº 31. Curitiba: Editora da UFPR, 1999.

MAUSS, Marcel. "Uma categoria do espírito humano: a noção de pessoa, a noção de eu", *Sociologia e Antropologia,* vol. I, São Paulo: EPU/EDUSP, 1974.

MORELLI, Rita de Cássia Lahoz. *Arrogantes, anônimos, subversivos: interpretando o acordo e a discórdia na tradição autoral brasileira.* Campinas: Mercado de Letras, 2000.

MORIN, Edgard. *Cultura de massas no século XX.* Rio de Janeiro: Forense, 1969.

MOTA, Carlos Guilherme. *Ideologia da cultura brasileira.* São Paulo: Ática, 1977.

MOURA, Roberto. *Tia Ciata e a pequena África no Rio de Janeiro.* Rio de Janeiro: Secretaria Municipal de Cultura, 1995.

MUNANGA, Kabengele. *Rediscutindo a mestiçagem no Brasil: identidade nacional x identidade negra.* Petrópolis: Vozes, 1999.

NETTO, Samuel Pfromm. *Comunicação de massa: natureza, modelos e imagens.* São Paulo: Pioneira, 1972.

NOGUEIRA, Oracy. *Preconceito de marca: relações raciais de Itapetininga.* São Paulo: EDUSP, 1998.

ORTIZ, Renato. *A consciência fragmentada.* Rio de Janeiro: Paz e Terra, 1980.

_____. *Cultura brasileira e identidade nacional.* São Paulo: Brasiliense, 1985.

_____. *A moderna tradição brasileira.* São Paulo: Brasiliense, 1988.

PERRONE, Charles A. *Letras e letras da MPB.* Rio de Janeiro: Elo, 1988.

RESENDE, Beatriz. *Barreto e o Rio de Janeiro em fragmentos.* Rio de Janeiro: UFRJ/UNICAMP, 1993.

RIO, João do. *A alma encantadora das ruas.* Rio de Janeiro: Secretaria Municipal de Cultura, 1995.

RODRIGUES, Antônio Edmilson M. e FALCON, Francisco José Calazans. *Tempos modernos: ensaios de história cultural.* São Paulo: Civilização Brasileira, 2000.

_____. *João do Rio: A cidade e o poeta – olhar de flâneur na Belle Époque tropical.* Rio de Janeiro: Ed. FGV, 2000.

ROUANET, Sérgio Paulo. *O novo tradicionalismo brasileiro.* São Paulo: Companhia das Letras, 1987.

Título / Parceiro / Intérprete Original / Gravadora / Editora / Ano

Peito Sangrando / Wilson Moreira / Wilson Moreira / Rob Digital / Ed. Musicais Tapajós Ltda / 1982
Pela Sombra / Nelson Sargento / Marçal / BMG / Ed. Musicais Tapajós Ltda / 1989
Pharmacias / Ed Motta / Ed Motta / Emi Music / 2005
Ponto de Cabula / Cláudio Jorge / – / – / Ed. Musicais Tapajós Ltda / 1986
Pra Lá, pra Cá / Dauro Do Salgueiro / Nilze Carvalho / Emi Music / 2005
Primo do Jazz / Magnu De Souza / Alcione / Emi Music / 2004
Que Sufoco / Efson / Só Preto / Emi Music / Ed. Musicais Tapajós Ltda / 1990
Que Zungu / – / Nei Lopes / Warner Music / Ed. Musicais Tapajós Ltda / 1983
Quero Um Cafuné / Dudu Nobre / Dudu Nobre / BMG / Ed. Musicais Tapajós Ltda / 2001
Quero Você / Wilson Moreira / Wilson Moreira / Kuarup / Ed. Musicais Tapajós Ltda / 1981
Rainha do Lar / – / Nei Lopes / CPC-UMES / Ed. Musicais Tapajós Ltda / 1999
Raio de Luar / Dauro do Salgueiro / Alcione / BMG / Ed. Musicais Tapajós Ltda / 1985
Rala, Rala / Wilson Moreira / Maria Creuza / RCA / Warner Chappell / 1974
Remando Contra a Maré / Dauro do Salgueiro / Dauro do Salgueiro / Veleiro / Ed. Musicais Tapajós Ltda / 2001
Resistência / Zé Luiz / Eliseu do Rio / CPC-UMES / Ed. Musicais Tapajós Ltda / 2000
Roupa de Chita / Sereno / Nei Lopes / Emi Music / 2004
Sacode Bem / Tuna e João Laurindo / Nei Lopes / Victor / Ed. Musicais Tapajós Ltda / 1977
Salgueiro Pra Lá e Pra Cá / Dauro do Salgueiro / Velha Guarda do Salgueiro / Emi Music / Ed. Musicais Tapajós Ltda / 2000
Salsa no Molho / – / Alcione / BMG / Ed. Musicais Tapajós Ltda / 1990
Samba Azul / Ed Motta / Ed Motta / Emi Music / 2005
Samba Como Era / Nei Lopes / Emi Music / 2004
Samba da Gema / Martinho da Vila / Martinho da Vila / Sony Music / Ed. Musicais Tapajós Ltda / 1994
Samba de Eleguá / Nei Lopes / Emi Music / 2004
Samba de Pedra / Ruy Quaresma / Emi Music
Samba de Um Nome / Cleber Augusto / Dominguinhos do Estácio / – / Ed. Musicais Tapajós Ltda / 1986
Samba do Irajá / – / Roberto Ribeiro / Emi Music / Ed. Musicais Tapajós Ltda / 1976
Samba Iaiá / Wilson Moreira / Nei Lopes / Saci / Ed. Musicais Tapajós Ltda / 1996
Samba Ioiô / Wilson Moreira / Agepê / – / SIGEM / 1978
Samba na Medida / – / Nei Lopes / CPC-UMES / Ed. Musicais Tapajós Ltda / 1999
Sambeabá / Sereno / Alcione / BMG / Ed. Musicais Tapajós Ltda / 1984
Sandália Amarela / Wilson Moreira / Wilson Moreira e Nei Lopes / Emi Music / Ed. Musicais Tapajós Ltda / 1985

Titulo / Parceiro / Intérprete Original / Gravadora / Editora / Ano

Sapopemba e Maxambomba / Wilson Moreira / Zeca Pagodinho / Universal Music / Ed. Musicais Tapajós Ltda / 1998
Sem Suíngue, Sem Molejo / Dudu Nobre / Emi Music
Senhora da Canção / Cláudio Jorge / Nei Lopes/Alcione / Velas Produções / Ed. Musicais Tapajós Ltda / 2000
Senhora Liberdade / Wilson Moreira / Zezé Mota / WEA / Warner Chappell / 1979
Sete Saias / Wilson Moreira / Emi Music
Seu Dono da Gente / Wilson Moreira / João Nogueira / – / Warner Chappell / 1980
Sexto Andar / Reginaldo Bessa / Reginaldo Bessa / Independente / – / 1979
Silêncio de Bamba / Wilson Moreira / Nei Lopes e Wilson Moreira / Emi Music / Warner Chappell / 1980
Sincopado Pereira / Everson Pessoa, Quinteto em Branco e Preto / Emi Music / 2003
Sinal de Fax / Vera Lúcia / – / Ed. Musicais Tapajós Ltda / 1998
Só Chora Quem Ama / Wilson Moreira / Nadinho da Ilha / Emi Music / Ed. Musicais Tapajós Ltda / 1977
Solano, Poeta Negro / Luiz Carlos da Vila e Zé Luiz / Luiz Carlos da Vila / Emi Music / 2003
Solução Urgente / Carlão Elegante / Nei Lopes e Carlão Elegante / Warner Music / Ed. Musicais Tapajós Ltda / 1983
Sonho de Poeta / Almir Guineto / Só Preto / Emi Music / Ed. Musicais Tapajós Ltda / 1990
Sonho de Uma Noite de Verão / Reginaldo Bessa / Reginaldo Bessa / Independente / SIGEM / 1975
Sonho de Valsa / Wilson Moreira / Grupo Fundo de Quintal / SIGLA / Ed. Musicais Tapajós Ltda / 1981
Sou Eu / Moacir Santos / Moacir Santos e Djavan / Universal Music / Ed. Musicais Tapajós Ltda / 2001
Tamanqueiro / Cláudio Jorge / Toque de Prima / Velas Produções / Ed. Musicais Tapajós Ltda / 1999
Tem Dendê / Reginaldo Bessa / Alcione / Phillips / Warner Chappell / 1973
Tempo de Don Don / – / Zeca Pagodinho / SIGLA / Ed. Musicais Tapajós Ltda / 1987
Tempo de Glória / Wilson Moreira / Wilson Moreira e Nei Lopes / Emi Music / Ed. Musicais Tapajós Ltda / 1982
Tereza Firmeza / – / Wilson Moreira/Nei Lopes / Emi Music / Ed. Musicais Tapajós Ltda / 1985
Te Segura / Wilson Moreira / Beth Carvalho / RCA / – / 1976
Tia Eulália na Xiba / Cláudio Jorge / Roberto Ribeiro / Emi Music / Ed. Musicais Tapajós Ltda / 1983
Tribunal do Amor / Dudu Nobre / Palco Iluminado / Fan / Ed. Musicais Tapajós Ltda / 1999

Título / Parceiro / Intérprete Original / Gravadora / Editora / Ano

Tributo a Cassius Clay / Reginaldo Bessa / Sônia Santos / – / Warner Chappell / 1974
Ula-ka-di-nanzie / – / Nei Lopes / – / Ed. Musicais Tapajós Ltda / 1994
Uma Rosa pro Cartola / Wilson Moreira / Dona Ivone Lara / WEA / Warner Chappell / 1982
Um Hino de Amor ao Salgueiro / Dauro do Salgueiro / Zuzuca / CBS / Ed. Musicais Tapajós Ltda / 1974
Uma Festa no Samba / Cláudio Jorge / Luiz Carlos da Vila / Velas Produções / Ed. Musicais Tapajós Ltda / 1997
Vai Com Deus / Reginaldo Bessa / Reginaldo Bessa / Independente / – / 1979
Vai Dar Brasil / Efson / Identidade Brasil / Warner Music / Ed. Musicais Tapajós Ltda / 1986
Vai Quem Quer na Cabeça / – / – / – / Ed. Musicais Tapajós Ltda / 1983
Vaqueirada / Bororó Felipe / Beth Carvalho / Universal Music / Ed. Musicais Tapajós Ltda / 1989
Vasco da Gama / Martinho da Vila / Martinho da Vila / Sony Music / Ed. Musicais Tapajós Ltda / 2000
Veleiro Branco / Ruy Quaresma / Maria Creuza / Arca Som / Ed. Musicais Tapajós Ltda / 1984
Velho Barco / Reginaldo Bessa / Alcione / BMG / Ed. Musicais Tapajós Ltda / 1983
Vento Sudoeste / Cláudio Jorge / Toninho Geraes / Indie Records / Ed. Musicais Tapajós Ltda / 1997
Vinte e Sete Zero Nove / Moacyr Luz / Moacyr Luz / Emi Music / 2003
Você Sabia? / Wilson Moreira / Nei Lopes / CPC-UMES / Ed. Musicais Tapajós Ltda / 1984
Você Vai Ter Que Me Aturar / Reginaldo Bessa / Reginaldo Bessa / Continental / Intersong / 1973
Vou Te Buscar / Nei Lopes / Lira/Continental / Warner Chappell / 1983
Xequere / Magnu de Souza e Maurilio de Oliveira / Alcione / Emi Music / 2005

Fontes: Warner/Chappell Music (Brasil)
          Emi Music (Brasil)

Título / Parceiro / Intérprete Original / Gravadora / Editora / Ano

Fogo no Tacho / Efson / Paula / RCA / Ed. Musicais Tapajós Ltda / 1984
Folhas Amarelas / Everaldo Cruz / Jurema / Emi Music / Ed. Musicais Tapajós Ltda / 1981
Fotonovela / Renato Barbosa / Renata Lu / – / Ed. Musicais Tapajós Ltda / 1975
Fox e Trote / Guinga / Guinga / Caravelas / Ed. Musicais Tapajós Ltda / 2001
Fumo de Rolo / – / Roberto Ribeiro / Emi Music / Ed. Musicais Tapajós Ltda / 1981
Gato e Sapato / Janaína / – / Warner Chappell / 1980
Ginga Angola / – / Roberto Ribeiro / Emi Music / Ed. Musicais Tapajós Ltda / 1986
Gostoso Veneno / Wilson Moreira / Alcione / Polygram / Warner Chappell / 1979
Gotas de Veneno / Wilson Moreira / Jair Rodrigues / Phonogram / Warner Chappell / 1978
Goiabada Cascão / Wilson Moreira / Beth Carvalho / Emi Music / Ed. Musicais Tapajós Ltda / 1978
Guadalupe e Sulacap / Cleber Augusto / Grupo fundo de Quintal / SIGLA / Ed. Musicais Tapajós Ltda / 1984
Guiomar / – / Nei Lopes / Continental / Warner Chappell / 1974
Iguaizinhos Não / Cláudio Jorge / Leci Brandão / Copacabana / Ed. Musicais Tapajós Ltda / 1989
Igual a Flor / Délcio Carvalho / Elizeth Cardoso / Vitor (RCA) / – / 1974
Ixé, Maninha / Cláudio Jorge / Alcione / BMG / Ed. Musicais Tapajós Ltda / 1980
Jardim do coração / – / Wilson Moreira e Nei Lopes / Emi Music / Ed. Musicais Tapajós Ltda / 1985
Jogo de Caipira / Sereno / Zeca Pagodinho / SIGLA / Ed. Musicais Tapajós Ltda / 1986
Jogo Rasteiro / Moacyr Luz / Moacyr Luz / DABLIU / Ed. Musicais Tapajós Ltda / 1998
Jongo do Irmão Café / Wilson Moreira / Roberto Ribeiro / Emi Music / Ed. Musicais Tapajós Ltda / 1981
Jongueiro Cumba / Wilson Moreira / Wilson Moreira / Rob Digital / Ed. Musicais Tapajós Ltda / 2001
Justiça Gratuita / – / Nei Lopes / CPC-UMES / Ed. Musicais Tapajós Ltda / 1999
La Abuela (Coisa da Antiga) / Omar Martinez(vers) / Nancy Ramos / Venezuela / – / 1983
Lá Na Roça / Gelcy do Cavaco / Dunga / Tropical / Ed. Musicais Tapajós Ltda / 1991
Lá Vai Massa / Dunga / Dunga / Tropical / Ed. Musicais Tapajós Ltda / 1991
Laços e Pedaços / Wilson Moreira / Jovelina Pérola Negra / SIGLA / Ed. Musicais Tapajós Ltda / 1981
Ladrão de Galinha / Maurício Tapajós / Nei Lopes / CPC-UMES / Ed. Musicais Tapajós Ltda / 1999
Lalá Morena / – / Nei Lopes / SACI / Ed. Musicais Tapajós Ltda / 1996
Leila Diniz / Martinho da Vila / Martinho da Vila / BMG / Ed. Musicais Tapajós Ltda / 1987

TITULO / PARCEIRO / INTÉRPRETE ORIGINAL / GRAVADORA / EDITORA / ANO

Leonel, Leonor / Wilson Moreira / Roberto Ribeiro / Emi Music / Ed. Musicais Tapajós Ltda / 1975
Louca / Wilson Moreira / Nosso Samba / Warner Music / Ed. Musicais Tapajós Ltda / 1981
Loura Luzia / Jorge Dacreo / Nei Lopes / Velas Produções / Ed. Musicais Tapajós Ltda / 2000
Lundu Chorado / – / Nei Lopes / Warner Music / Ed. Musicais Tapajós Ltda / 1981
Lundu das Cantigas Vagas / Cláudio Jorge / Élson do Forrogode / – / Ed. Musicais Tapajós Ltda / 1988
Lupiciniana / Wilson Das Neves / Wilson Das Neves / Emi Music / 2004
Luxuosos Transatlânticos / Cláudio Jorge / Mart'nália / – / Ed. Musicais Tapajós Ltda / 1987
Maculelê do Tamanduá / Cláudio Jorge / Roberto Ribeiro / Emi Music / Ed. Musicais Tapajós Ltda / 1984
Malandro JB / Renato Barbosa / João Nogueira / Emi Music / Ed. Musicais Tapajós Ltda / 1977
Malandros Maneiros / Zé Luiz / Roberto Ribeiro e Nei Lopes / Emi Music / Ed. Musicais Tapajós Ltda / 1985
Mancha na Parede / – / Jorginho do Império / Emi Music / – / 1980
Maracatu do Meu Avô / Leonardo Bruno / Alcione / BMG / Ed. Musicais Tapajós Ltda / 1983
Maracatu Nação do Amor / Jay Livington / Moacir Santos e Gilberto Gil / Universal Music / Ed. Musicais Tapajós Ltda / 2001
Maracatumba / Efson / Nei Lopes / Saci / Ed. Musicais Tapajós Ltda / 1990
Marcha do Piscinão / Cláudio Jorge / – / Emi Music / –
Maria da Glória / Everaldo Cruz / Jair Rodrigues / Polygram / Warner Chappell / 1979
Maria Foi pra Barra / – / Nei Lopes / Emi Music / –
Martírio / Ruy Quaresma / Ana Clara / Warner Music / Ed. Musicais Tapajós Ltda / 1990
Me Esqueça / Délcio Carvalho / Samba Quatro / CBS / Ed. Musicais Tapajós Ltda / 1975
Mel Poejo / Fátima Regina / Fátima Regina / CID / Ed. Musicais Tapajós Ltda / 1990
Melhor Assim / Cláudio Jorge / – / – / Ed. Musicais Tapajós Ltda / 1986
Menina da Liberdade / Sereno / Walter Alfaiate / Alma Produções / Ed. Musicais Tapajós Ltda / 1998
Meu Irmão Café / Wilson Moreira / Roberto Ribeiro / Emi Music / Ed. Musicais Tapajós Ltda / 1981
Meu Samba Minha Fé / Wilson Moreira / Wilson Moreira / – / Warner Chappell / 1976
Minha Arte de Amar / Zé Luiz / Grupo Fundo de Quintal / SIGLA / Ed. Musicais Tapajós Ltda / 1981
Mironga do Mato / Wilson Moreira / Alcione / BMG / Ed. Musicais Tapajós Ltda / 1990

Título / Parceiro / Intérprete Original / Gravadora / Editora / Ano

Missão Cumprida / Wilson Moreira / Zé Carlos / Emi Music / Ed. Musicais Tapajós Ltda / 1981
Mocotó do Tião / Wilson Moreira / Wilson Moreira e Nei Lopes / Emi Music / Ed. Musicais Tapajós Ltda / 1985
Moenda / – / Elaine Machado / RGE / Ed. Musicais Tapajós Ltda / 1986
Moqueca de Idalina / – / Nei Lopes / Lira - Continental / Ed. Musicais Tapajós Ltda / 1981
Morrendo de Saudade / Wilson Moreira / Beth Carvalho / BMG / Warner Chappell / 1981
Mulata Catita / – / Vera Lúcia / – / Warner Chappell / 1981
Mulata do Balaio / Wilson Moreira / Clara Nunes / Emi Music / Warner Chappell / 1979
Mulher de Paletó / – / Dunga / Velas Produções / Ed. Musicais Tapajós Ltda / 1999
Na Hora do Amor / Agrião / Agrião / Universal Music / Ed. Musicais Tapajós Ltda / 2001
Na Intimidade Meu Preto / – / Grupo Fundo de Quintal / SIGLA / Ed. Musicais Tapajós Ltda / 1988
Não Foi Ela / Wilson Moreira / Wilson Moreira e Nei Lopes / Emi Music / Ed. Musicais Tapajós Ltda / 1977
Não Gostei do Seu Papel / Sereno / Só Preto / Emi Music / Ed. Musicais Tapajós Ltda / 1987
Não Nasci Pra Cinderela / Humberto Araújo / – / – / Ed. Musicais Tapajós Ltda / 2000
Navegação / Moacir Santos / Moacir Santos e Milton Nascimento / Universal / Ed. Musicais Tapajós Ltda / 2001
Nega Mina / Wilson Moreira / Alcione / – / Ed. Musicais Tapajós Ltda / 1982
Nem Lá, Nem Cá / Cleber Augusto / Grupo Fundo de Quintal / SIGLA / Ed. Musicais Tapajós Ltda / 1986
Nessa Faixa de Idade / Sereno / Neguinho da Beija Flor / Sony Music / Ed. Musicais Tapajós Ltda / 1984
No Balanço do Ganzá / Cláudio Jorge / Élson do Forrogode / – / Ed. Musicais Tapajós Ltda / 1987
No Capricho / Rogério Rossini / Carlinhos de Pilares / – / Ed. Musicais Tapajós Ltda / 1986
No Creo em Brujas / Lourenço e Ronaldo Barcelos / Só Preto / Emi Music / Ed. Musicais Tapajós Ltda / 1989
No Fundo do Rio / Guinga / Guinga / Veleiro / Ed. Musicais Tapajós Ltda / 2001
No Tempo da Vovó / Ruy Quaresma / Ricardo Braga / Emi Music / Ed. Musicais Tapajós Ltda / 1984
Noel e Natalina / – / Nei Lopes / Velas Produções / Ed. Musicais Tapajós Ltda / 1999
Nossa Rainha / – / Alcione / BMG / Ed. Musicais Tapajós Ltda / 1992
Nosso Nome, Resistência / Sereno / Alcione / BMG / Ed. Musicais Tapajós Ltda / 1986

Título / Parceiro / Intérprete Original / Gravadora / Editora / Ano

Novamente Primavera / Dauro do Salgueiro / Alcione / BMG / Ed. Musicais Tapajós Ltda / 1988
Noventa Anos de Abolição / Wilson Moreira / Wilson Moreira e Nei Lopes / Emi Music / Ed. Musicais Tapajós Ltda / 1979
Novo Testamento / Filó / Filó Machado / Lua Discos / Ed. Musicais Tapajós Ltda / 2001
Número Baixo / Zé Luiz / Grupo Fundo de Quintal / Sigla / Ed. Musicais Tapajós Ltda / 1993
O Ganzá do Seu Leitão / Cleber Augusto / Roberto Ribeiro / Emi Music / Ed. Musicais Tapajós Ltda / 1983
Ô, Glória / Ruy Quaresma / Nei Lopes / Emi Music / 2004
O Obelisco / W.M / Emi Music
O Que Eu Dou Não Dá / Wilson Moreira / Wilson Moreira / – / – / 1979
O Samba é Fogo / Sereno / Marlene / Emi Music / Ed. Musicais Tapajós Ltda / 1984
O Samba Sempre Foi Samba / Maurício Tapajós / Alcione / BMG / Ed. Musicais Tapajós Ltda / 1996
O Tempero de Dona Iaiá / Sidney da Conceição / Marquinhos Satã / Emi Music / Ed. Musicais Tapajós Ltda / 1991
O Velho na Ladeira / Wilson Moreira / Nei Lopes / Saci / – / 1986
O Vendedor de Ilusões / – / Nei Lopes / CPC-UMES / Ed. Musicais Tapajós Ltda / 1999
Odudua / Moacir Santos / Moacir Santos e João Bosco / Universal Music / Ed. Musicais Tapajós Ltda / 2001
Olha Aí, Seu Nicolau / Dauro do Salgueiro / Nei Lopes / Coca Cola / Ed. Musicais Tapajós Ltda / 1985
Olha Essa Maré / Wilson Moreira / Ataulfo Alves Jr. / WEA / Warner Chappell / 1979
Orfeu / Moacir Santos / Moacir Santos e Ed Motta / Universal Music / Ed. Musicais Tapajós Ltda / 2001
Pagode do Exorcista / Rubem Confete / Wilson Simonal / – / – / 1974
Paixão Estilo Antigo / Wilson Moreira / Ataulfo Alves Jr. / WEA / Warner Chappell / 1979
Palco / Efson / Mestre Marçal / – / Ed. Musicais Tapajós Ltda / 1985
Pandeiro / Zé Renato / Zé Renato / Universal Music / Ed. Musicais Tapajós Ltda / 2000
Parsifal / Guinga / Guinga / Velas Produções / Ed. Musicais Tapajós Ltda / 1999
Partido ao Cubo / – / Nei Lopes / Emi Music / 2004
Partido Cruzado / Aluisio Machado / Marquinhos Satã / BMG / Ed. Musicais Tapajós Ltda / 1986
Partido Pescado / Dunga / Nei Lopes / Emi Music / 2004
Paula / Dauro do Salgueiro / Velha Guarda do Salgueiro / Emi Music / – / 2000
Pega Geral / Dudu Nobre / Dudu Nobre / Emi Music / 2005
Pega no Pilão / Wilson Moreira / Wilson de Assis / Warner Chappell / 1980

Repertório Gravado e/ou Editado*

Título / Parceiro / Intérprete Original / Gravadora / Editora / Ano

A Epopéia de Zumbi / – / Nei Lopes / Warner Music / Ed. Musicais Tapajós Ltda / 1983
A Felicidade Segundo Eu / Yvonne Lara / Elizeth Cardoso / Arca Som / Ed. Musicais Tapajós Ltda /1985
A Hora do Touro / Lucinha Lins / Lucinha Lins / Universal Music / Ed. Musicais Tapajós Ltda / 1982
A Neta de Madame Rocquefort / Rogério Rossini / Graça Biot / Warner Music / Ed. Musicais Tapajós Ltda / 1983
A Seleção de Seu Manoel / Rogério Rossini/ – / – / Ed. Musicais Tapajós Ltda / 1986
Abençalgueiro / Almir Guineto / Almir Guineto / SIGLA / Ed. Musicais Tapajós Ltda / 1988
Afoxé Para Logum / – / Clara Nunes / Emi Music / Ed. Musicais Tapajós Ltda / 1982
Afrolatinô / Cláudio Jorge / Élson do Forrogode / SIGLA / Ed. Musicais Tapajós Ltda / 1989
Água de Barrela / Zé Luiz / Marquinhos Satã / BMG / Ed. Musicais Tapajós Ltda / 1985
Água de Moringa / Wilson Moreira / Nei Lopes / Warner Music / Ed. Musicais Tapajós Ltda / 1983
Amor Malfazejo / Wilson Moreira / Quinteto em Branco e Preto / Emi Music / Ed. Musicais Tapajós Ltda / 1981
Amor Poente / Chico Roque / Roberto Ribeiro / Emi Music / Ed. Musicais Tapajós Ltda / 1989

* Nota do autor: As lacunas referem-se a obras cujas edições foram apenas contratadas (ainda sem registro fonográfico) ou a gravações não inteiramente identificadas.

TITULO / PARCEIRO / INTÉRPRETE ORIGINAL / GRAVADORA / EDITORA / ANO

Ao Povo Em forma de Arte / Wilson Moreira / Candeia / Warner Music / Ed. Musicais Tapajós Ltda / 1977

Atalhos / Everaldo Cruz / Noite Ilustrada / Saci / Ed. Musicais Tapajós Ltda / 1978

Azul Portela / Reginaldo Bessa / Sônia Lemos / Continental / Warner Chappell / 1973

Baía de Luanda / Ruy Quaresma / Humberto Araújo / Emi Music / 2004

Baile do Champagne / Ruy Quaresma / Luiza Brunet / Emi Music / Ed. Musicais Tapajós Ltda / 1984

Baile no Elite / João Nogueira / João Nogueira / BMG / Ed. Musicais Tapajós Ltda / 1978

Barraco / João de Aquino / Áurea Martins / Emi Music / Ed. Musicais Tapajós Ltda / 1995

Bibelô / Cléber Augusto / Mel na Boca / – / Ed. Musicais Tapajós Ltda / –

Bololô / Efson / Alcione / BMG / Ed. Musicais Tapajós Ltda / 1986

Boteco do Arlindo / Maria do Zeca / João Nogueira / SIGLA / Ed. Musicais Tapajós Ltda / 1986

C'est Fini / Padeirinho / Nilze Carvalho / Emi Music / 2005

Cabocla Jurema / Efson / Zeca Pagodinho / Universal Music / Ed. Musicais Tapajós Ltda / 1990

Cadê Iaiá / Reginaldo Bessa / Reginaldo Bessa / Mac Du Som / Sem editora / 1979

Cachimônia / Cleber Augusto / Marquinhos Satã / BMG / Ed. Musicais Tapajós Ltda / 1986

Caído Com Elegância / Zé Luiz / Wilson Moreira e Nei Lopes / Emi Music / Ed. Musicais Tapajós Ltda / 1985

Calmaria e Vendaval / Sereno / Elizeth Cardoso / Arca Som / Ed. Musicais Tapajós Ltda / 1985

Camarão Com Chuchu / – / Jovelina Pérola Negra / SIGLA / Ed. Musicais Tapajós Ltda / 1985

Camutuê / – / Fabiana Canutto / Emi Music / 2004

Canção da Esperança / Wilson Moreira / Wilson Moreira / Coca-Cola / Ed. Musicais Tapajós Ltda / 1984

Cândidas Neves / Zé Renato / Zé Renato / Universal Music / Ed. Musicais Tapajós Ltda / 2000

Candongueiro / Wilson Moreira / Clara Nunes / Emi Music / Ed. Musicais Tapajós Ltda / 1978

Cantiga das Lavadeiras / – / Comp. Aérea Dança / Jasmineiro / Ed. Musicais Tapajós Ltda / 1999

Canto pra Angana Zâmbi / Serafim Adriano / Dunga / Emi Music / Ed. Musicais Tapajós Ltda / 1987

Cara e Coroa / Cláudio Jorge / Nei Lopes / CPC-UMES / Ed. Musicais Tapajós Ltda / 1999

Carreiro Sanfoneiro / Efson / Efson / Universal Music / Ed. Musicais Tapajós Ltda / 1988

Título / Parceiro / Intérprete Original / Gravadora / Editora / Ano

Chave de Cadeia / Wilson Moreira / Nosso Samba / Emi Music / Ed. Musicais Tapajós Ltda / 1978
Chorando Baixinho II / Abel Ferreira / Alcione / BMG / Ed. Musicais Tapajós Ltda   1991
Choveu, Moreninha / Cláudio Jorge / Dunga / Emi Music / Ed. Musicais Tapajós Ltda / 1989
Cidade Assassina / Wilson Moreira / Elizeth Cardoso / SIGLA / Ed. Musicais Tapajós Ltda / 1981
Coco Sacudido / Cláudio Jorge / Roberto Ribeiro / Emi Music / Ed. Musicais Tapajós Ltda / 1985
Coisa da Antiga / Wilson Moreira / Clara Nunes / Emi Music / Ed. Musicais Tapajós Ltda / 1977
Coisa Feia / – / Nei Lopes / CPC-UMES / Ed. Musicais Tapajós Ltda / 1999
Coisa n. 8 / Moacir Santos / Moacir Santos / Universal Music / Ed. Musicais Tapajós Ltda / 2001
Coité, Cuia / Wilson Moreira / Roberto Ribeiro / Emi Music / Ed. Musicais Tapajós Ltda / 1973
Com a Mão no Chão / João Laurindo / – / Emi Music / –
Como Lutei / Wilson Moreira / Elza Soares / CBS / Warner Chappell / 1980
Congada de São Benedito / Cláudio Jorge / Batacotô / Velas Produções / Ed. Musicais Tapajós Ltda / 1984
Coração de Pedra / Zé Luiz / Eliseu do Rio / CPC-UMES / Ed. Musicais Tapajós Ltda / 2000
Corpo Mestiço / Fátima Guedes / Fátima Guedes / Velas Produções / Ed. Musicais Tapajós Ltda / 1999
Cuidado Com o Bote / Dunga / Dunga / Emi Music / Ed. Musicais Tapajós Ltda / 1987
Debaixo do Meu Chapéu / – / Nei Lopes e Mussum / Continental / Ed. Musicais Tapajós Ltda / 1986
Deixa Clarear / Wilson Moreira / Clara Nunes / Emi Music / Ed. Musicais Tapajós Ltda / 1981
Deixa Ela Chorar / – / Nei Lopes / Emi Music / 2004
Dendê, Dandá / – / Nei Lopes / Emi Music / 2004
Desfiada Sem Tutu / Dauro do Salgueiro / Dauro do Salgueiro / SIGEM / 1986
Dói Demais / Everaldo Cruz / Elza Soares / Universal Music / Ed. Musicais Tapajós Ltda / 1997
Dona Inocência / Eliseu Do Rio / Nei Lopes / Emi Music / 2004
Dona Maria Mourão / – / Nei Lopes / Emi Music / 2004
Dona Zica e Dona Neuma / Zé Luiz / Alcione / BMG / Ed. Musicais Tapajós Ltda / 1989
Dudu Odara / Lourenço / Watusi / Izabel Cristina / Ed. Musicais Tapajós Ltda / 1991

Titulo / Parceiro / Intérprete Original / Gravadora / Editora / Ano

E Eu Não Fui Convidado / Zé Luiz / Grupo Fundo de Quintal / SIGLA / Ed. Musicais Tapajós Ltda / 1985

Efun-Oguedê / Wilson Moreira / Nei Lopes / Emi Music / Warner Chappell / 1983

El Que Nasce Em El Cerro (Nega Mina) / Omar Martinez (vers) / Nancy Ramos / Venezuela / – / 1983

Ele é Quem Manda / Wilson Moreira / Jorginho do Império / CBS / Warner Chappell / 1980

Enquanto a Gente Batuca / Ivan Lins e Vitor Martins / Beth Carvalho / BMG / Ed. Musicais Tapajós Ltda / 1982

E Tome Partido / Zé Luiz / Luiz Carlos da Vila / Velas Produções / Ed. Musicais Tapajós Ltda / 1992

Escravo do Amor / Fabíola / Roberto Capri / – / Warner Chappell / 1980

Esculacho / Wilson Moreira / Wilson Moreira e Nei Lopes / Emi Music / Ed. Musicais Tapajós Ltda / 1982

Esfinge / Dunga / Dunga / Emi Music / Ed. Musicais Tapajós Ltda / 1987

Esparrela / Wilson Moreira / Wilson Moreira / Emi Music / Warner Chappell / 1980

Essa Nega Guiomar / – / Nei Lopes / Saci / Ed. Musicais Tapajós Ltda / 1995

Esse Negro Não Se Enxerga / Cláudio Jorge / Batacotô / Velas / Ed. Musicais Tapajós Ltda / 1984

Estrela Cadente / Cláudio Jorge / Maria Creuza / Arca Som / Ed. Musicais Tapajós Ltda / 1984

Estrela Guia / Wilson Moreira / – / Emi Music / 2004

Eu Não Falo Gringo / João Nogueira / João Nogueira / BMG / Ed. Musicais Tapajós Ltda / 1986

Eu Sou Cacique / Sereno / Grupo Fundo de Quintal / SIGLA / Ed. Musicais Tapajós Ltda / 1988

Feição de Boboca / Dauro do Salgueiro / Nei Lopes / CPC-UMES / Ed. Musicais Tapajós Ltda / 1999

Feito Amendoim / Efson / Grupo Raça / BMG / Ed. Musicais Tapajós Ltda / 1982

Feliz da Vida / Dudu Nobre / Dudu Nobre / BMG / Ed. Musicais Tapajós Ltda / 1998

Festa da Dentadura / Carlão Elegante / Marquinhos Satã / BMG / Ed. Musicais Tapajós Ltda / 1987

Fidelidade Partidária / Wilson Moreira / Wilson Moreira e Nei Lopes / Emi Music / Ed. Musicais Tapajós Ltda / 1985

Figa de Guiné / Reginaldo Bessa / Alcione / Emi Music / Warner Chappell / 1972

Fim de Feira / Sereno / Alcione / BMG / Ed. Musicais Tapajós Ltda / 1982

Firme e Forte / Efson / Beth Carvalho / BMG / Ed. Musicais Tapajós Ltda / 1983

Flor dos Tempos / Ruy Quaresma / Martinho da Vila / BMG / Ed. Musicais Tapajós Ltda / 1984

Esta obra foi produzida no Rio de Janeiro, em novembro de 2005, e impressa na gráfica Edil com uma tiragem de 2000 exemplares. Para a composição foram utilizadas as tipologias Warnock Pro e Strayhorn. O papel de miolo é Offset 75 g/m² e, de capa, Cartão Supremo 250 g/m².